筹码分布

准确找到买卖点

第2版

刘益杰 编著

内容简介

筹码从实质上看是当前市场中持仓筹码的成本，因此通过筹码分布的分析，可以清楚地看到当前市场中筹码的盈利比例以及成本分布情况，以此对股价未来走势做出有依据的判断。

本书主要为读者讲解如何用筹码分布分析买卖点，让投资者在实战中尽最大可能地抓住买卖点，实现收益最大化。

本书共9章，内容包括筹码分布基础入门、筹码分布的实战用法、根据筹码分布研判个股趋势、筹码分布与MACD指标的综合运用、筹码分布与波浪理论的综合应用、根据筹码分布识别主力动向、大盘和个股的筹码分布移动分析、慧眼识破筹码分布的各种陷阱以及巧用筹码分布挑选强势股和大牛股。

无论是对炒股有兴趣的新股民，还是有丰富投资经验的资深股民，都可以从本书中获益。在学习理论知识的同时，也有丰富多样的实战案例供读者借鉴，从而更好地了解市场，把握买卖点，做出正确的投资决策。

图书在版编目（CIP）数据

筹码分布准确找到买卖点 / 刘益杰编著．—2版．—北京：中国铁道出版社，2019.3（2025.8重印）

ISBN 978-7-113-25098-0

Ⅰ．①筹…　Ⅱ．①刘…　Ⅲ．①股票投资－基本知识　Ⅳ．①F830.91

中国版本图书馆CIP数据核字（2018）第255905号

书　　名： 筹码分布准确找到买卖点
CHOUMA FENBU ZHUNQUE ZHAODAO MAIMAIDIAN
作　　者： 刘益杰

责任编辑： 张亚慧　**编辑部电话：**（010）51873035　**电子邮箱：** lampard@vip.163.com
封面设计： MX DESIGN STUDIO
责任校对： 王　杰
责任印制： 赵星辰

出版发行： 中国铁道出版社有限公司（100054，北京市西城区右安门西街8号）
印　　刷： 河北宝昌佳彩印刷有限公司
版　　次： 2016年5月第1版　2019年3月第2版　2025年8月第16次印刷
开　　本： 710 mm×1 000 mm　1/16　**印张：** 15.5　**字数：** 270千
书　　号： ISBN 978-7-113-25098-0
定　　价： 59.00元

筹码在股市中的意义即为股票交易过程中的持仓成本。筹码分析是让多数股票投资者感到陌生的一类技术分析方法，因为其在实战使用过程中比较复杂，不如其他技术指标直观、简单。但筹码分析却以其对买卖点的精准预测，受到不少老股民和专业投资者的青睐。

筹码分布分析的前提是市场中主力资金或大部分其他筹码的成本对股票的走势起决定作用。筹码分布通过图形的方式，将当前市场中的持仓筹码成本表现出来。

成交密集的区域会形成筹码峰，两个筹码峰之间则形成谷，这便是筹码分布的常态。但市场中的筹码总是处于不断地移动变化中，随着筹码的移动，股价也会发生变化。

那些成功的投资者，所掌握的分析方法数量繁多，筹码分析肯定是其中的一种，所以学会使用筹码分布分析买卖点，是股票投资者由亏损转为盈利、由失败转为成功的基石之一。

主要内容

本书共9章，主要从基础与实战、理论结合、筹码移动分析这3个方面全方位地对筹码分布进行讲解，具体内容如下所示。

基础与实战	理论结合	筹码移动分析
第1章 筹码分布基础入门 第2章 筹码分布的实战用法 第3章 根据筹码分布研判个股趋势	第4章 筹码分布与MACD指标的综合应用 第5章 筹码分布与波浪理论的综合应用 第6章 根据筹码分布识别主力动向	第7章 大盘和个股的筹码分布移动分析 第8章 慧眼识破筹码分布的各种陷阱 第9章 巧用筹码分布挑选强势股和大牛股

其中，“基础与实战”主要是对筹码及筹码分布的基础概念，以及在实战中的使用方法进行介绍；“理论结合”主要是将筹码分布与MACD指标、波浪理论进行结合，并讲解如何利用筹码分布识别主力操作动向；“筹码移动分析”主要是筹码在移动过程中的变化，对大盘以及个股进行买卖点分

析，并讲解在投资实战中如何识破主力资金制造的陷阱，以及如何使用筹码分布移动分析抓住强势股。

内容特点

知识全面

系统全面地将筹码分布的入门、实战应用以及相关知识进行分类归纳，方便读者学习。

众多实例

除了介绍筹码分布必备的理论知识外，还通过大量的分析实例，将理论与实战相结合，让读者学以致用。

文字图示化

将知识点和操作关键步骤以大量的图示进行呈现，使得全书的版式轻松，利于阅读和学习。

编　者

2020年5月

CONTENTS 目录

筹码分布基础入门

筹码一词在很多电视剧中都能听到，如赌场中的筹码是一种可以兑换成资金的代替交易物。在股票市场中，筹码它也应该是可以兑换成资本的一种替代物品，但实际是不是这样呢？本章就带大家来了解一下股票市场中的筹码。

1.1 筹码分布基础概述

股票市场中的筹码，可以简单地理解为股票本身，在不同的时间有不同的价格，要想获得筹码，就需要去购买，于是筹码就有了一个成本。股票技术分析的筹码是指投资者在购买股票时，每股的成本，也就是持仓成本。

1.1.1 筹码分布

筹码分析是近年来股票分析理论中新出现的一个分支，在实战操作中，它可以准确地帮助投资者找到正确的操作手法。

在股票交易过程中，交易主机会根据买卖双方的申报情况，以一个符合卖方和买方的价格成交，随着股价的波动前行，在不同时间会以不同的价格产生不同数量的成交，而这些价格在不同时间的分布数量，就形成了股票在不同时间的持仓成本。

股票持仓成本的分布准确来说是“流通股票持仓成本分布”，而在实际应用中，多用“筹码分布”来表示持仓成本分布，这就是筹码分布的来历。

了解股市的投资者都知道，庄家坐庄时都会经历建仓、洗盘、拉高和出货这4个阶段，相应的，股价走势就会呈现出筑底、上升、见顶和回落4个阶段。如图1-1所示为主力坐庄阶段股价与筹码分布的表现。

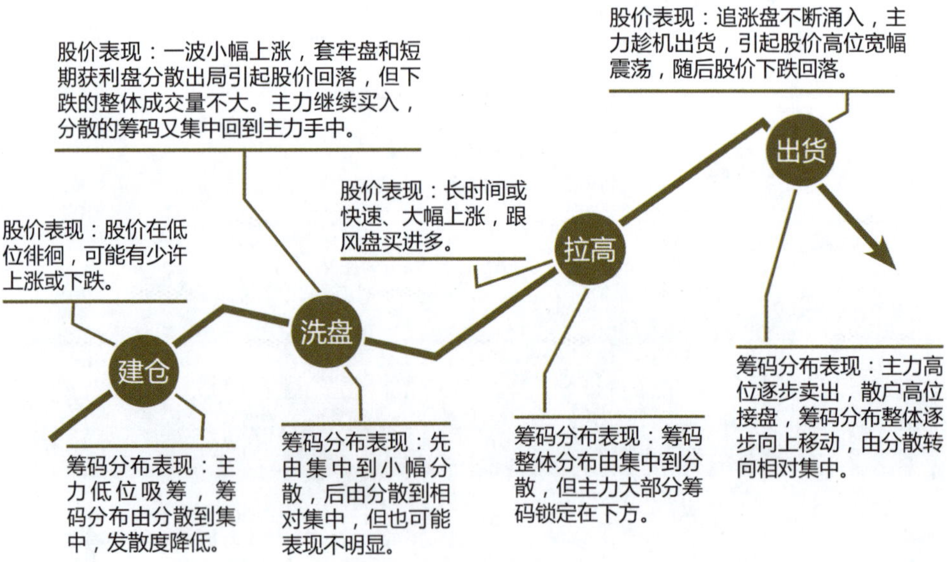

图1-1 主力坐庄阶段股价与筹码分布的表现

TIPS 筹码与流通盘的关系

筹码可以看作投资者手中购买的股票，无论其价格如何变换，以及如何在不同的投资者之间转移，在一定时期内，其总数始终是不变的，且等于该股票当前的所有流通股本。除了公司有增发新股、配股或限售股上市等改变流通股本的情况，其总量才会发生变化。

1.1.2

筹码分布图

筹码的分布可以真正反映主力的动向，在一般的股票行情软件中，都会有筹码的分布图。如图1-2所示为华西股份（000936）截至2018年9月4日的远期筹码分布图。

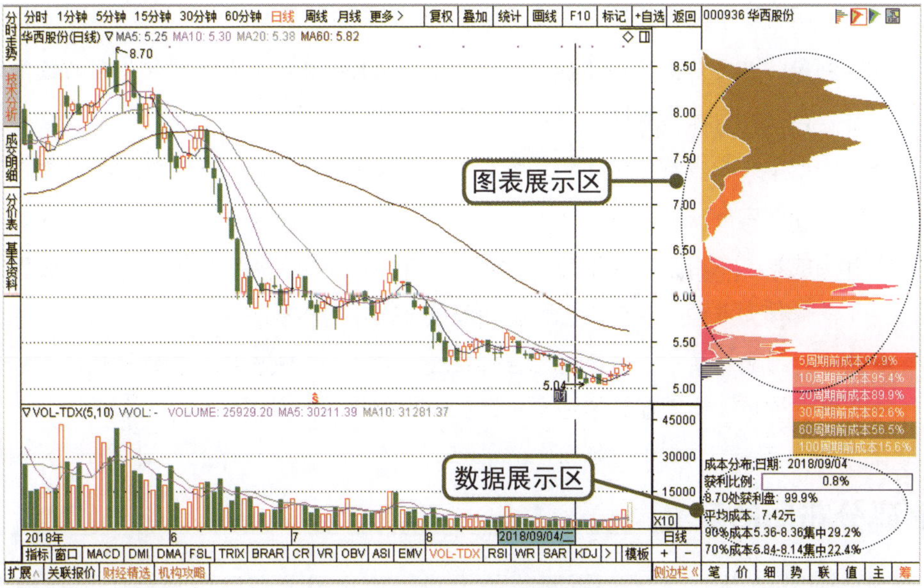

图1-2 炒股软件中的个股筹码分布图

筹码分布图是对筹码在特定时期分布情况的一个直观展示，是我们进行筹码分析的重要依据。整个筹码分布图可以分为上方的图表展示区（俗称“火焰山”）和下方的数据展示区两部分。通达信软件默认情况下显示的是远期筹码分布，以不同的颜色代表不同的筹码分布，其意义如下。

- **黄色**：100天前的成本分布。
- **暗黄色**：60天前的成本分布。

◆ **橙色**：30天前的成本分布。

◆ **紫红色**：20天前的成本分布。

◆ **粉红色**：10天前的成本分布。

◆ **红色**：5天前的成本分布。

在图表中还可以看到一些柱线（若炒股软件背景色为白色，则柱线为黑色，若炒股软件背景色为黑色，则柱线为白色），代表当日新产生的筹码分布情况，这种柱线在实际分析时的用处很有限。

在筹码分布图的数据展示区中包含了很多项数据，这些数据是筹码分析的重要内容，各项数据的意义如下。

◆ **获利比例**：以当前价位（指鼠标光标停留出的K线价位）为基准，市场中获利盘的比例。获利比例越小，说明市场中处于亏损状态的投资者就越多；反之，则说明市场中大多数投资者处于盈利状态。

◆ **获利盘**：以当前价位（指鼠标光标停留出的K线价位）卖出可以获利的股票数量。在这里则是该数据占该股票总流通股本的比例。

◆ **平均成本**：在当前价位（指鼠标光标停留出的K线价位）下，该股所有股票的平均买入成本。

◆ **90%成本**：不同持股成本的投资者中，90%的筹码所集中的价格区间，这代表了多数投资者的持股成本，可以作为后市操作的依据。

◆ **集中**：筹码在某个价格区间的密集程度，它可以反映出投资者的持股成本究竟在哪些价位，是发现股票潜在支撑位和压力位的重要指标。

1.1.3 筹码分布图的意义

看筹码分布图是为了分析股价的走势，让自己能在股票投资中更有把握获利。那么，筹码分布图对于投资者的意义到底是什么呢？这里我们归纳出了5个要点。

1. 判断支撑和压力的大小

股价的真正走向是与筹码的分布紧密联系在一起的，无论股价处在什么价位，都可以通过筹码的分布状态来得出支撑或压力的大小，这可以从图1-3所示的两个方面来讲。

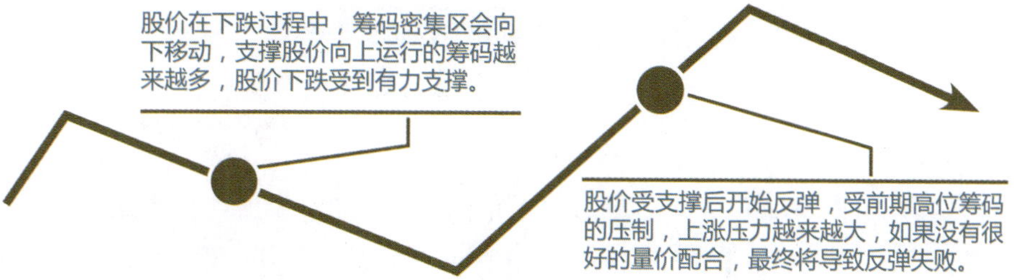

图1-3 股价运行过程中筹码支撑和压力的变化

分析实例 浪潮信息（000977）——高位筹码的支撑与压力

下图所示为浪潮信息2018年1月至5月的日K线图。

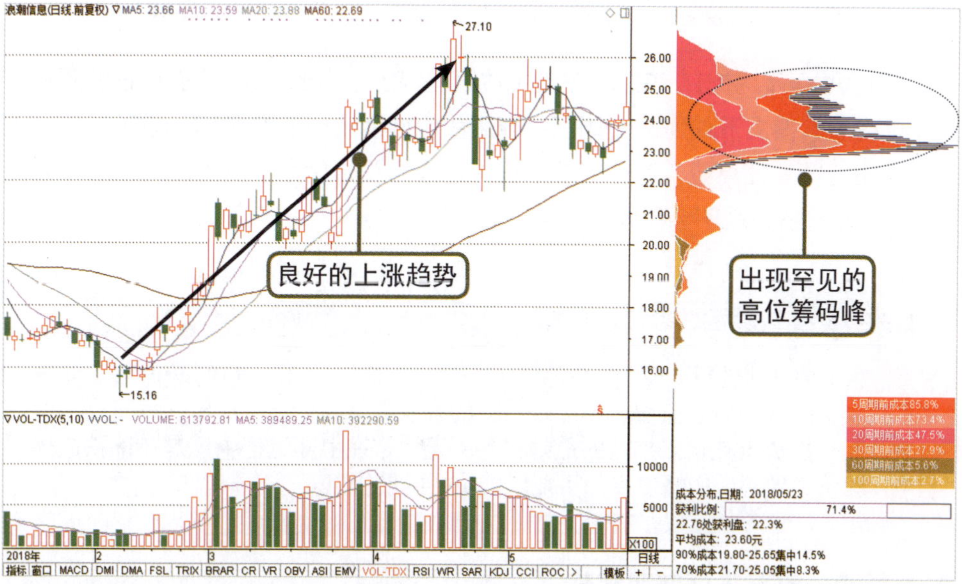

从图中可以看到，浪潮信息在2月中旬创出15.16元的短期新低之后便快速反弹，股价受利好消息的刺激加速上涨，最终在两个月之后股价最高达到27.1元，涨幅惊人。

股价在进入4月之后便处于24元左右的箱体进行震荡，同时吸引许多跟风筹码在此买入，最终在5月前后形成了高位筹码峰。随后，该股出现下跌趋势，24元的筹码峰应该是一个很有力的支撑位，但股价却在短时间内就跌破了这个筹码峰，这就意味着该点将成为这一时间的顶部，股价下跌已是必然，如下图所示。

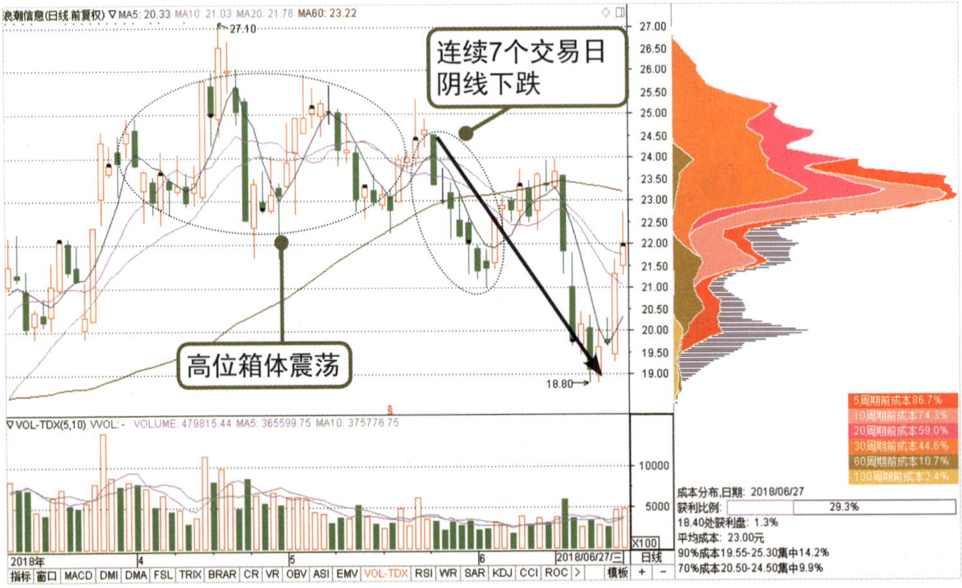

从上图中可以看出，该股在跌破高位筹码峰后，出现连续7个交易日的阴线下跌，使得股价很快下跌到22元附近，随后股价继续波动下跌到19元以下，使得大多数投资者被套在高位，这一高位筹码峰将作为股价后期上涨的压力点，如果突破不了，那么股价就不会有大的作为。

TIPS *支撑和压力位在筹码上的表现*

股价的支撑位和压力位在筹码上的表现多数是筹码分布的峰值点，而很多时候，股价的转折点很容易出现筹码的峰值点，股价转折点出现筹码峰的地方，就是投资者减仓或加仓的最好机会。无论是在上涨过程中还是在下跌过程中，股价突破筹码的峰值点都可能成为价格的转折点。

2. 判断股价的真正顶部和底部

股价在运行过程中都是波动前行的，每个波峰都可以看作一段时间内的顶部，每一个波谷也可以看作特定时间段内的底部，而这些顶部或底部可能在稍大一点的周期内就不是顶部或底部了。

要判断股价的真正顶部或底部，还需从筹码的分布图着手。筹码分布的密集区，无论是在牛市还是熊市中，都是很难被突破的，而股价的真正顶部或底部，往往就出现在这些价位上。

分析实例 广宇发展（000537）——通过筹码判断真正顶部和底部

广宇发展在经历了一段时间的下跌后，从5元附近开始反弹，到达6元左右时反弹受阻，似乎到了一个顶部。但我们观察此时的筹码分布图可以得知，大部分的筹码仍然集中在比此价位更高的位置，如下图所示。

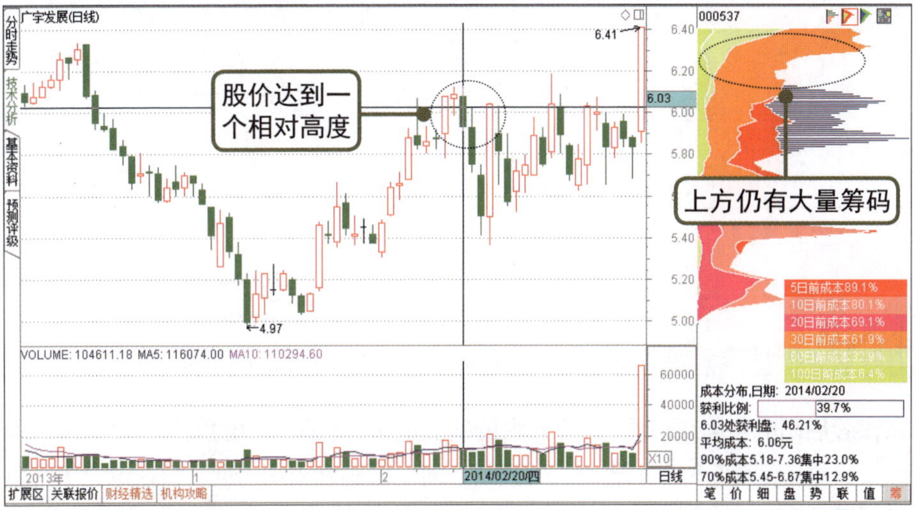

从筹码的压力特性来看，股价未达到筹码集中区，这里的“顶部”应该不是真正的顶部，再来看其后的一段走势，如下图所示。

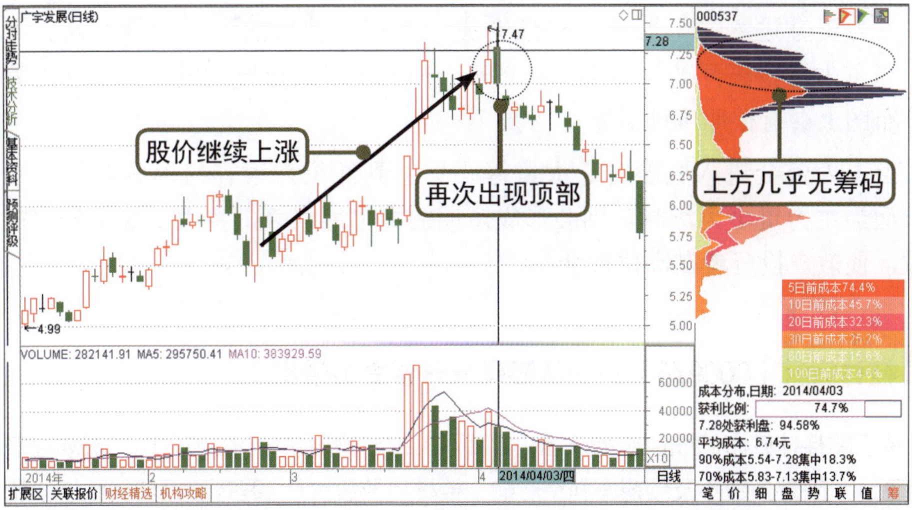

从上图可以看出，股价在6元附近徘徊一段时间后，继续上行，到达7元左右时，上方已基本无筹码，且高位筹码峰出现，这就意味如果没有特殊情况出现，股价的顶部已经来临。再来看其后市走势，如下图所示。

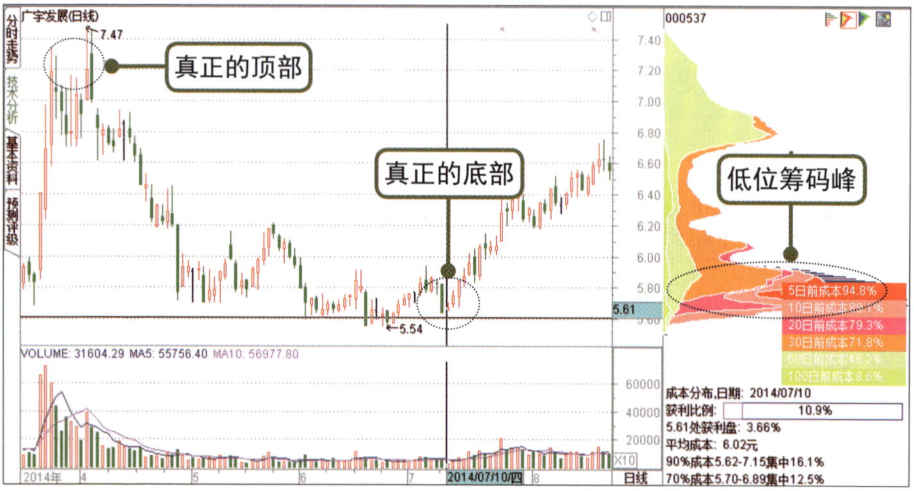

从该股后市的走势可以看出，7元附近确实是这一阶段股价的顶部，此后股价大幅下跌，又重新回到5.5元附近。在5.5元附近时，筹码峰再次出现，且在这之下几乎无筹码，因此判断此位置为此阶段股价的真正底部。

3. 把握主力进出信号

主力资金进入某只股票，必然会在一个相对较低的位置大量买入。同理，当主力资金离开某只股票时，必然会在一个较高位置大量卖出。这在筹码分布图上会有很明确地显示。

当主力资金进入股票时，大量筹码集中到低位，很容易形成短期筹码峰。而当主力资金离场时，则会形成短期的高位筹码峰，将大量筹码集中在高位，使散户投资者在高位被套牢。

分析实例 桂林旅游（000978）——从筹码分布看主力进出

从下图桂林旅游的股价走势来看，2017年上半年受到整个股市环境、宏观经济增速下滑、旅游人数不及预期等利空影响，桂林旅游股价从10多元跌至8元附近，调整幅度巨大。通常情况下，股价经过长时间的下跌后在低位整理都是筑底的表现，如果此时有大量低位筹码出现，那么就很可能有主力进入。

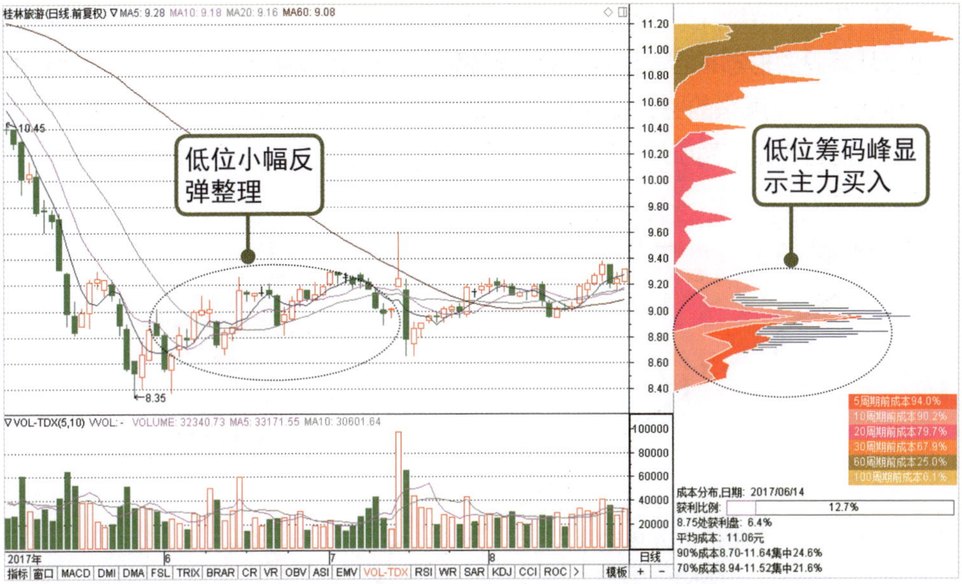

从上图可以看到，在两个月左右的低位横盘震荡整理期间，大量筹码向低位移动，虽然前期高位仍有大量筹码，但新进的筹码快速超过前期筹码，形成低位筹码峰。当股价向上突破低位筹码峰时，意味着主力要开始拉升了。

如下图是桂林旅游2017年8月至9月的日K线图。

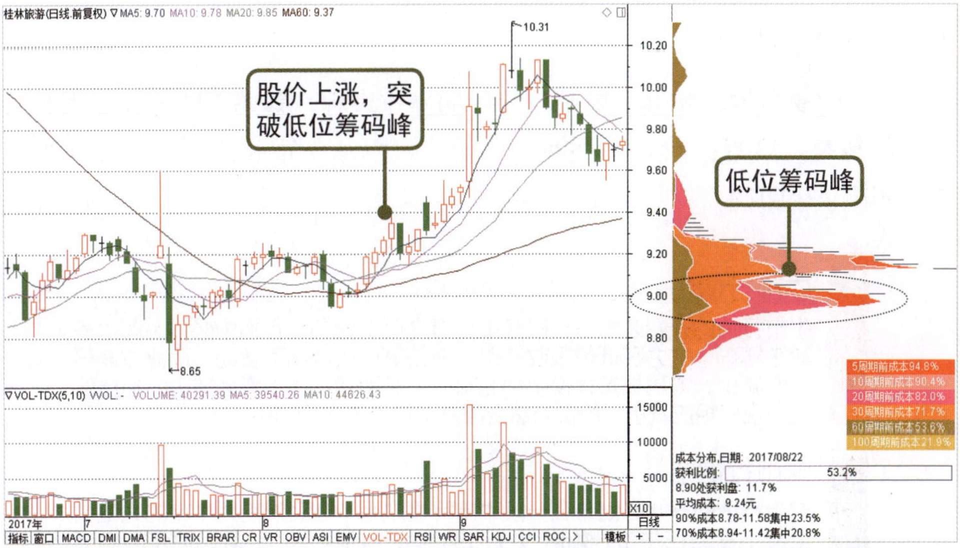

从上图中可以看到，桂林旅游的股价在经过低位的长时间震荡之后，终于在8月下旬迎来再次上攻，此次上攻伴随着成交量的放大，意味着股价不再是小幅上扬，而是有可能形成趋势性的上涨。从最终的走势来看，桂林旅游的股价从9元下方快速上涨到了10.31元，短期涨幅惊人。

股价在高位持续几天之后，大量筹码向高位区转移，但是缺乏后续资金的持续跟进，从筹码的形态来看，出现了高位筹码峰，但筹码集中度很低，说明有大量散户资金进入，而原来的主力资金正在撤离，这必将导致股价会有一个大幅度的下滑，其后期走势如下图所示，短短3个月的时间，股价从10.31元下跌到7.95元，下跌了2.36元。

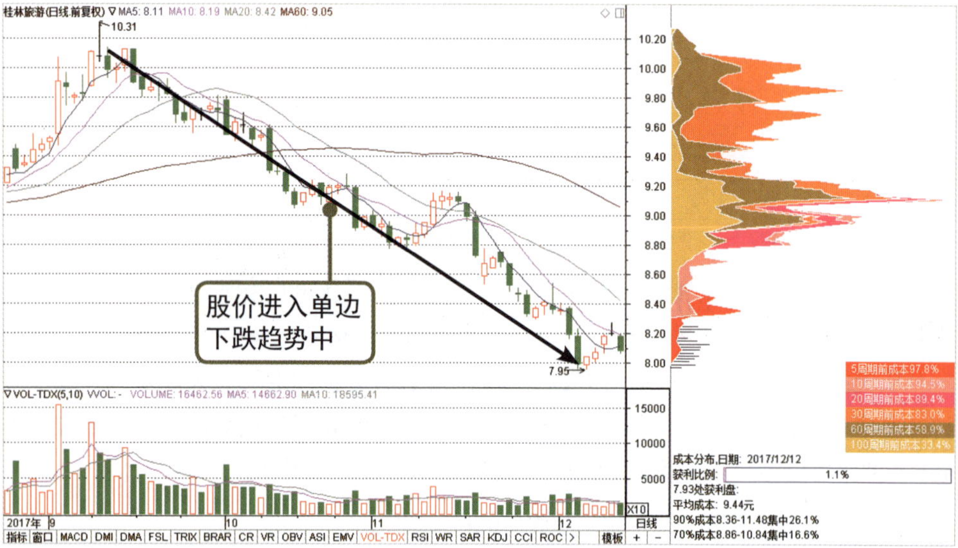

4. 认识主力操盘过程

主力的操盘过程实际上就是对筹码的操作过程，筹码不断地在主力和散户之间转换，就导致价格的不断变化。这可以从牛市和熊市两个方面来分析，如图1-4所示。

牛市行情中

牛市行情的开始必然是一段熊市行情之后，在熊市行情中必然会有很多套牢筹码，主力在低位吸收筹码，使得筹码逐步向下移动，而高位筹码不断减少。筹码被持续换手到底部后，获利盘也会不断地放大，抛售的压力也就相应减小，股价必然会回升，进入牛市行情中。

熊市行情中

熊市行情的开始必然是在一段牛市行情之后，在经过前期牛市的大幅度上涨，主力在牛市开始时吸收的筹码会不断换手，让筹码逐步转向高位。当主力在高位完成筹码的大部分甚至全部换手之后，股价必然会回落形成熊市行情。当散户意识到主力的清仓行为时，一定要果断出手，以避免更大的损失。

图1-4 从筹码变化来研究主力的操盘过程

5. 掌握主力的持仓成本

主力的真正持仓成本，会在很大程度上影响股价的未来发展趋势，从筹码分布图上，可以清晰地看到主力的持仓成本。

通常情况下，主力会在股价经历一大波下跌行情之后，在一个相对低位进行长时间的横向整理，而此时是主力吸筹的最佳时机。

如果股价在进行横向整理之前，筹码大多集中在高位，而在横向整理一段时间之后，高位筹码基本消失，特别是出现低位单峰筹码时，此时筹码的价位基本就是主力的持仓成本了。

如果投资者能准确地判断主力的持仓成本，并在筹码尚未开始上移或开始上移的初期跟进，则获利的可能性很大。

分析实例 中视传媒（600088）——从筹码分布看主力持仓成本

中视传媒在2014年2月上旬达到了一个短期的高点，股价上涨到18.5元以上，随后开始快速回落，经历近3个月的下跌后，回到14元附近。从4月底开始直到7月底，持续了3个月的低位横向整理。在进入横向整理之初，筹码集中分布在16～17元之间，高位筹码不是很多，如下图所示。

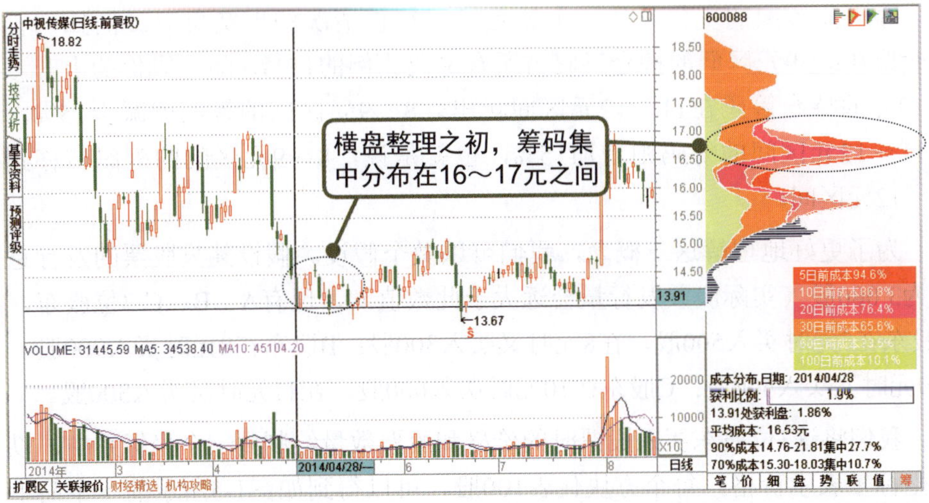

从下图中可以看到，到7月底，筹码已经集中到15元附近，高位筹码已基本消失，此时的筹码峰就是主力的持仓成本。一旦股价突破此筹码峰，就是该股上涨的开始。

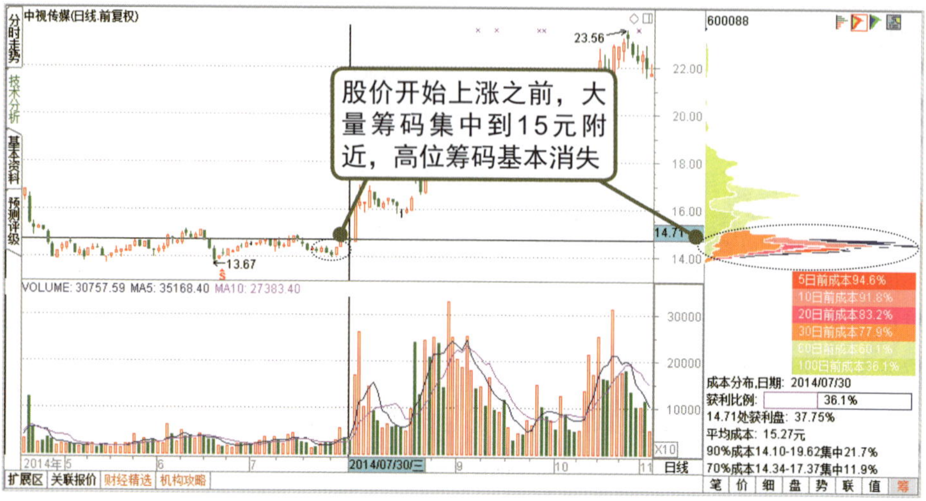

1.1.4

从计算方法看筹码分布的本质

筹码分布图是动态变化的，其原理是将投资者在不同价位所持有的股票，通过横向分布的形式展示出来，只要股价有变动和成交，筹码分布图就会发生变化。

筹码分布图的变化，实际上就是筹码转移情况的现实反应。例如，一只股票在8～9元区间的持仓筹码占所有筹码比例的15%，随着股价的上升，8～9元的持仓筹码在11～12元区间卖出。8～9元区间的筹码就减少15%，而11～12元区间的筹码则增加15%，也就是说，8～9元区间的筹码转移到11～12元区间。

为了更好地理解这一概念，我们可以做个假设。假设某只股票的发行总量为3 000股（实际股票发行量会远大于此数值），现有A、B、C 3位股东，A股东在7元时买入500股，在8元时又买入300股；B股东在8元时买入900股，在9元时又买入400股；C股东在10元时买入600股，在11元时又买入300股。

我们将这3位股东买入股票时的价格和股票数量绘制到一个坐标系中，以纵坐标轴表示价格，每个方块代表100股，可以得到如图1-5所示的一个简单的筹码分布图。

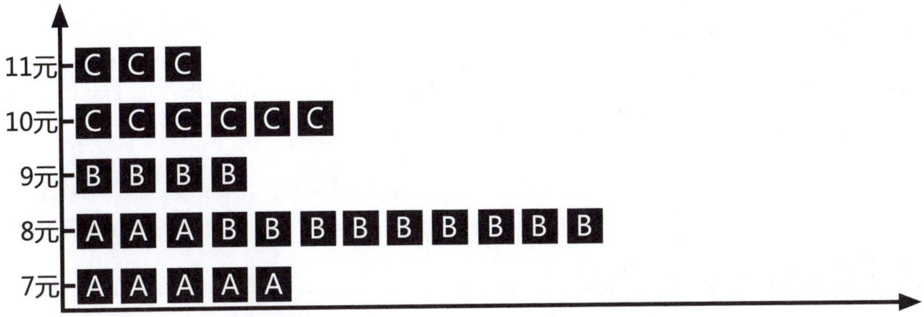

图1-5 初始状态下3位股东的筹码分布情况示意

从上图可以看出，该股在8元上的筹码最多，有1 200股，然后依次是10元、7元、9元和11元，总筹码数量为3 000股。

TIPS *筹码分布图只统计当前在册股东*

在图1-5所示的筹码分布图中，早前还有一个D股东，以6元价格买入400股，但在9元时卖出了，图上并没有显示出D股东，那是因为D股东在统计时已经不再持有股票，而筹码分布只统计当时的在册股东，已经卖出股票的股东，其筹码已经转移到了其他股东手里。

换句话说，筹码分布图与股东没有关系，只统计某个价位分布的筹码比例，筹码在谁手中都不重要，但其筹码总量始终是等于当前流通盘总量的。

随着行情的发展，股票交易不断进行，筹码也会在不同价位上进行转移。例如，B投资者在11元时将8元的筹码全部卖出，被D投资者全部买进，8元的筹码会向11元转换900股，此时的筹码分布示意图如图1-6所示。

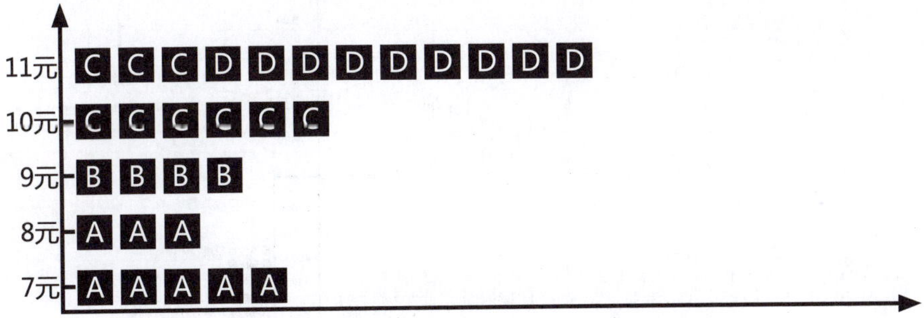

图1-6 转换之后的股东筹码分布情况示意图

从上图可以看出，大部分筹码集中到了11元，但总筹码数量仍然不变，维持在总量3 000股的基准上。

在实际的股票操作中，行情软件已经将各价位的筹码进行了统计计算，并以图形的形式显示出来，这就是筹码分布图的本质。

1.1.5

筹码分布的4个重要看点

很多人不知道应如何看筹码分布图，其实要看懂筹码分布图，只需要看筹码的密集与发散、颜色、标注和近期活跃筹码4个要点即可。

1. 筹码的密集与发散

筹码分布图类似条形图，从左向右的柱形表示筹码的分布量，这些柱形堆积在一起会形成各种形态，这些形态分为密集形态和发散形态两种，具体如下。

- **密集形态：**当股票在某一较窄的价位停留较长时间，并有很大成交量时，筹码会集中到这一价位区域，从筹码分布图上来看，就会有一个很高的“山峰”，而这个“山峰”两侧基本没有筹码分布，这就是筹码分布的密集形态，而这个“山峰”称为“密集峰”，如图1-7所示。

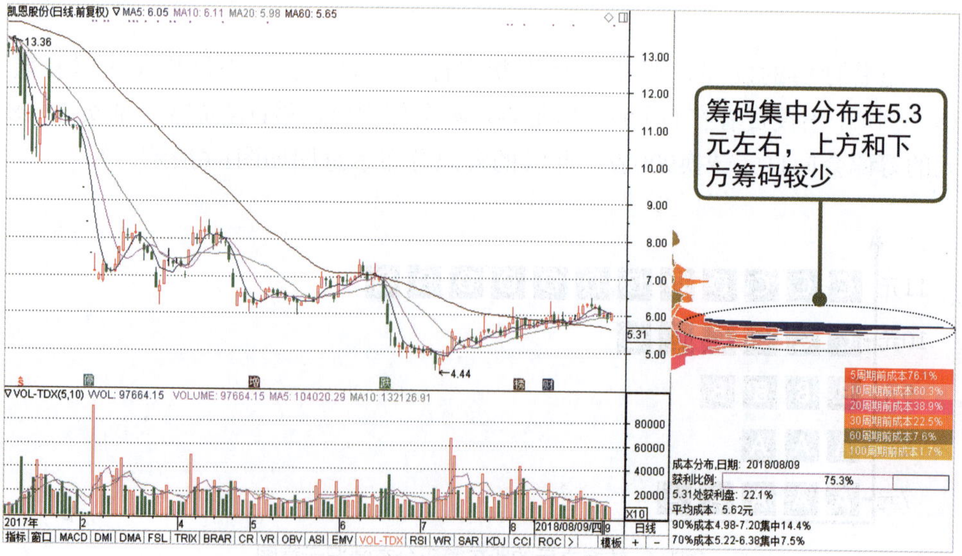

图1-7 筹码的密集形态

◆ **发散形态**：与密集形态相反，当股价在一个较大的价格区间波动并有大量成交时，筹码会比较平均地分布在这些价格区间。从筹码分布图上来看，筹码分布范围很大，并没有突出的高峰，这就是筹码分布的发散形态，如图1-8所示。

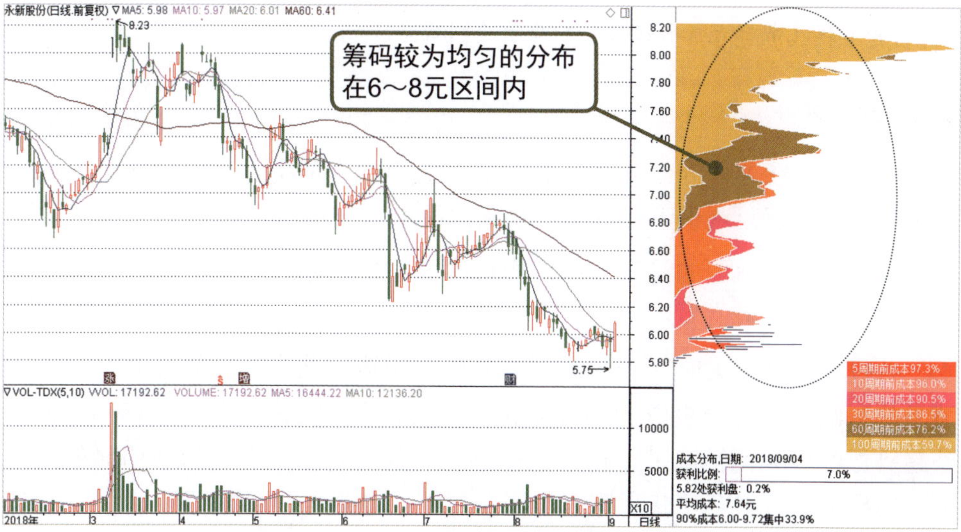

图1-8 筹码的发散形态

2. 筹码的颜色

筹码分布图中柱形的颜色与当前软件系统使用的主题颜色有关，例如在以通达信为核心的华西证券炒股软件中，使用绿白主题色时，筹码柱形图有紫红色和深蓝色两种，如图1-9所示。（其他以通达信为核心的炒股软件，此处显示的颜色会有不同）。

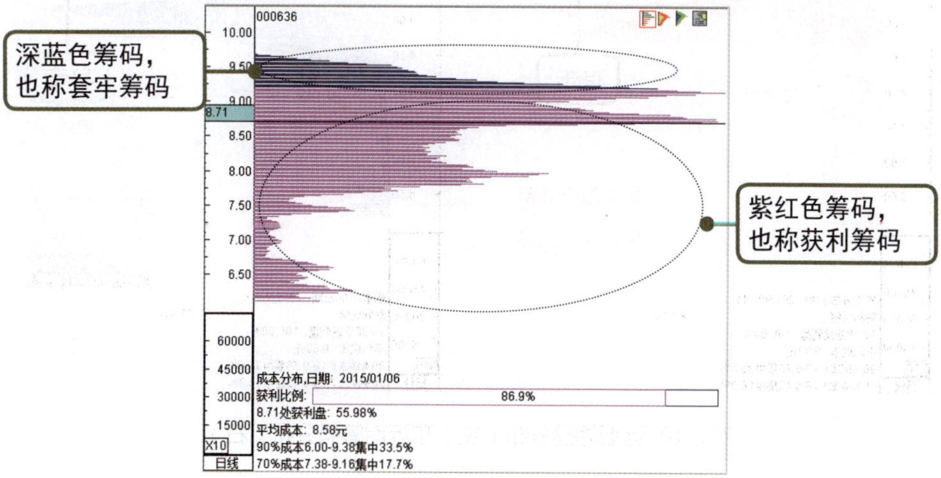

图1-9 筹码的颜色

◆**深蓝色筹码**：是指投资者买入价格高于当前鼠标光标所处位置价格的筹码，这种筹码在鼠标光标所在位置处处于亏损状态。

◆**紫红色筹码**：是指投资者买入价格低于当前鼠标光标所处位置价格的筹码，这种筹码在鼠标光标所在位置处处于获利状态。

3. 筹码标注

筹码标注在前面介绍筹码分布图的时候已经有所提及，各项所代表的意义不再详细讲解，这里主要讲解“获利比例”。

获利比例在前面的筹码分布图中已有直观的显示，在筹码标注栏里则是以具体的百分比数值表示。

当获利比例较大时，表示大部分筹码处于盈利状态，如果此时受到不利消息的影响，大部分投资者都可能获利了结，形成强大的抛压。特别是在下跌趋势已经确认的情况下，在获利比例较高的位置通常都会形成明显的阻力位。如果上方有很多的获利筹码，那么反弹也将会是短期的反弹。

4. 活跃筹码

在筹码分布图上，还可以看远期和近期活跃筹码分布情况。单击筹码分布图左上角的第二个图标，可以查看远期筹码分布情况，如图1-10（左）所示；单击第三个图标，可以查看近期筹码分布情况，如图1-10（右）所示。

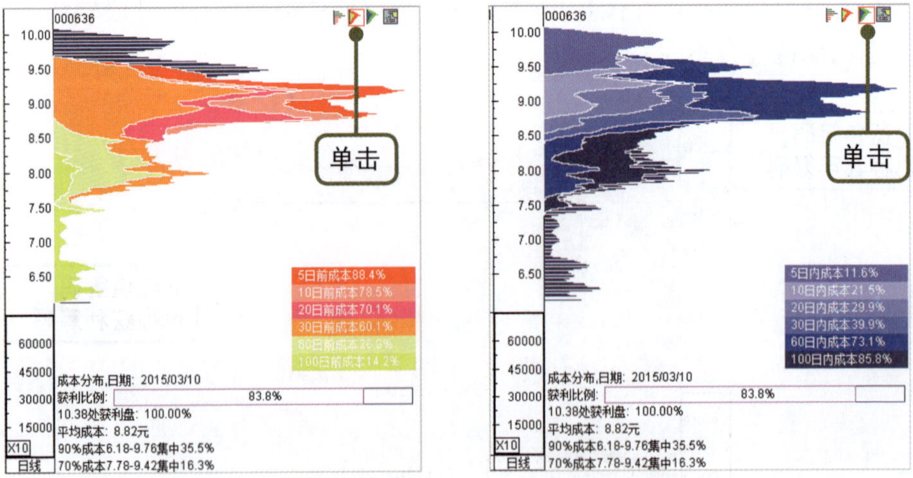

图1-10 远期筹码分布（左）和近期筹码分布（右）

在实战中，看远期和近期筹码分布情况需要把握图1-11所示的内容。

① 4个时间周期

关注近期和远期筹码分布图的60日、20日、10日和5日内（前）的筹码变化规律，近期筹码随着周期的缩小而依次减少，远期筹码随着周期的缩小而依次增加。这是因为近期筹码分布大周期包含小周期，而远期筹码分布则是小周期内包含大周期。

② 短期筹码的意义

短期筹码，特别是5日内和10日内的筹码又可称为活跃筹码。在上涨趋势中，如果短期筹码大量涌现，表明主力在拉升股价；在横盘趋势中出现大量短期筹码，很可能是散户在追高；在下跌趋势中出现大量短期筹码，则股价可能在大力反弹。

③ 中长期筹码的意义

通常将60天内的筹码认为是中长期筹码，如果这类筹码在筹码结构中占有较大比例（通常大于50%），说明有大量投资者在进行中长线操作。关注这种筹码主要是看它出现在哪种趋势中，以及它是什么时候转移到此的。

④ 近期筹码和远期筹码的对比

关注活跃筹码的时候，要注意对比两张筹码分布图。远期筹码分布图描述的是某个周期前的筹码分布情况，而近期筹码分布图描述的是某个周期内的筹码分布情况。在分析时一定要明确自己分析的是哪种筹码分布情况。

图1-11 看活跃筹码的4个关键点

1.2 筹码分布的3个使用法则

筹码分布的分析对行情判断的准确性较高，要保证它的准确性，需要把握3个使用法则。

1.2.1 与大部分人相反法则

并不是大多数人在股市中都可以赚钱的，股市中有“7亏2平1胜”的规律，也就是说大概有70%的人会亏损，而仅有10%的人是赚钱的，因此在交易过程中应遵循“与大部分人相反”的法则。

然而，与大部分人相反并不是说要与大部分人对着干，而是指投资者面对市场波动时，能够摆脱市场情绪给自己的困扰，坚持自己的判断，严格控制风险的一种情绪。因此，“与大部分人相反”是一个面对自己、改变自己的工作。

既然要与大部分人相反，那么就必须成为“与大部分人相反”的那“一小部分人”，而要成为这“一小部分人”，需要具有不受市场情绪影响的坚定信念和正确的判断力。

1.2.2 多指标配合法则

在实战操作中，准确判断买卖点是非常重要的，但单凭筹码分布是不能完全准确判断的，应该遵循多指标配合的法则。

多指标配合是指每确定一个真正的买卖点时，必须有两个或两个以上的指标同时支持该买卖点，才可以最终确认，单独一个指标发出的买卖信号是不可信的。

例如，筹码分布指标可与MACD指标配合、移动平均线可与成交量配合、KDJ指标可与RSI指标配合等。

1.2.3 多周期共振法则

多周期共振法则中的周期主要是指K线的周期，如日线、周线、月线和小时线等。多周期共振是指当一个买卖点出现时，必须要有两个或两个以上的周期同时发出买卖信号，才能确认是可靠的买卖时机。

如果是做短线操作，当60分钟线或30分钟线发出买卖信号时，需要配合15分钟线或5分钟线进行观察，当后者也同样发出买卖信号时，那么就可以进行买卖操作了。

如果是做中长线操作，当月线或周线发出买卖信号时，需要结合日线或60分钟线来核查，如果日线或60分钟线同样支持买卖，那么就可以进行相应的操作，否则应继续等待。

TIPS *炒股软件中的K线周期*

在一般的炒股软件中，K线的周期从大到小有年线、季线、月线、周线、日线、60分钟线、30分钟线、15分钟线、10分钟线和5分钟线等。在某些软件中，还提供了45日线、1分钟线、15秒线和5秒线等。

1.3 运用筹码分布的前提要素

在运用筹码分布分析股票时除了把握使用法则外，在使用时还需要注意它的使用前提要素，这里主要有两个要点。

1.3.1 准确定位大盘所处的状态

筹码分布这一概念，大多数人都会想到只有个股才会有用，然而却忽略了大盘走势对个股的影响。大盘的基本形态有强势上涨、横盘整理和弱势下跌3种。

1. 牛市不言顶——大盘的强势形态

大盘处于强势形态时，整个股市行情一片大好，只要花点心思选择一只好的股票，盈利的机会是非常大的。

筹码分布图在分析大盘强势行情时是非常有效的。如图1-12所示为上证指数（000001）2014年8月至2015年1月的日K线图。

大盘经历了前期长时间的低位横盘后，开始逐步上升。但前期在2 890点附近积聚了大量的筹码，使得指数运行到此位置时受到很大的阻力。但由于整个市场向好，很容易就突破了这个本应该产生重大阻力的点位，继续向上运行，直奔3 400点大关。

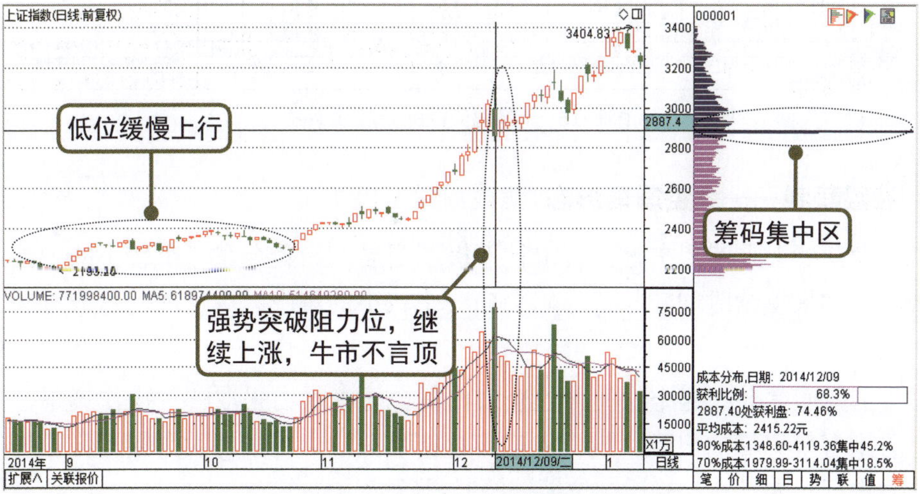

图1-12 强势行情中顺利突破筹码阻力位

2. 熊市不言底——大盘的弱势形态

大盘处于下跌的熊市行情中，大部分人都处于亏损状态，此时对筹码分布的分析显得更为重要。大盘的弱势会使个股“无底线”的下跌，特别是在没有低位筹码支撑的情况下。

如图1-13所示为上证指数在2018年5月至9月的日K线图，这是2015年股灾之后的第三年，A股仍未从股灾、熔断的阴影中走出来，伴随着中国经济增速的下滑、中美贸易战的日益严峻，上证指数承受了极大的下跌压力。

从这个阶段内上证指数的筹码分布可以清楚地看到，此次大部分筹码都处于3 000点以上的高位，下方无筹码支撑，使得指数即使反弹也非常弱势，指数何时到底尤未可知。

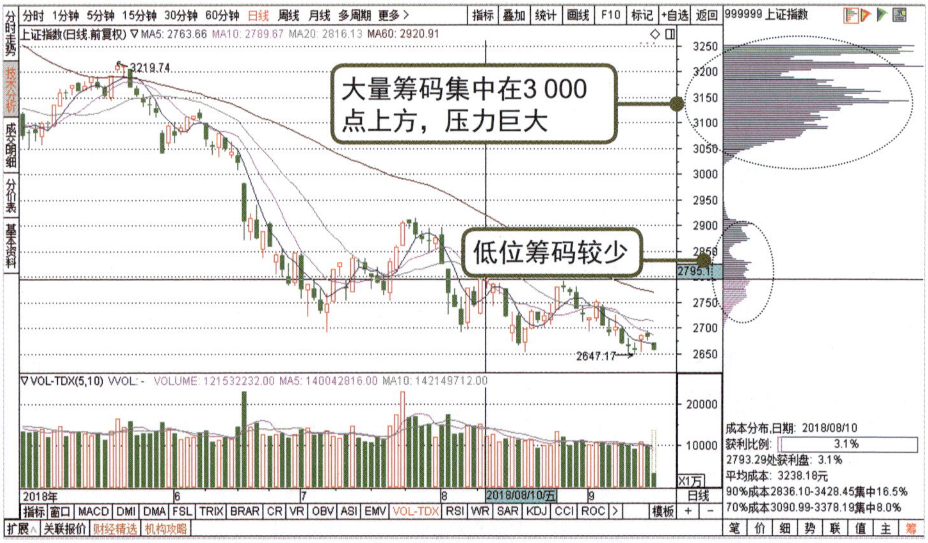

图1-13 无筹码支撑的无底线下跌

3. 波段获利——大盘震荡形态

大盘处于震荡形态时，后市行情极不明显，指数会在一个较小的范围内波动，如果持续时间较长，筹码会向一个较小的集中区域移动，形成筹码密集区。

主力通常会在这个时间段建仓或出货，无论主力采取哪种操作策略，只要看到有筹码峰的出现，投资者都应该密切关注，尽量在大盘接近低位筹码峰时进行买入操作，接近高位筹码峰时进行卖出操作。

1.3.2

重点关注主力高度控盘的筹码形态

买股票的目的就是为了赚钱，但只有选好了股票，才有赚钱的机会，而主力高度控盘的股票，必然会有上涨的机会，如果能抓住这种股票，并进行适当的操作，赚钱是稳稳当当的。

要发现主力高度控盘的股票，通过筹码分析是最准确的。通常情况下，主力高度控盘的筹码形态具有图1-14所示的两大特征。

特征一

筹码分布较为密集，筹码峰值分布清晰，而且比较有规律，能够看到明显的单峰或多峰分布。

特征二

远期筹码分布和近期筹码分布重叠度较好，不同交易时间段的筹码交叉有一定的规律，远期筹码分布峰值较大且重叠较好。

图1-14 主力高度控盘的筹码形态特征

通过筹码观察是否有主力高度控盘，一般看的是远期筹码分布图的筹码密集形态。筹码的密集形态又可以分为单峰密集形态、双峰密集形态和多峰密集形态3种，其主要特征如下。

- **单峰密集形态**：筹码单峰密集形态有三大特征，一是筹码分布呈单峰状态；二是筹码密集区的价格区间较小；三是不同时间段的成本比例相差较小，且差额均匀，体现在筹码分布图上就是颜色直观分布较为和谐，如图1-15所示。

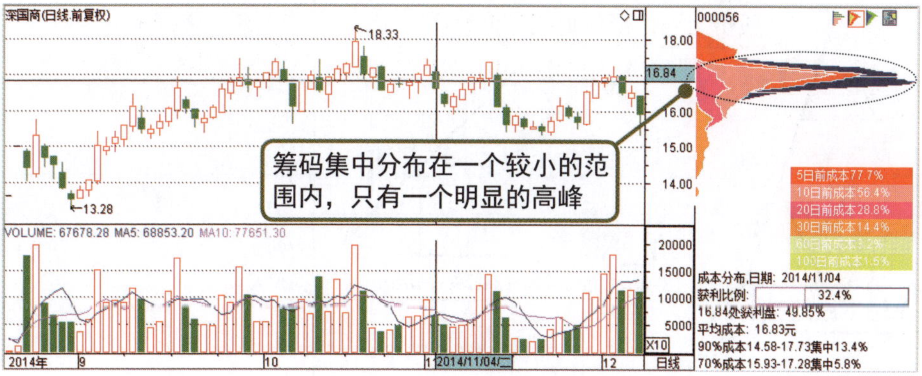

图1-15 单峰筹码密集形态

- **双峰密集形态**：筹码双峰密集形态有两个明显的高峰，一是每个密集区的价格波动范围较小；二是不同时间段的成本比例相差较小。

◆ **多峰密集形态**：筹码多峰密集形态的特征是筹码密集区间有3个或3个以上（通常不会超过4个），且每个密集区对应的价格区间较窄，同时多个密集区间互不衔接，并且不同时间段的成本比例差值均匀递减。

1.4 运用筹码分布的注意事项

在实战操作中，能够通过筹码分析来发现主力的真正意图，但在运用筹码分析时，还需要了解一些重要的注意事项。

1.4.1 筹码低位密集，股价不一定会上涨

通常情况下，我们会认为当筹码在低位密集时，一定会有大量资金注入，是股价蓄势待涨的信号。其实不然，筹码低位密集，股价不一定会上涨，能够真正被拉升的，还需要成交量放大。

低位筹码密集可能出现在下跌途中，也可能出现在真正的底部。当筹码在一个低位形成筹码峰时，不要急于买入，必须等待成交量的放大。如果有放量拉升的情况，才是最好的买入时机，否则就可能是下跌途中的一个短暂反弹，短线很容易被套牢。

如图1-16所示为宝钢股份（600019）2018年6月至9月的日K线图。

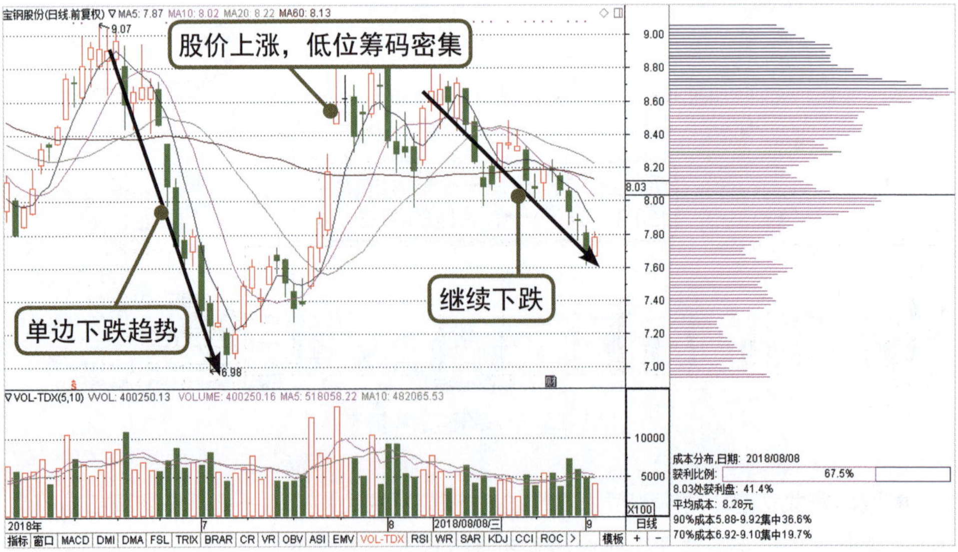

图1-16 筹码低位密集后继续下跌

从图中可以看出，该股前期处于单边下跌趋势中，到2018年7月，股价短期快速反弹，并在低位形成一个筹码密集区，但此时成交量并没有明显放大，所以不能判定这就是底部。而后股价快速下跌，并没有得到低位筹码的支撑。

1.4.2 顶部单峰密集，见顶风险大增

股价运行到一个相对高位后，如果出现滞涨现象，投资者持股的风险将增大，但并不是一出现高位滞涨，就会出现回调行情，这也可以通过分析筹码来判断风险。

通常情况下，如果股价在高位出现滞涨，而筹码分布也出现高位单峰密集形态，那么回调很可能马上就来临。根据单峰的高度，也可以大概判断回调的力度。

如图1-17所示为易见股份（600093）2017年12月至2018年7月的日K线图，该股在2017年12月停牌，于2018年2月复牌，股价在复牌后快速上涨，连续收出涨停，随后在高位大幅度震荡，吸引许多短线投资者买入。

进入2018年3月后，股价成交量开始萎靡，股价明显滞涨，从筹码形态来看，出现高位单峰筹码密集形态，随后股价受此压制持续走低。

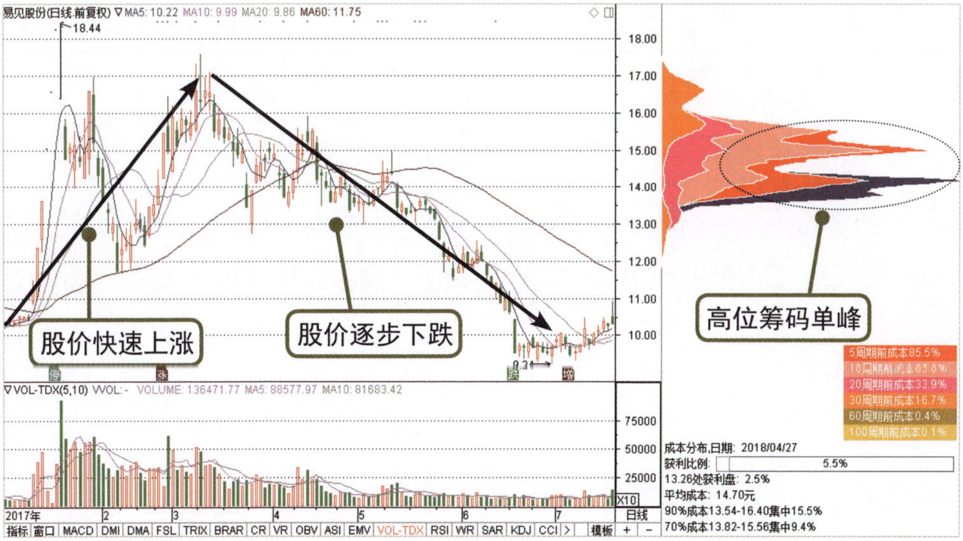

图1-17 高位筹码密集股价下跌

1.4.3
筹码不变，趋势难以改变

股价运行的趋势只有上涨、下跌和横盘3种，对于上涨和下跌行情，只要行情持续，筹码就会出现转移，其具体情况如图1-18所示。

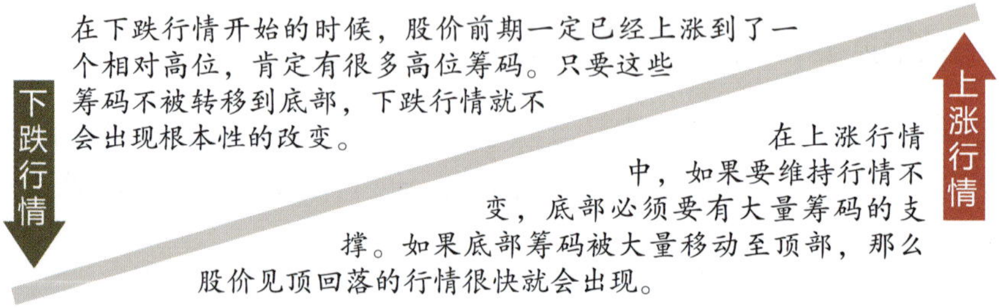

图1-18 下跌行情和上涨行情与筹码的关系

可以说，任何行情的出现，都是筹码转移的结果，如果筹码不转移，即使行情发生了改变，也会在短时间内被拉回来。就如横盘整理过程中，筹码始终在一个较小的范围内转移，如果筹码不突破这个小范围变动，盘整行情就会持续下去。

筹码分布的实战用法

对筹码分布有了一个简单的认识后，我们需要将筹码分布的分析方法应用到实战中，才能体现其准确的判断力。本章将从筹码分布的形态、实战技巧和实战要点几个方面，讲解筹码分布在实战中的用法。

2.1 筹码分布的4个基本形态

筹码分布应用到实战中，主要是通过看筹码的分布情况来判断股票的运行趋势，这种分布情况主要是指筹码的密集情况，基本形态有低位密集、高位密集、低位锁定和双峰形态4种。

2.1.1 筹码低位密集

第1章中已提到筹码的低位密集、高位密集等概念，这些都是筹码分析的基本形态。

筹码的低位密集是指股价经历过一段较大的下跌行情后，在一个低位企稳，同时成交量放大，使得筹码大量转移到此位置，形成筹码密集区域。

如图2-1所示为一个典型的筹码低位密集形态，从筹码的分布可以看出，该股在2018年9月5日的筹码主要集中在11元附近，14元以上基本无筹码分布。

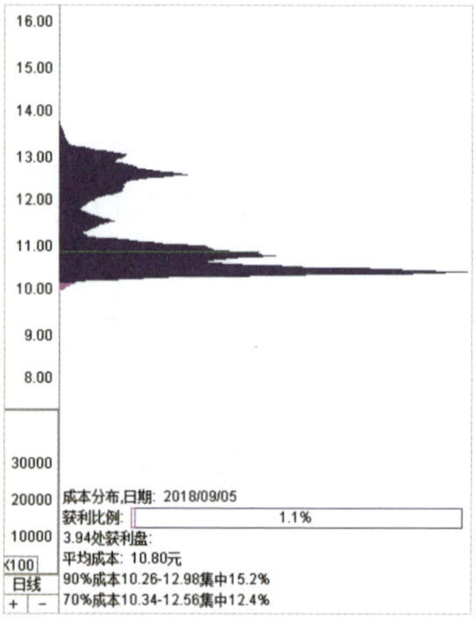

图2-1 筹码低位密集形态

分析实例 普洛药业（000739）——筹码低位密集的行情反转

下图所示为普洛药业2017年10月至2018年3月的日K线图。

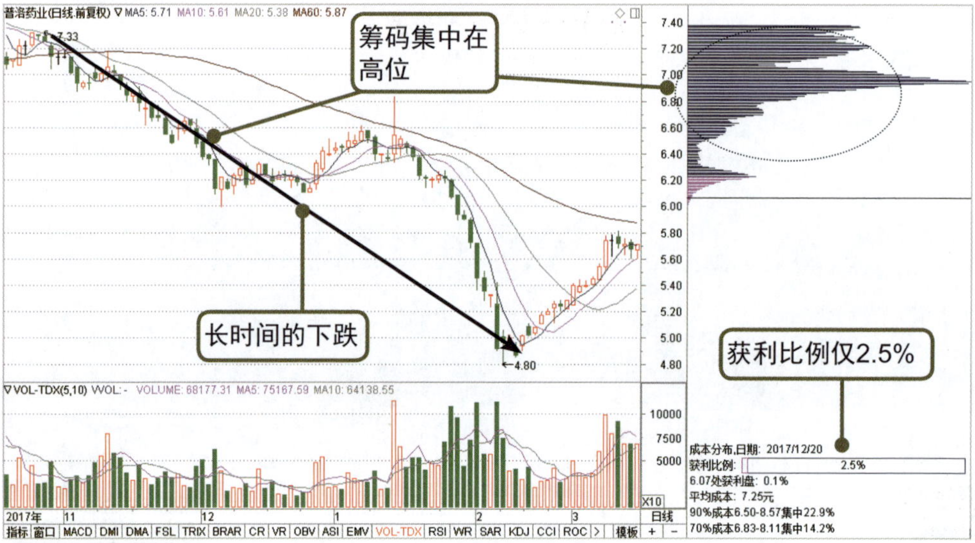

从上图可以看出，普洛药业在2017年最后一个季度中，股价迎来的较大幅度的调整，一方面是因为整个A股市场环境不佳，另一方面则是企业经营过程中面临的业绩下滑。

从下跌趋势的筹码分布来看，多数筹码集中在7元左右，一方面反映了股价下跌筹码未能及时出逃，另一方面也反映了股价下跌过程中低位买入的资金并不积极。

普洛药业在进入2017年12月最后几个交易日，包括在2018年1月初，股价有所反弹，但反弹未能形成趋势，却酝酿了又一轮快速下跌。进入2018年1月中旬之后，普洛药业股价在不到一个月的时间里，从6元上方跌至最低4.8元，跌幅巨大。

短期的杀跌一方面洗出了持股不坚定的投资者，另一方面也让伺机而动的市场资金看到了机会，买卖开始活跃，显示为成交量明显回升。同时，这个阶段内的筹码形态出现明显的变化，在6元下方开始出现了均匀的分布，显示有资金在持续布局。其后续走势如下图所示。

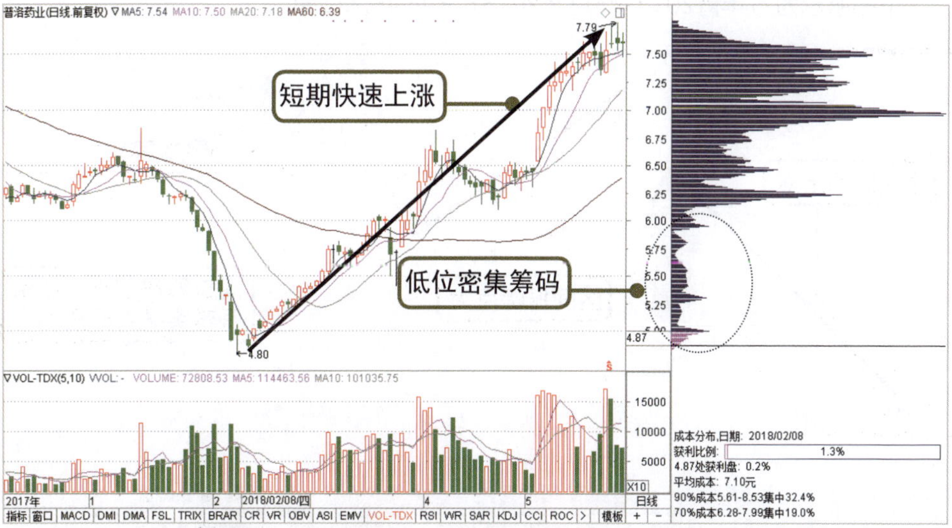

从后续的走势来看，经过2018年1月的暴跌之后，筹码在低位形成了跨度较大的密集区，虽然筹码规模不如高位筹码，但密集程度已经丝毫不弱。股价在创出4.8元的新低后不久便快速上涨，短期涨幅超过60%。

由此案例我们可以看出，在分析筹码分布时，不仅要看筹码的规模，更重要的是要看筹码买入的时间周期、成本区间跨度等多个因素。

2.1.2 筹码高位密集

筹码的高位密集形态是指股价经过一段时间的上涨后，达到一个相对高位并持续一段时间，但此时成交量有所放大，使得大量筹码向高位聚集，并形成一个筹码的相对密集区。

高位密集形态表明经过前期的大涨，低位筹码获利较大，已经在高位区逐步出场，使得筹码逐步向高位区转移，同时空方力量也逐步增强。当筹码在高位形成密集区，特别是出现单峰密集形态时（如图2-2所示），就要提高警惕，准备随时出场。

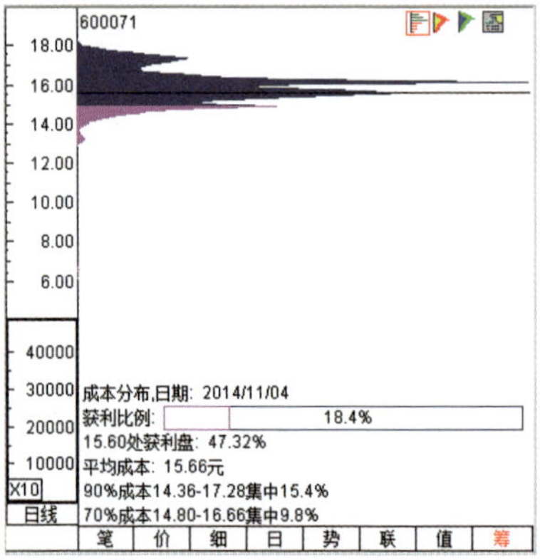

图2-2 筹码高位密集形态

分析实例 万年青（000789）——高位筹码密集

下图所示为万年青2017年5月至2018年9月的日K线图。

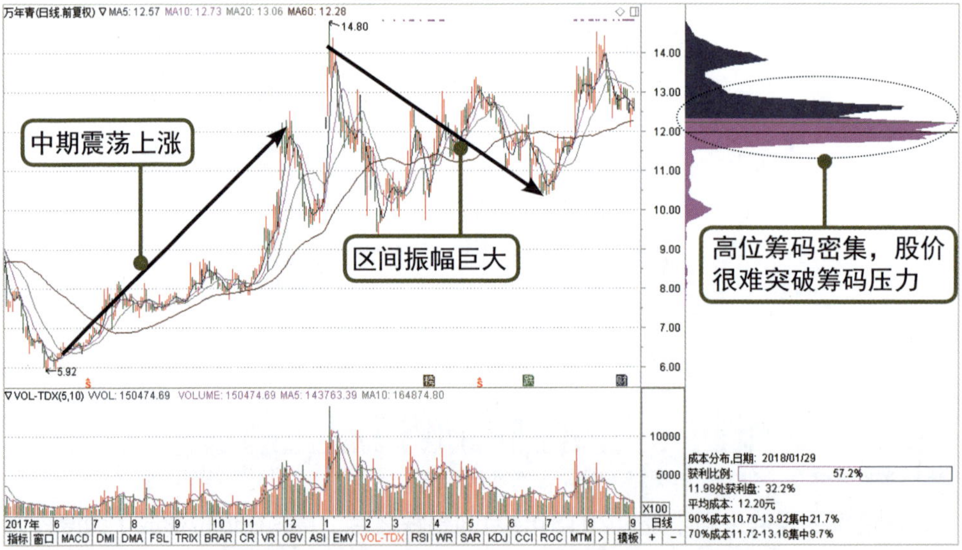

从万年青的走势来看，该股在2017年下半年受到供给侧改革的影响，水泥价格持续上涨带来企业业绩改善预期，股价从最低5.92元上涨到最高的14.8元，涨幅巨大。

股价的上涨过程充满波折，因此当股价上涨到高位后，可以发现低位的筹码已经卖出了许多，现有的筹码基本都是追高买入的资金，从筹码分布的形态来看，出现了很明显的高位筹码密集。

从股价后续的走势来看，万年青虽然没有出现较大幅度的调整，但区间波动巨大，普通投资者很难在其中赚到钱。

2.1.3

筹码低位锁定

筹码低位锁定是股价经历一波下跌行情或低位整理后开始上涨，但筹码始终保持在低位区不向上移动。

这种情况多数是由于主力在低位吸筹导致的，它是主力进入该股的重要标志，是非常值得关注的一种形态。

分析实例 西部资源（600139）——筹码低位锁定

下图所示为西部资源2013年10月至2014年9月的日K线图。

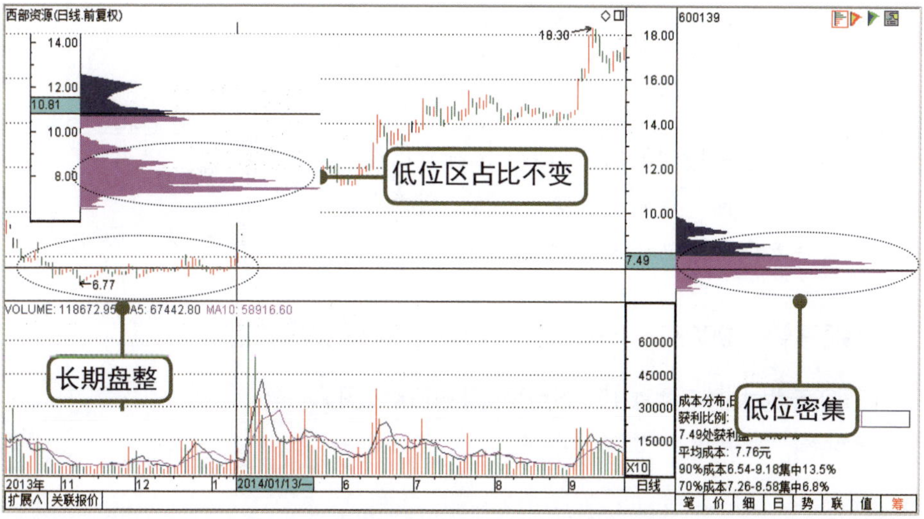

从上图中可以看出，该股前期经历了3个多月的低位整理，筹码在7.5元附近形成低位密集形态。但随着股价的上涨，到2014年5月中旬，股价已上涨到10.5元以上，涨幅超过40%。

在这样高的利益诱惑下，低位的筹码区却始终没有变化，说明筹码并没有大量向高位转移，也就意味有大量筹码在等待，而能不受高收益诱惑抛出的筹码多数都是主力筹码，后市仍有上升空间。

TIPS *低位锁定重在坚持*

在实战操作中，如果确定某只股票确实有很多的低位锁定筹码，就要保持关注，不要轻易抛出，除非下峰已尽，顶部出现明确的卖出信号。

2.1.4 双峰形态的筹码分布

双峰形态的筹码分布是指在筹码分布图上，筹码的柱形呈现出两个明显的密集山峰，其中高位的密集峰称为“高位峰”，处于低位的密集峰称为“低位峰”，如图2-3所示。

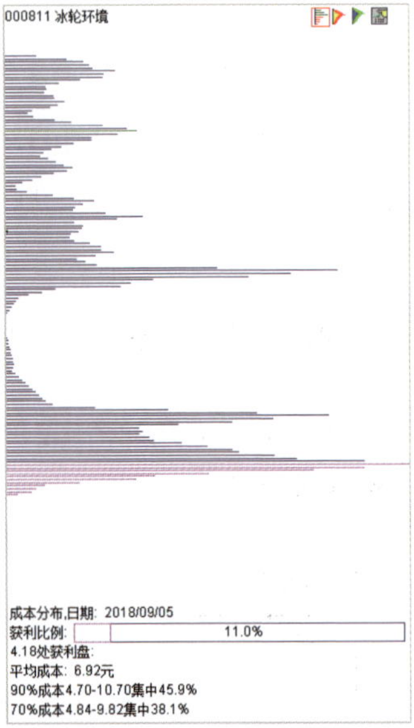

图2-3 筹码双峰形态

双峰筹码分布出现在不同的位置，具有不同的意义。

- **出现在上涨初期：** 在行情上涨的初期如果出现双峰形态，说明股价虽然有上涨动力，但上方的阻力也较强。一旦股价快速上涨，上方的筹码很有可能大量抛出，致使股价上涨受阻甚至下跌。
- **出现在上涨一段时间后：** 如果上涨行情已经持续了一段时间，这时出现双峰形态，则投资者需要注意横盘整理或下跌行情的出现。

分析实例 太钢不锈（000825）——上涨初期的筹码双峰状态

下图所示为太钢不锈2017年5月至9月的日K线图。

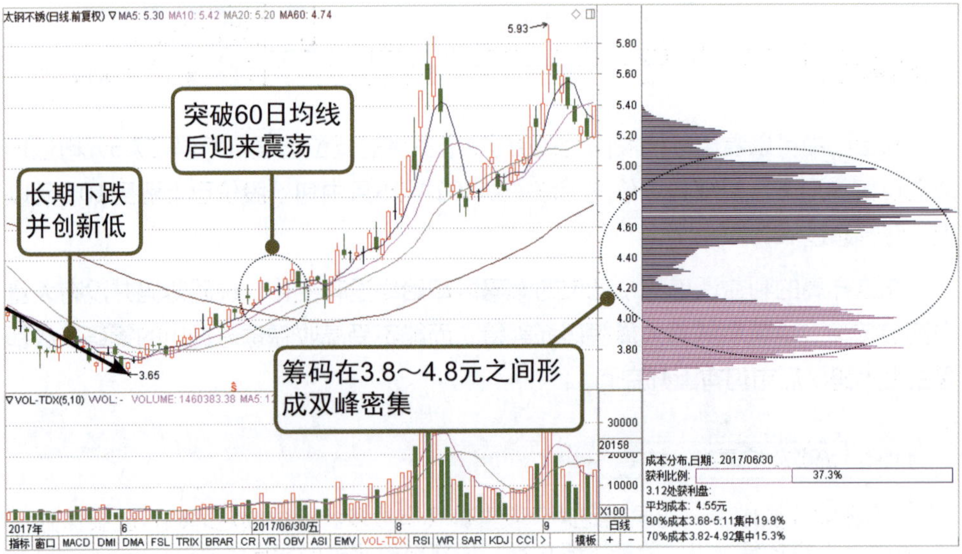

从太钢不锈在2017年下半年的走势来看，该股在6月之前都处于下跌趋势中，并在6月2日创出3.65元的新低，随后股价迎来短期的反弹，这主要是受到钢铁价格上涨带来的业绩改善预期的影响。在股价突破60日均线后股价迎来短期的震荡，筹码在3.8～4.8元之间形成双峰密集状态，随后股价上涨受阻，在回踩20日均线之后才再度上涨，股价从4.2元快速上涨到将近6元。

分析实例 海泰发展（600082）——上涨后期的筹码双峰形态

下图所示为海泰发展2014年5月至2015年2月的日K线图。

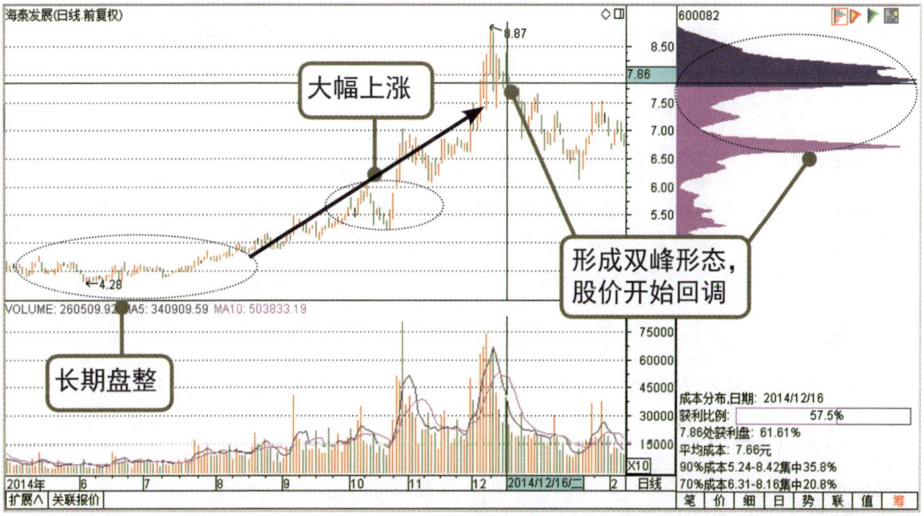

从上图中可以看出，该股在4.5元附近徘徊了很长一段时间，从2014年8月才开始缓慢上涨，到12月中旬，已经上涨了4个月多，股价也达到了8元以上，涨幅超过77%。

观察12月16日的筹码分布图，可以看到在6.5元和7.8元附近形成了两个明显的筹码峰，属于上涨后期的双峰形态。此后，股价开始了深度回调，仅仅一个月时间，就从8.5元附近下跌到6.5元以下，跌幅达到25%。

2.2 筹码分布的4个实战技巧

要运用好筹码分布图，除了掌握筹码分布的基本形态外，还需要了解一些实战技巧。经过大量投资者的亲身实践，在筹码分布图的分析上总结出了4个非常实用的实战技巧。

2.2.1

上峰不移，下跌不止

在筹码分布图上方形成的高位密集峰通常是股价上涨的压力，这些都是被套牢的筹码。在股价的下跌趋势中，如果上方的筹码峰未被转移，股价就会继续下跌，直到上方的筹码峰逐渐消失为止，这就是“上峰不移，下跌不止”的操作技巧。在运用“上峰不移，下跌不止”技巧时，除了看准形态外，还需要注意以下几个要点，如图2-4所示。

要点1　看上峰出现的具体位置

上峰的价位越高，说明该股被套得越深，股价想要上涨就需要更大的量能。反之，上峰的价位越低，前期被套的投资者就越容易解套，股价上涨的阻力也就相对要小一些。

要点2　上峰可以不止一个

股价在下跌的趋势中，如果有多次反弹行情，可能出现散户“互砸”的情况，也就会在相对较高的成本位形成两个、三个甚至多个密集峰，这种情况也同样适用“上峰不移，下跌不止”的操作技巧。

要点3　筹码转移的时机很重要

在下跌趋势持续的过程中，筹码一般都会逐步向下转移。但大多数筹码转移到下方的时机通常不是在下跌趋势的尾部，而是在下跌结束后的第一波较大幅度的反弹行情中。

要点4　股价是否突破阻力位

在股价下跌趋势中的反弹是筹码向下转移最多的时候，但下跌趋势是否结束还需要观察股价是否突破了阻力位。如果反弹顺利突破阻力位，高位筹码峰能顺利消失，那么就意味下跌趋势已经结束。

图2-4　“上峰不移，下跌不止”的4个要点

分析实例　正海磁材（300224）——下跌过程中多峰不移

下图所示为正海磁材2018年2月至7月的日K线图。

从图中可以看到，正海磁材在2018年3月之前得到了市场资金的短期关注，股价从最低的6.38元上涨到9元附近，短期涨幅近30%。但是翻看其基本面资料并未发现有支持其持续上涨的原因和动力，因此股价在冲刺几次9元都未能站稳的情况下，在3月初便迎来高位震荡。从此时的筹码分布可以清楚地看到，在高位形成了较为密集的分布形态。

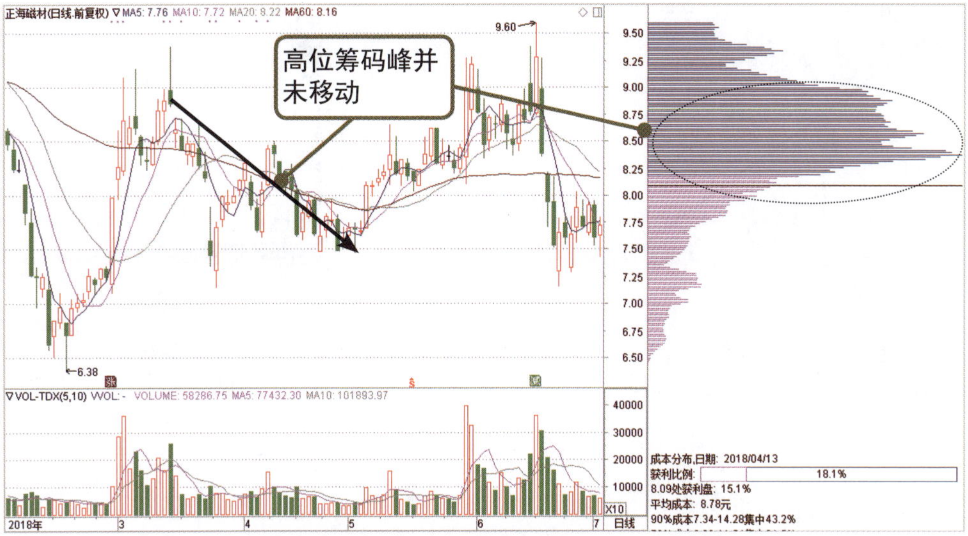

在4月前后的调整过程中，股价一度跌破7.5元，但是从筹码分布的情况来看，其8.5元的筹码峰一直没有转移到低位。其后续走势如下图所示。

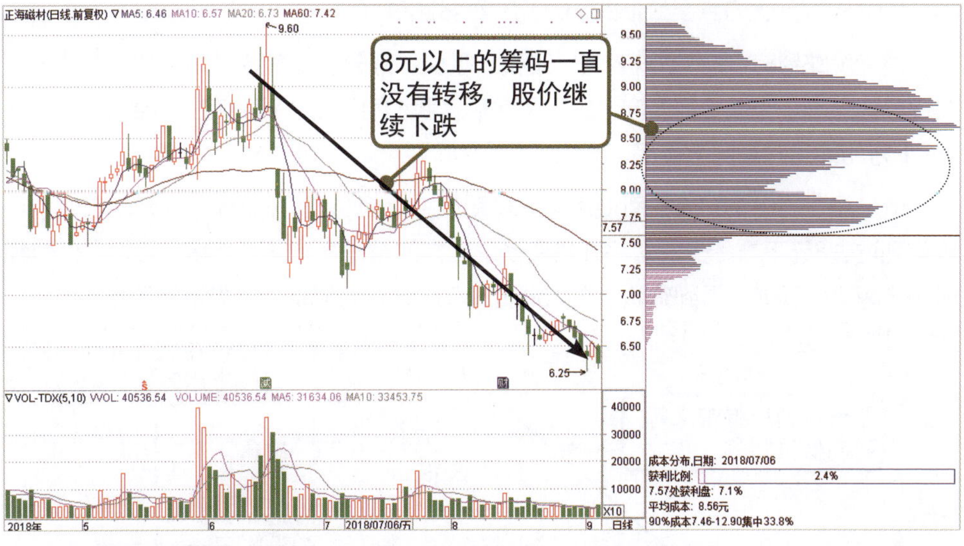

由于整个筹码的上峰并未明显转移，因此上方压力仍然较大，股价仍会保持继续下跌的趋势。而该股后期的走势确实印证了这一点，正海磁材的股价在进入2018年7月之后再次大幅度下跌，股价从最高的9.6元下跌至最低的6.25元，跌势惨烈。

分析实例 依米康（300249）——上峰在上涨初期转移

下图所示为依米康2017年11月至2018年3月的日K线图。

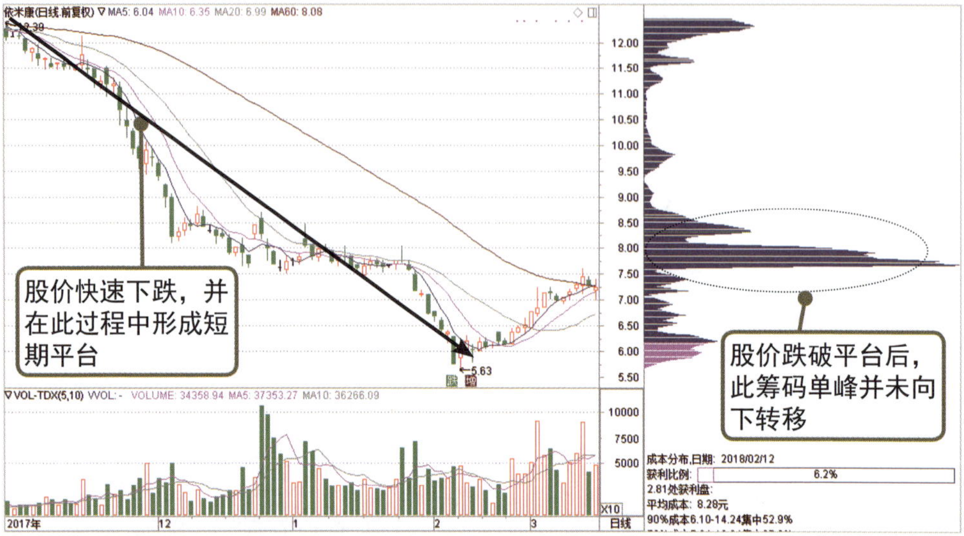

从图中可知，依米康的股价在2017年12月前后迎来了较大幅度的调整，K线长期在5日均线下方运行，呈现出较为明显的下跌趋势。在经过短短的3个月不到的时间，股价从12元上方跌至最低的5.63元，跌幅超过50%。

当股价跌至8元左右后跌势有所缓和，吸引了部分抄底资金入场，在此形成一个筹码单峰形态，当股价再度向下跌破平台后，我们可以从筹码分布上看到，8元以及8元上方的筹码并未向下转移。

依米康在创出5.63元的新低后迎来短期反弹，但当股价在反弹至7元左右时，可观察到过去8元下方稀少的筹码开始变多，上方的筹码开始向下转移。股价在低位经过一定幅度的反弹后得到确认，买入资金增多，低位筹码增加，如下图所示。

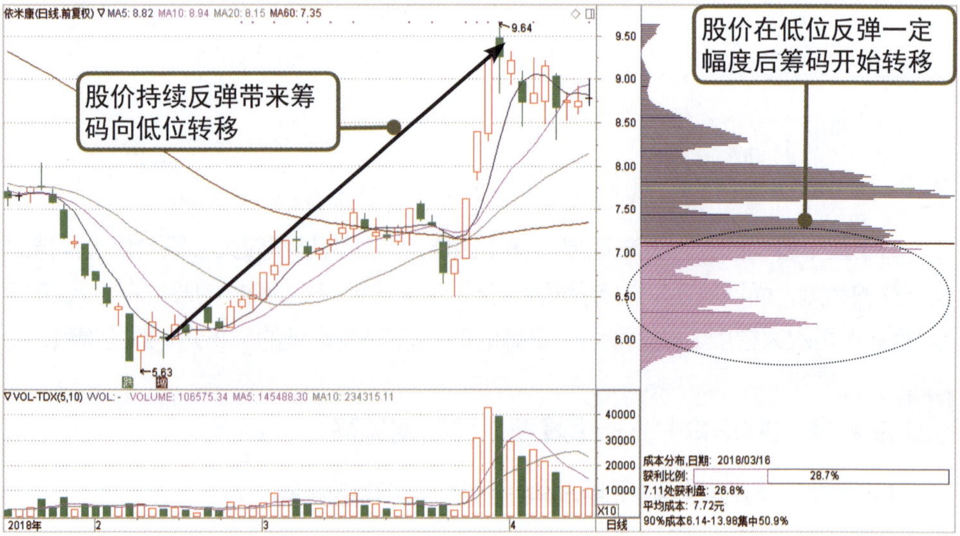

2.2.2

下峰锁定，行情未尽

下峰锁定与之前提到的低位锁定是一个意思，它是指随着股价的上涨，筹码并没有随之转移到上方，而是仍然保持在低位。

这种情况说明，在股价大幅上涨的情况下，大多数筹码并没有受当前收益的诱惑，而这种能经得住诱惑的筹码通常都是主力筹码，只要他们还没有撤离，行情就会有继续上涨的可能。

在实战应用中，投资者在把握“下峰锁定，行情未尽”的技巧时，还需要注意以下两个要点，如图2-5所示。

下峰位置：在股价拉升阶段，如果下峰位置越低，说明筹码的浮盈越多，获利了结的冲动就越强烈，后市持股的风险也就越大。反之，如果下峰位置较高，后市风险就越小，但获利也不会太多。

出场时机：任何行情都会有结束的时候，锁定的下峰也会转移，但具体应该什么时候出场却是一个复杂的问题。通常在下跌阻力减轻且趋势型技术指标发出看跌信号时是出场的最好时机。

图2-5 下峰锁定的两个要点

分析实例

恒瑞医药（600276）——下峰锁定时行情不转变

下图所示为恒瑞医药2013年3月至2014年2月的日K线图。

从图中可以看出，该股经历了一轮不错的上涨行情，从最低的22.36元上涨到最高的36.01元，区间涨幅超过60%。

当股价达到最低点后开始强势反弹，仅仅6个交易日，就将股价从24元以下拉升到26元以上，上涨速度惊人。

快速的放量上涨使得筹码也快速进行了转移，到2013年7月初，已经在25元附近形成了一个明显的密集筹码峰，之后股价继续上涨。特别是7月10日至16日的5个交易日，成交量与股价完美配合。

7月10日，股价以24.94元开盘，到7月16日收盘时，股价已达30.55元。短短5个交易日，股价上涨了5.61元，涨幅超过22%。

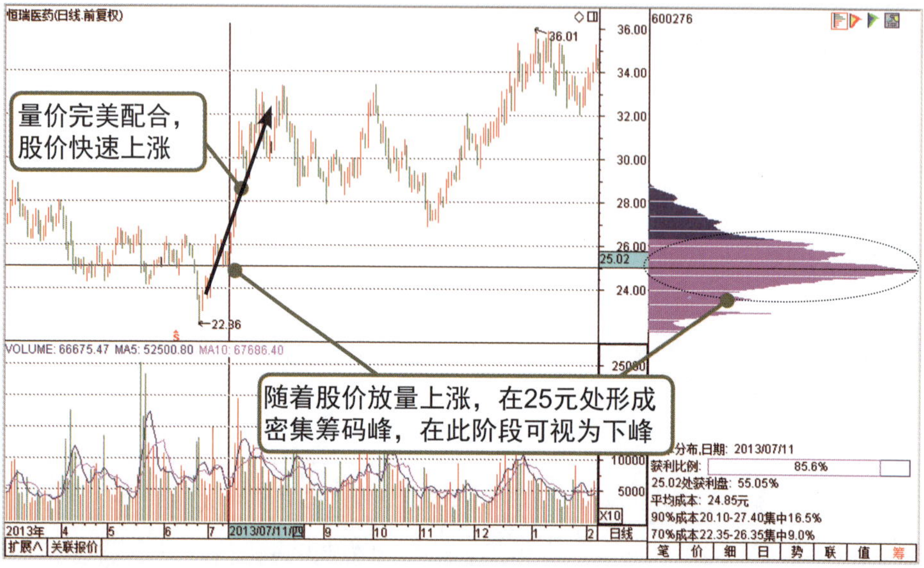

随后，股价在33元附近遇到两次较大的阻力，都进行了回调，但即使是第二次的大幅度回调，将股价拉低到27元附近，上方也未聚集过多的筹码，25元的低位筹码峰依然被锁定在那里，没有丝毫动摇，如下图所示。

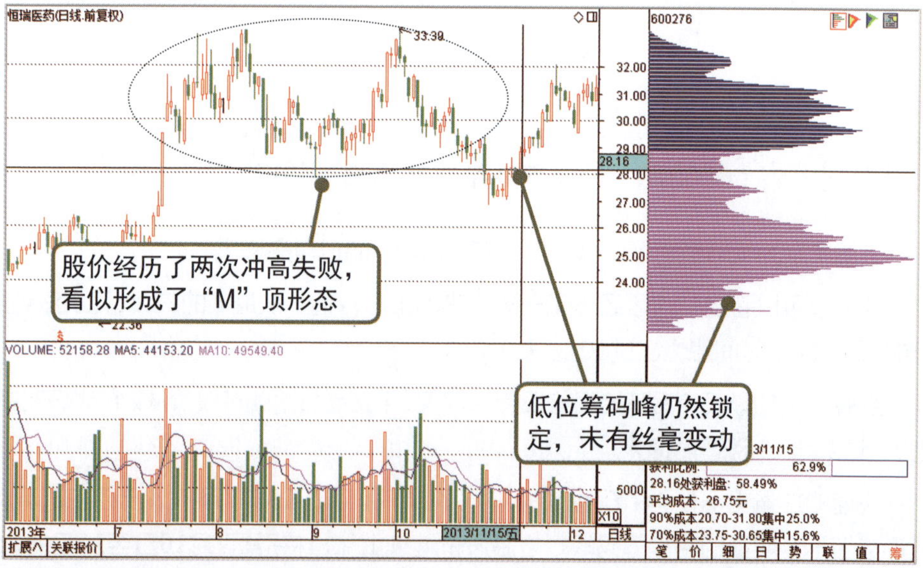

即使经历过了22元附近到最高33.39元的涨幅，低位和筹码仍然无动于衷，这说明很可能是主力占有了25元附近的筹码。到33.39元时都未出货，说明他们对该股的前景非常看好，投资者也可以继续等待。

下图所示为该股截至2014年2月的走势，股价回落到28元以下后快速反弹，并以直线形态直接上冲到36元价位。此时的筹码已经转移了一部分到28元以上，但我们还是可以看到，筹码密集的最高峰仍然是之前的25元的下峰，说明主力仍未撤离，后市还有上涨空间。

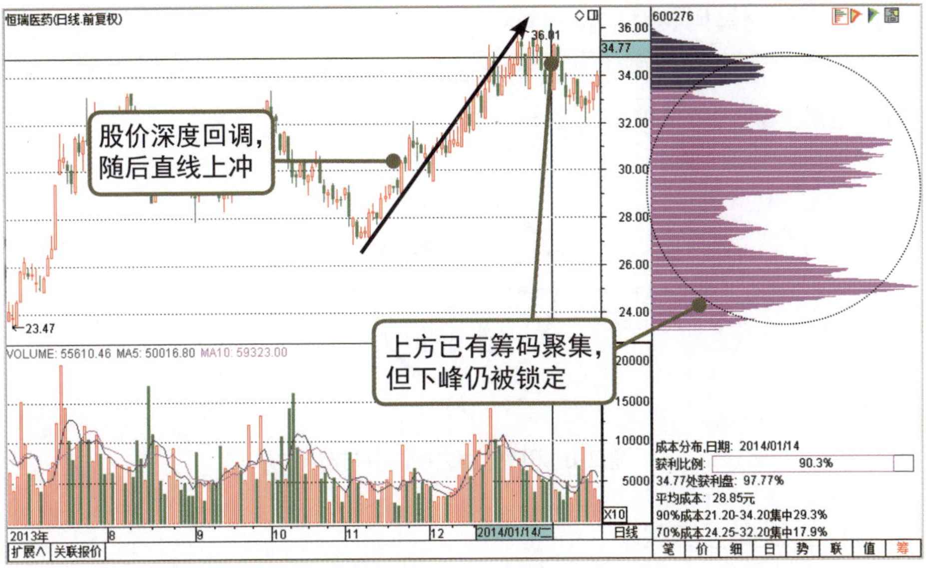

下图所示为该股截至2015年2月的走势，从图中可以看出，股价在2014年2月之后，进行了一波长时间、大幅度的回调，但最终还是再度拉高，穿破42元以上，这时筹码已经向上转移，后市不再抱有太大的希望。

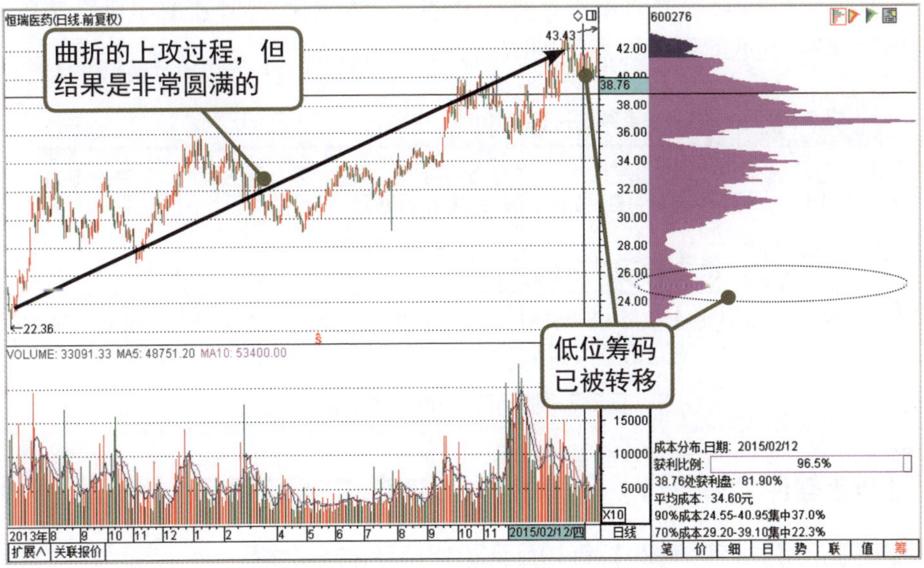

2.2.3
筹码密集，强弱有别

当股价在某一价格区间长期停留并伴随有较大成交量时，筹码就会在这个价格区间形成密集区。如果筹码密集区价位偏高，就称为筹码相对高位密集，反之则称为筹码相对低位密集。

无论筹码在相对高位还是在相对低位，股价都在进行蓄势，其后的走势必然会是图2-6所示的4种情况之一。

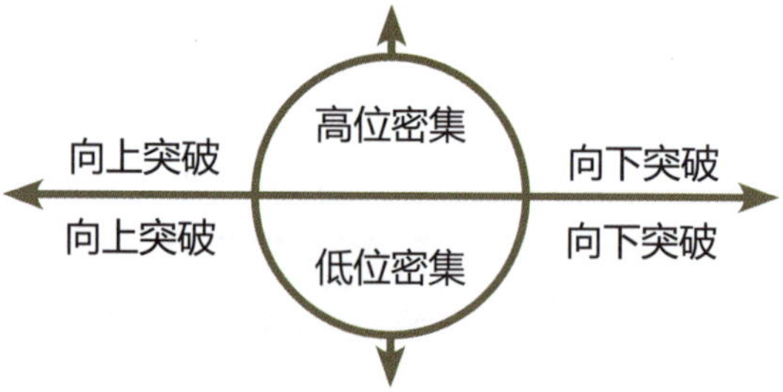

图2-6 筹码密集之后的4种走势

1. 高位密集后向上突破

在股价的上涨走势中如果出现较大幅度的回调，且在回调过程中出现长时间盘整，就会在相对高位形成筹码密集区。此后如果股价向上突破重要阻力位，表示股价将持续原来的上涨趋势，投资者可及时跟进。

股价在相对高位形成筹码密集区并向上突破后，何时才能跟进？此时需要借助图2-7所示的两个要点来判断。

要点1　震荡走势的形态如何

震荡走势通常以三角形、矩形和楔形形态呈现，其中第一个阻力位通常为形态的上边线，当股价突破上边线时，就是最好的跟进时机。

要点2　是否有技术指标的配合

在震荡走势形成并出现筹码密集时，投资者需要结合震荡走势的技术指标，如KDJ、RSI和BOLL等，看看它们是否发出明确的买入信号并根据信号操作。

图2-7 判断何时跟进的两个要点

分析实例 华宇软件（300271）——股价向上突破筹码密集区

下图所示为华宇软件2017年10月至2018年3月的日K线图。

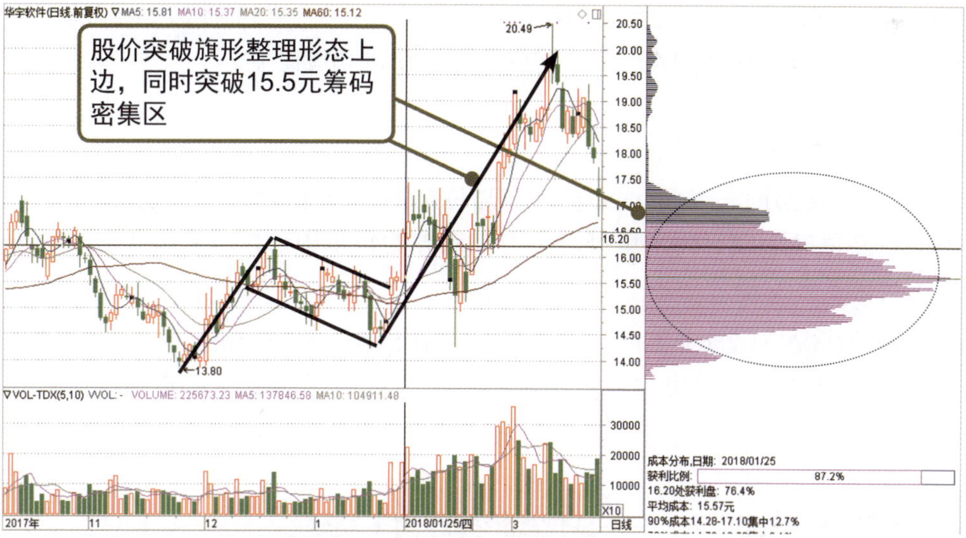

从上图中华宇软件的走势中可以看到，股价在2018年12月之前都处于下跌中，但是在经过2017年12月至2018年1月的整理之后，股价在进入2月之后快速上涨，整体上走出“下跌——调整——上涨”的走势。

华宇软件在调整的过程中走出了一个上升旗形的K线形态。从筹码来看，股价在突破旗形上边的同时也突破了15.5元的筹码峰的压力。下面结合同时期的KDJ指标来分析，如下图所示。

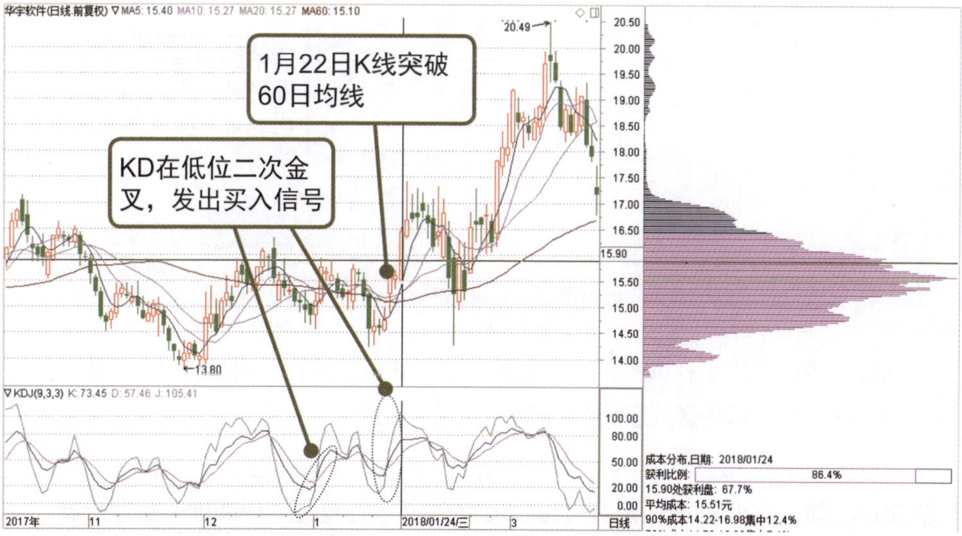

从上图可以看出，股价在1月24日突破旗形上边之前，KD两线已经在50下方的低位形成二次金叉，出现买点。且在二次金叉出现后，K线于1月22日突破拐头向上的60日均线，预示金叉买入信号强烈。我们知道，KDJ指标在短线交易中是一个非常好用的技术指标，若能结合筹码突破与KDJ的买入信号，于15.5元左右买入华宇软件，在股价最高上涨到20.49元时，将享受超过20%的短期收益。

2. 高位密集后向下突破

当股价经历了一轮上涨之后，在高位徘徊并伴随有较大的成交量，这样就会在高位区形成筹码密集峰。在多空双方的较量中，空方占据优势，股价向下突破重要支撑位，由上涨转为下跌。

这种情况是比较少见的，因为在一般情况下，整理形态结束后都应该延续前期的趋势。要出现这种情况，股价在高位整理的时间通常都会比较长（大多超过1个月）。

分析实例 海联讯（300277）——高位楔形整理向下突破

下图所示位海联讯2018年2月至7月的日K线图。

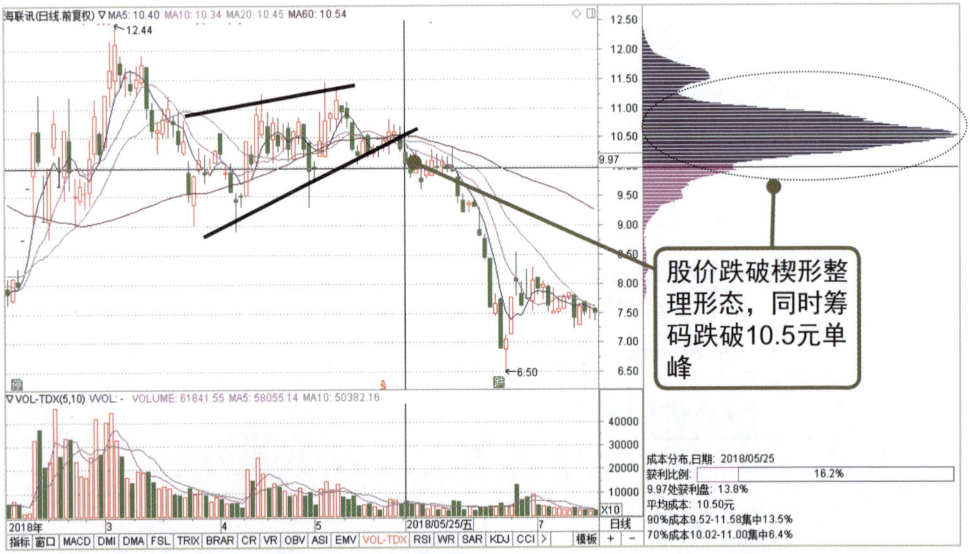

从图中可以看出，在此期间，该股经历了一波“上涨——整理——下跌”的行情，并且在整理过程中形成了一个楔形形态。

海联讯股价在2018年3月前受利好刺激，从8元左右快速上涨到12元上方，涨幅超过50%，随后股价在高位展开整理，最终在4月至5月之间形成楔形整理形态，并于5月25日再次下跌，最终跌破楔形整理形态，出现卖出信号。同时，筹码跌破了10.5元左右的筹码峰，下跌行情得到确认。随后海联讯股价一泻千里，从10元上方快速跌至最低的6.5元。

3. 低位密集后向上突破

股价经历了一波较大的下跌后来到了一个相对低位，多空双方经历一段时间的厮杀，筹码在低位形成密集区，最终多方占据主导地位，股价开始反转向上，此时投资者应及时跟进。

但是这种情况出现的机会还是不多的，并且在筹码低位密集区形成的过程中，K线图往往呈现出双重底、三重底、头肩底等反转形态。

TIPS *注意MACD指标的指示*

筹码低位密集后向上突破的情况，需要注意MACD指标的指示。该形态形成后股价会由下跌趋势转为上涨趋势，MACD指标通常会与股价出现底背离或金叉等形态，发出买入信号。

分析实例 敦煌种业（600354）——三重底后股价向上突破低位筹码密集峰

下图所示为敦煌种业2014年1月至7月的日K线图。

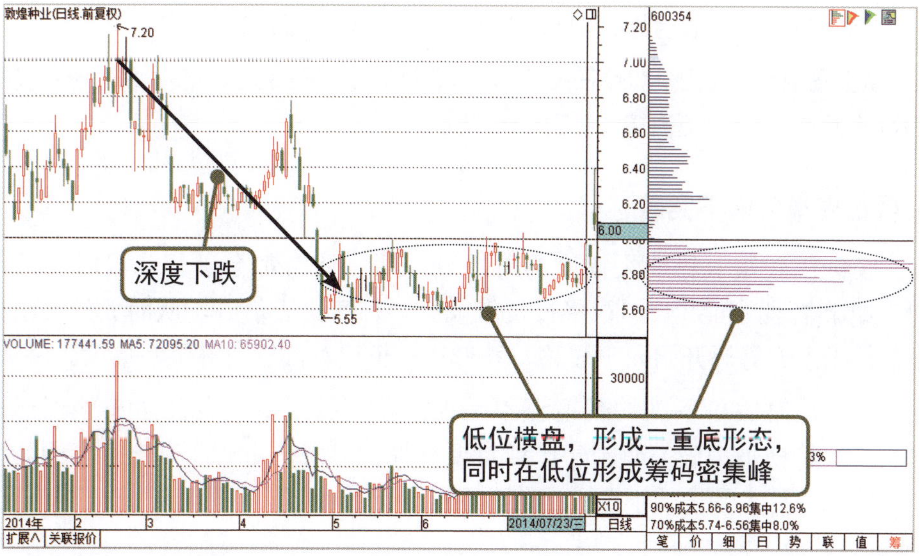

从图中可以看出，该股从7元左右的价位开始下跌，到5.6元附近止跌企稳。股价在5.5～6元的区间内波动前行，在这一相对低位曾3次触底，形成三重底形态，并于7月下旬形成低位筹码峰。

7月20日，MACD指标由绿变红，并在0轴处形成金叉，发出买入信号；股价随之缓慢向上。7月25日，股价跳空高开高走，一举突破前期的整理区间，站到6元以上，如下图所示。

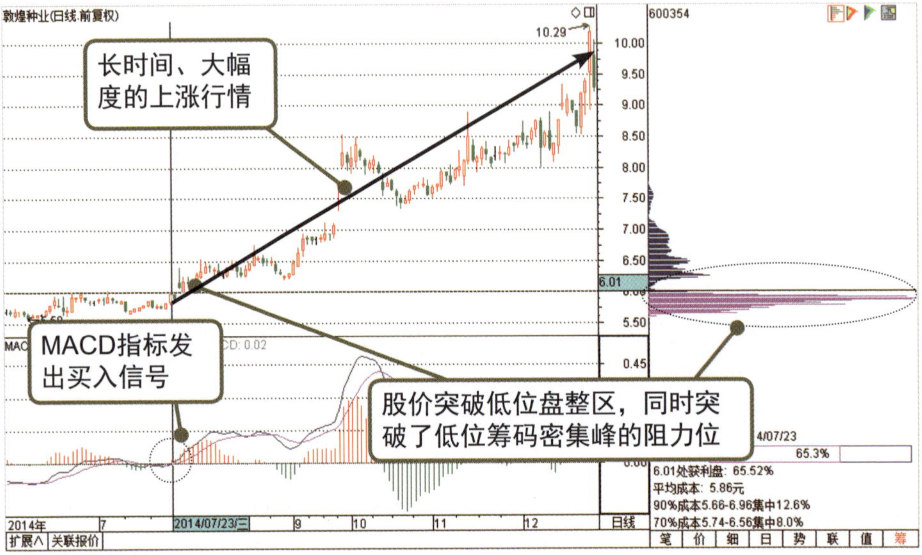

在股价突破前期低位整理区间的同时，成交量也配合放大，同时也突破了5.8元附近的低位筹码峰，表明此次突破是有效突破，行情将由跌转涨。

从上图中可以看出，股价在突破6元的阻力位后，开始了大幅度上涨，涨势持续了6个多月，从6元附近直接上涨到10元以上。

4. 低位密集后向下突破

股价在开始一轮较大幅度的下跌过程后，通常都会进行一段时间的整理，如果整理时间过长，很多投资者就会对行情失去信心，从而大量卖出持股，使得上方筹码开始向下转移，并形成一个相对低位的筹码密集区。

如果此时股价下跌的幅度还不是很大，那么投资者要注意在整理形态中，当股价向下突破筹码密集区或重要支撑位时，一定要及时出货，因为后期可能会有更大幅度的下跌。

分析实例　和晶科技（300279）——低位密集后向下突破

下图所示为和晶科技2017年4月至2018年5月的日K线图。

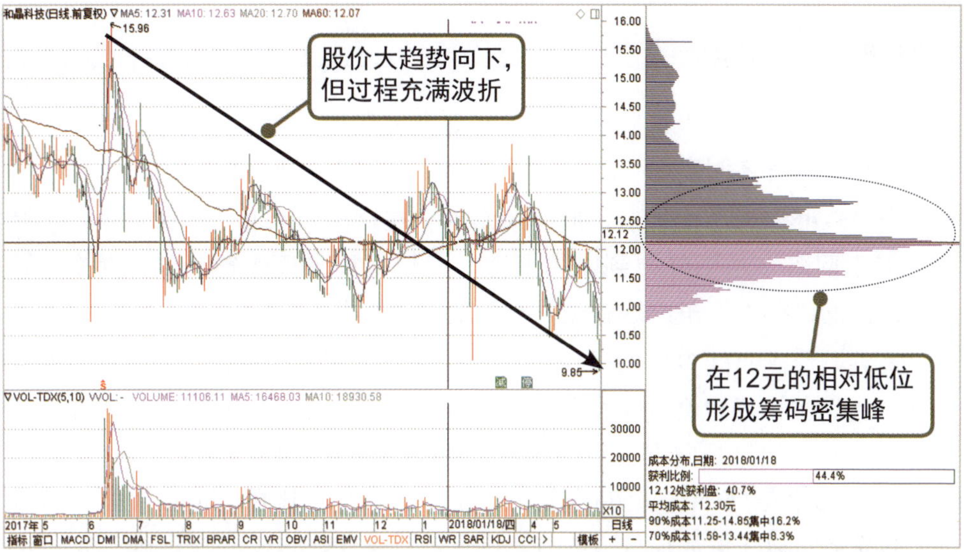

在2017年5月至2018年5月这一年的时间里，和晶科技股价的总体趋势是向下的，但过程相当波折，在创出15.96元的新高后快速调整，随后多次上攻也未能突破13.5元的压力位。

随着多次上攻无果之后，股价以12元为中枢上下震荡，筹码也因此在12元的相对低位形成密集峰。随后股价并未因为相对低位的筹码峰而出现反弹，反而是出现继续向下的大幅度下跌，原来12元附近的相对低位筹码峰已经变成高位的压力位，如下图所示。

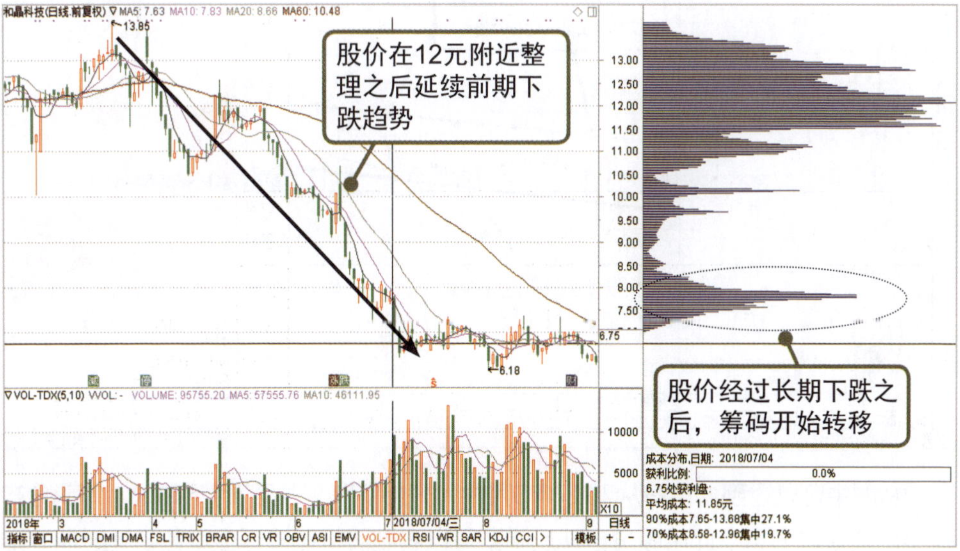

2.2.4
双峰填谷，高抛低吸

股价在运行过程中，筹码在一个相对高位和相对低位分别形成两个密集的筹码峰，两者之间出现一个“峡谷”，这就是“双峰”的形态。

当“双峰”形态出现后，股价通常都会在这两个高峰之间来回波动（遇上峰受阻回落，遇下峰得到支撑上涨），使得筹码逐步转移到这两个“山峰”之间的“峡谷”里，这就是“双峰填谷”的由来。

筹码在填满“峡谷”的过程中，“双峰”将逐渐消失，当“峡谷”被填满时，市场的格局也会发生变化，至于向哪个方向变化，这就需要观察后继走势来判断，如果是向上突破筹码峰，则投资者可以继续跟进，享受一轮上涨行情；如果是向下突破筹码峰，投资者就应及时离场。但在“填谷”期间，投资者可以采取高抛低吸的方法进行短线操作，这样可以获利丰厚。

分析实例 铁流股份（603926）——双峰之间高抛低吸

如下图所示为铁流股份2017年5月至11月的日K线图。

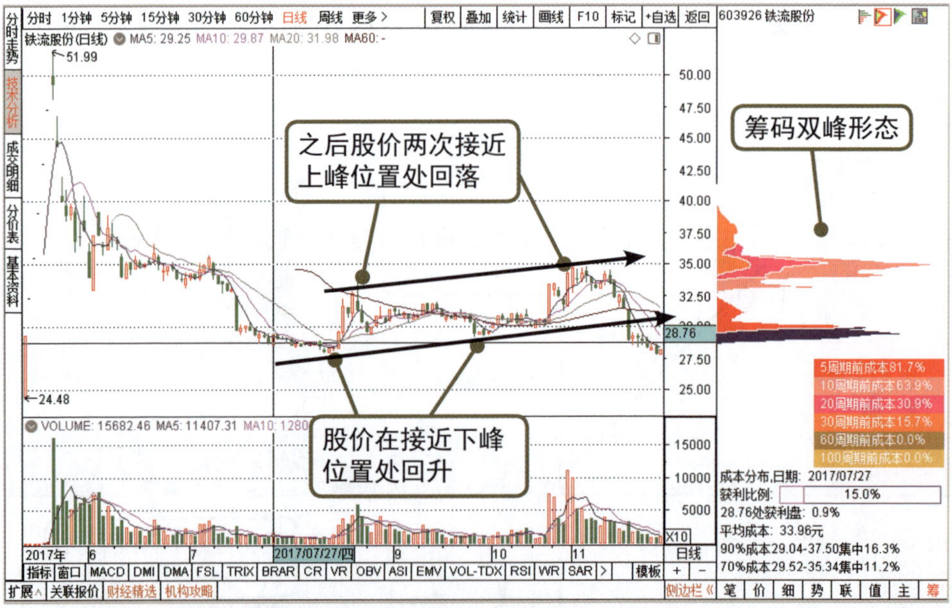

从图中可以看到，该股从2017年5月中旬开始下跌，跌至7月下旬时，筹码分布图中出现双峰形态，此后股价出现反弹，可以看到股价在接近上峰位置处时便开始回落，接近下峰位置处时受到支撑又出现上涨。

股价在双峰之间来回震荡的同时，上下峰的筹码逐渐向峡谷内移动，当股价运行至11月16日左右时，可以看到此时双峰已经消失，而原来的峡谷已经被筹码填成一座新的筹码峰，如下图所示。

这时便需要密切关注股价的运行，因为此时极有可能产生变盘，之后该股向下运行，跌破该震荡区的下边轨，股价继续向下发展。

2.3 筹码分布的7个实战要点

在使用筹码分布分析股票行情时，掌握技巧是一个方面，但更重要的是把握使用该技术的一些要点，这样才有助于我们更加准确地判断行情，避免误判带来的投资风险。

2.3.1 拉高过程中的多个密集峰

当股价在低位形成筹码密集峰后，表示主力已经积蓄了力量，可以开始拉高了。如果股价向上突破低位密集峰，表示上涨已经开始，而在上涨过程中，可能再现多个筹码密集峰。

这种上涨过程中出现多个筹码密集峰，是上涨动力正在释放的标志，投资者应密切关注股价的变化趋势，不可一味追涨。在操作过程中，应注意如图2-8所示的几个方面。

注意1 在股价拉升过程中，可能出现长时间的震荡形态，这很可能是主力在洗盘，投资者要注意规避风险。

注意2 新的筹码峰形成时，相对低位的筹码峰不应该消失，只是随着上方筹码峰的形成减少了而已。

注意3 如果投资者在看盘时发现上方筹码峰形成的同时，下方的筹码峰在迅速减少，很可能是主力在大量出货，应及时出场以规避风险。

注意4 新的筹码峰会成为该股打压洗盘或震荡行情的重要支撑位，不破位股价就不会下跌。

图2-8 拉高过程中多个筹码峰的注意事项

分析实例 罗顿发展（600209）——上涨途中的多个高峰

下图所示为罗顿发展2014年6月至9月的日K线图。

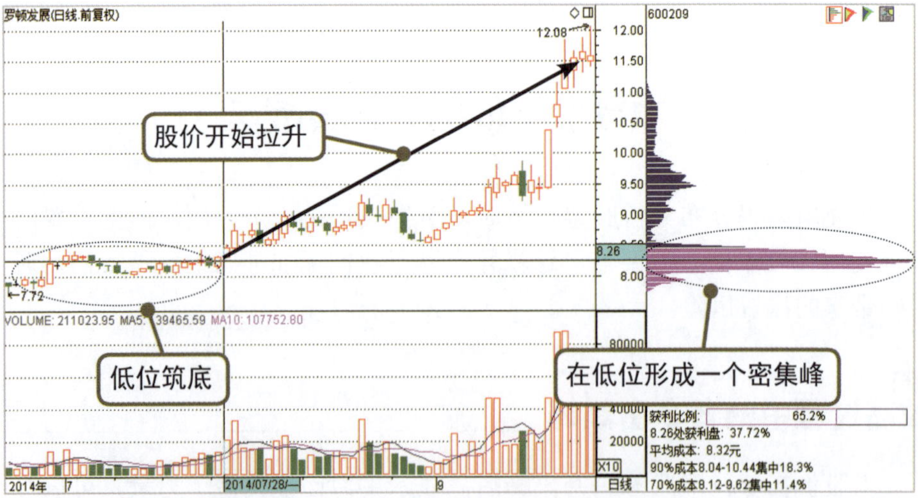

从上图可以看出，股价在经历了一段时间的低位筑底后，开始快速上涨，7月底，股价在8.3元附近形成一个明显的密集峰。

到9月底，股价已运行到了11元以上，9月23日的筹码分布显示，8.3元附近的筹码峰已经很小了，但在9.5元、10.9元和11.6元附近还有多个密集筹码峰，是典型的拉升过程中的多峰形态，如下图所示。

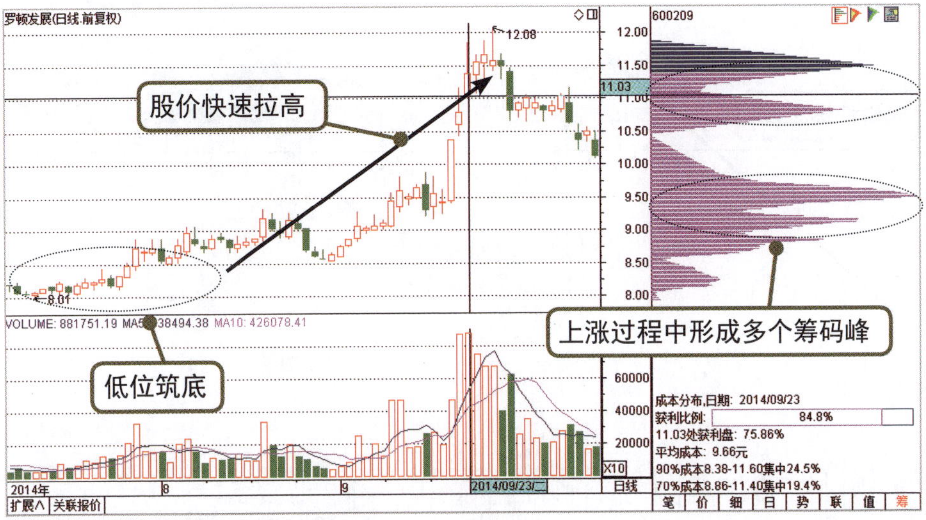

当下方筹码峰被拉升过程中多个筹码峰消耗完以后，上涨动力也被消耗殆尽，股价最高冲到12.08元后步入下跌趋势中。

2.3.2

高峰被突破仍将继续上涨

股价在上涨到一定程度后，如果在高位形成密集筹码峰，通常意味着涨势结束。但如果股价在高位徘徊一段时间后，向上突破了高位筹码峰，则表示上涨还未结束，投资者可以继续跟进。但这种行情的风险性较大，投资者在决定是否跟进时，需要注意以下几个方面。

- 股价是在经历了大波上涨之后形成的单峰密集，一般都只有一个密集峰，即大多数筹码都已经聚集到了高位。
- 股价突破高位筹码峰，通常是指股价创出了近期的新高点，而不是某轮反弹行情的相对高点。
- 高位密集峰的形成因素对后市是否真的会继续上涨有很大的影响，投资者要结合历史的走势进行判断。
- 在股价突破高位单峰区域时，投资者应采取短线操作策略，一旦股价走势或其他技术指标不再支持其上涨，投资者应立即离场。

分析实例 晶盛机电（300316）——上涨途中突破高位筹码峰

下图所示为晶盛机电2017年8月至2018年1月的日K线图。

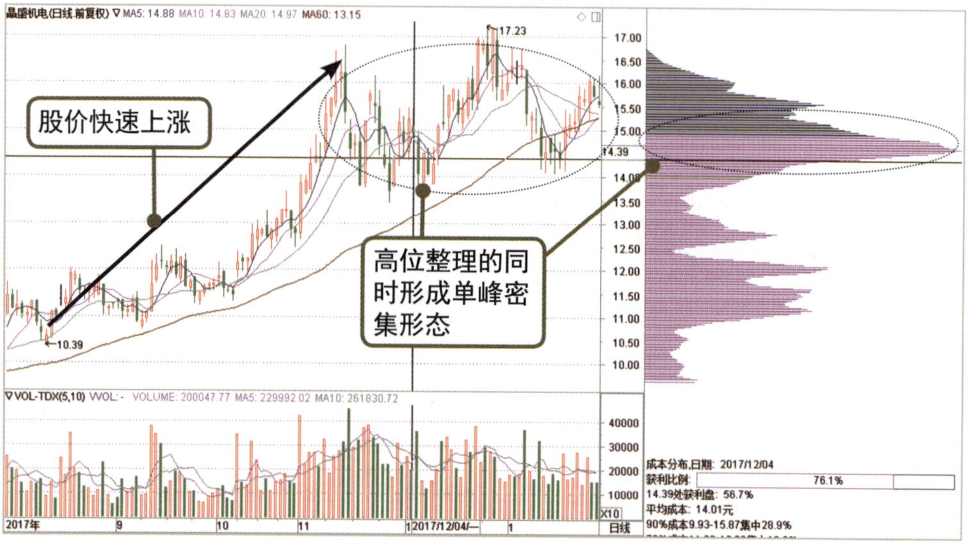

从图中可以看出，晶盛机电在2017年9月之前便开始了上涨，股价从10.39元快速上涨到最高的17.23元，涨幅超过70%。进入2017年11月之后，股价无力继续上攻，于是在高位震荡整理，此时的筹码在14.5元左右形成筹码密集峰，对股价上涨形成较大的压力。按理来说，在如此大的阻力位前面，股价将应声回落，但晶盛机电股价却在2018年5月最终到达20元上方，具体如下图所示。

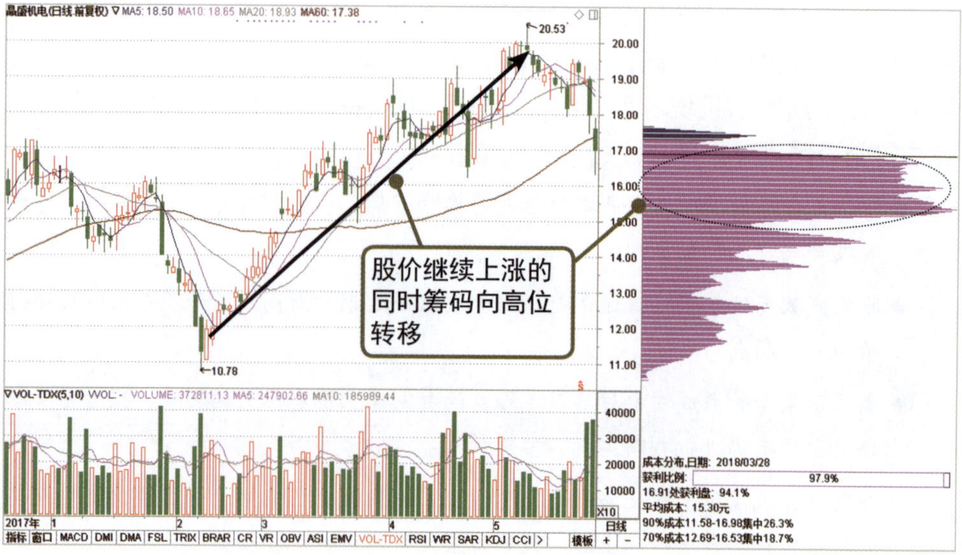

从上图可以看出，前期14.5元左右的筹码峰事实上对股价形成了一定的压力，晶盛机电在2018年一度回调到最低10.78元，短期跌幅巨大。

但是得益于低位筹码锁定情况良好，股价快速反弹直并创出20.53元的新高，此时的筹码分布显示，低位筹码逐步减少，获利资金出逃部分。高位筹码逐步增多，跟风买入资金居多，后续操作仍需谨慎。

2.3.3 股价超跌后的V形反转

股价在下跌过程中形成低位密集峰，如果此时再次向下突破此密集峰形成超跌状态，但原来的密集峰并没有消失，此时往往会在较短的时间内出现V形反转行情。当出现这种情况时，投资者需要注意以下3个方面的问题。

- 股价在向下跌破相对低位的密集峰时，下跌速度通常都比较快，容易出现连续跳空下跌行情。
- 当超跌行情出现时，投资者就结合KDJ、RSI等超买超卖指标来辅助判断，以正确把握行情走向，做出正确的操作决策。
- V形反转形态形成后，投资者可以借助其他技术指标的帮助，选择最佳时机入场，可享受一轮上涨行情的收益。

分析实例 贝因美（002570）——超跌后的V形反转

下图所示为贝因美2017年1月至2018年10月的日K线图。

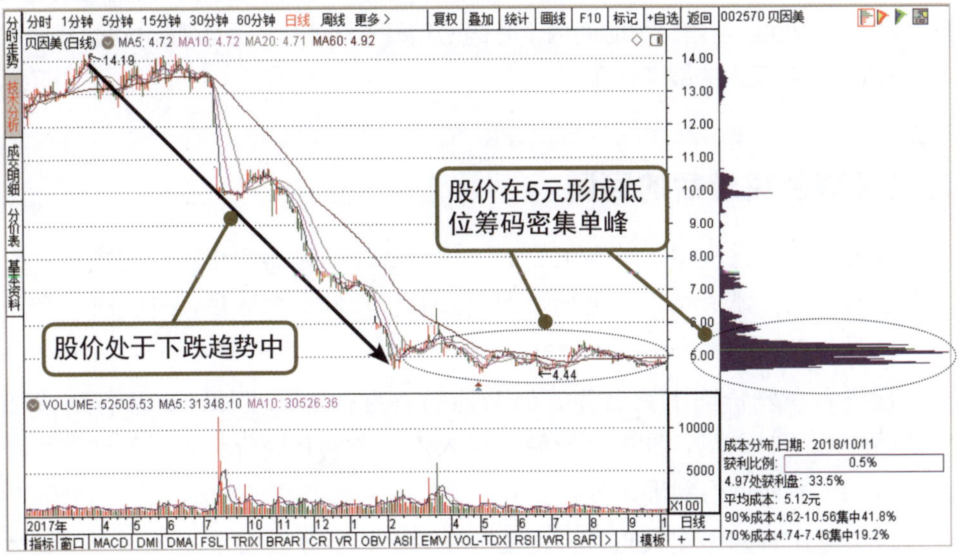

从上图可以看到，在2018年2月之前其股价处于单边下跌中，整个跌幅超过64%，跌幅巨大的同时也许孕育着超跌反弹的机会。当股价跌至5元附近时得到明显支撑，股价以5元为中枢持续震荡超过半年的时间，最终在5元附近形成了低位筹码密集单峰，支撑作用明显。

随后，当股价迎来V形反转时我们也可以发现筹码的一些细微变化，随着股价的上涨，上方筹码不断减少，但是5元附近的筹码密集单峰锁定良好，并未出现大量减持，意味着后期仍有上涨空间，如下图所示。

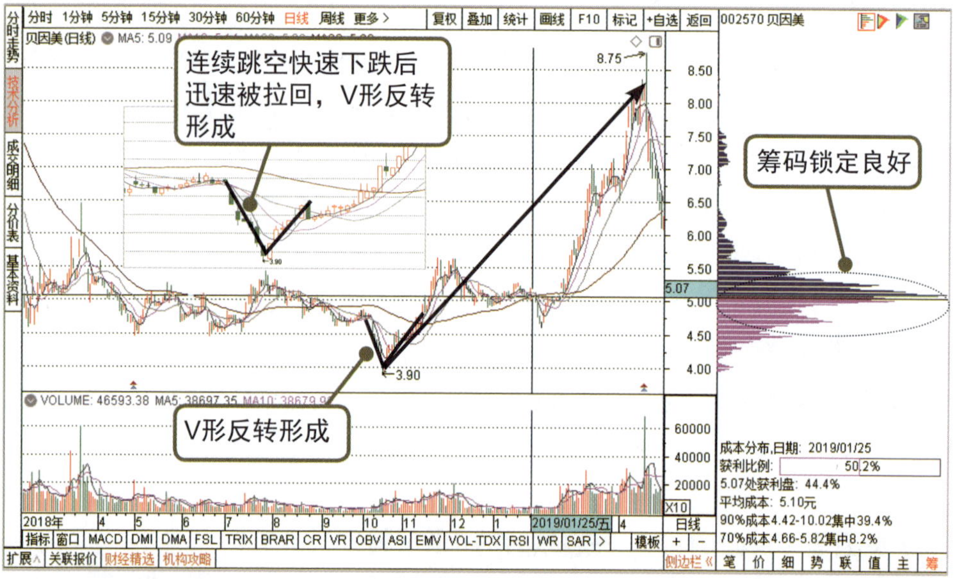

从上图可以看到，该股在3.9元触底后不断上涨，随后经历了长时间的回调整理，在上涨→回调整理这段时间内，筹码密集峰变化不大，因此股价回调整理期间，就是投资者买入的最好时机。

2.3.4

注意突破及突破后的回调

股价在运行过程中，若向上突破了相对低位的筹码密集区，则预示着股价将会有一轮上涨行情。但通常情况下，股价在向上突破后，都会有一个回调，并且在之前的筹码密集区得到支撑，这时候向上的趋势才能真正确认。

投资者在股价向上突破并回调到筹码密集区得到支撑，上涨行情确认时，就应该适时入场，此时会有两个买入点，分别是股价突破低位密集峰时和突破低峰后回调得到确认时。

这里虽然有两个买入点，但在实战操作中，并不是每个买入点都可以放心买入的，还需要注意以下两个关键点。

（1）前期放量的高位。买点1出现时，通常对应着股价前期放量或天量的高位。因为这些价位通常有大量的筹码聚集，一旦被突破，后市的上涨就成必然。

（2）筹码应该发散。当股价突破低位筹码峰并得到回调确认后，筹码分布图应该呈现发散状态，才能确认上涨行情的真正开始，但还是需要结合其他技术指标操作才更加准确。

分析实例 招商地产（000024）——突破后的回调买点

下图所示为招商地产2014年7月至11月的日K线图。

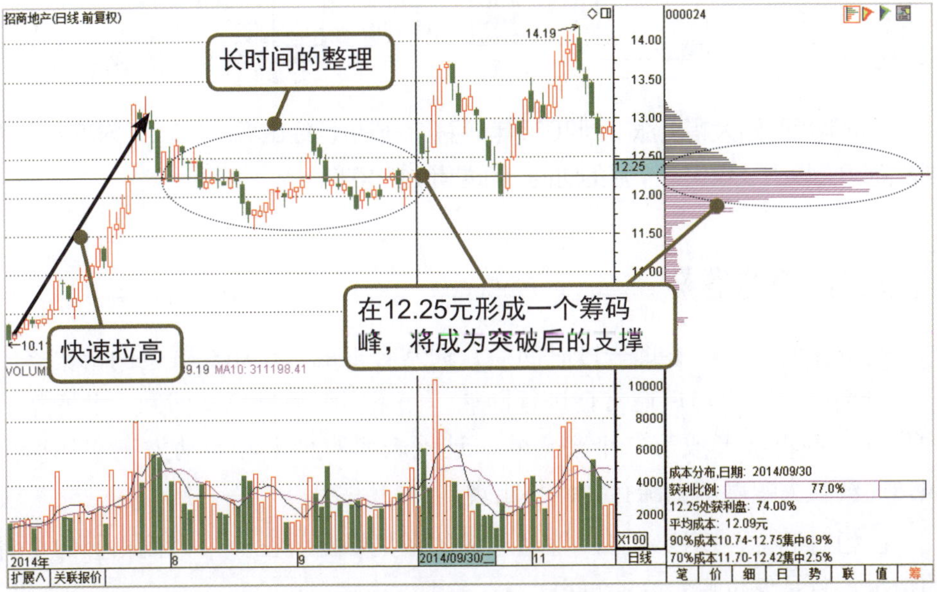

从上图中可以看出，股价从最低的10.11元开始上涨，连续的阳线在短时间内将股价拉升到13元以上，一根巨量大阳线过后，股价开始回调，并持续近3个月时间，大量筹码被集中到了12.25元附近，形成一个筹码峰。

10月8日，股价放量上攻，虽然当天收出一根大阴线，但股价仍然突破了12.25元的筹码峰，随后上冲到13.5元以上后出现回调行情，如下图所示。

从图中可以看出，股价回调到前期的筹码峰位置时受到强烈的支撑，再次反弹，这时候上涨行情已经确认，而这个反弹的起点也是投资者介入的最好时机。

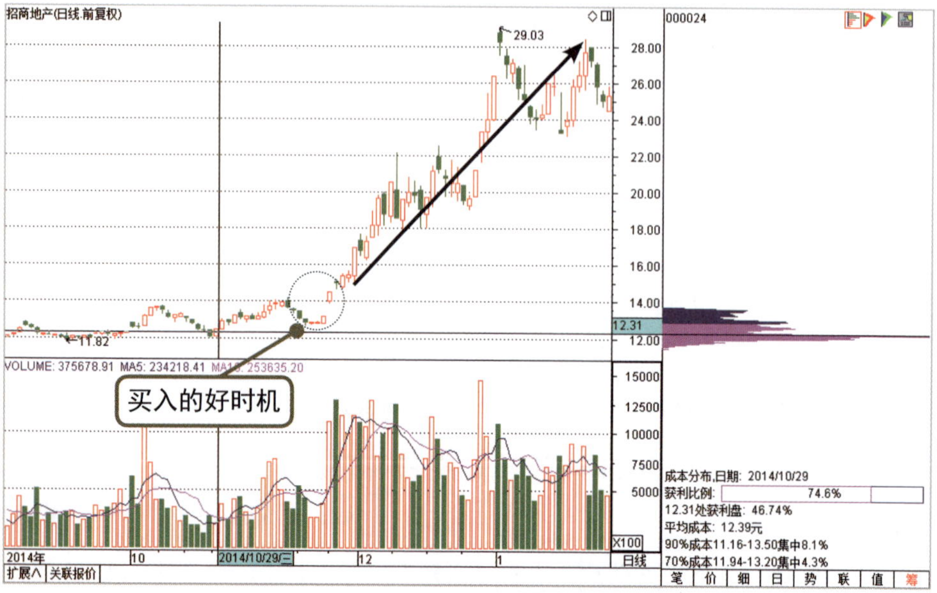

股价随后开始大幅上涨，到2015年1月初，股价已经由低点的12元附近，上涨到最高29元以上，仅仅两个月的时间，涨幅超过140%。

2.3.5

两个密集峰的重叠

股价在低位横向整理一段时间后，通常会形成一个相对低位的密集峰。在股价突破此密集峰后通常会进行回调，如果回调后价位又回到之前密集峰的位置，并再次形成第二个密集峰，这就表明股价上涨的动力正在加速累积，一波较大幅度的上涨行情即将出现。

在相对低位，两次或多次整理形成的密集峰出现在一个大概相似的位置的情况，就是低位密集峰的重叠。

对于喜欢短线的投资者来说，当股价突破第一个密集峰后应该注意回调整理，因为这时候的行情还不明确，要注意设置好止损位，等到第二个密集峰与之重复后再次向上突破，就可以放心地介入了。

分析实例 红宇新材（300345）——低位多重密集峰

下图所示为红宇新材2017年12月至2018年4月的日K线图。从图中可以看出，其股价在2018年2月之前迎来较大幅度的调整，其中在1月31日与2月2日连续两个交易日收出跌停，股价短期超跌形势明显。

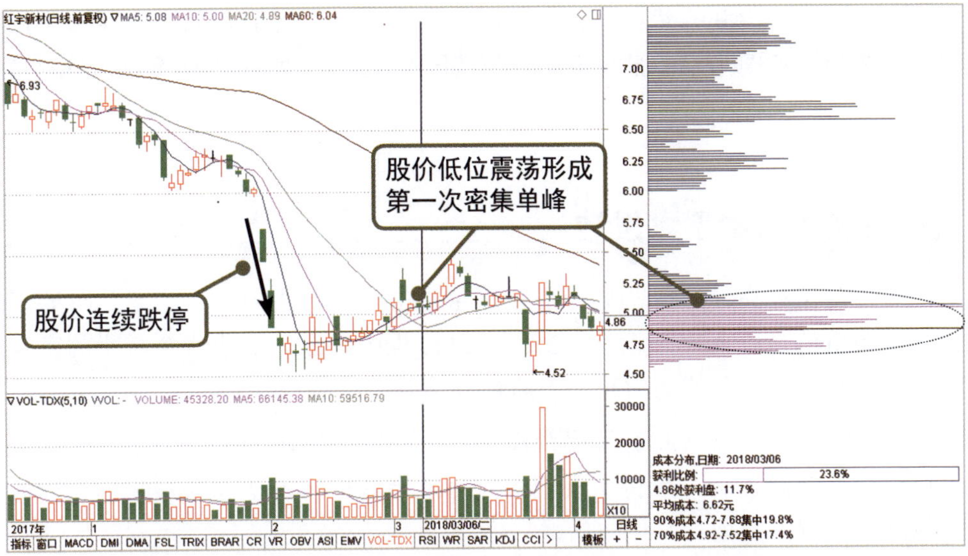

分析下跌原因主要还是业绩的日益恶化，红宇新材2017年度的亏损扩大至4 000多万元，相比2016年而言明显增加。在经过短期大幅下跌后，股价短期出现反弹，资金逐步买入寻求超跌反弹的盈利机会。此时在5元左右形成低位的筹码密集单峰。

但是从后续的走势来看，红宇新材在2018年3月前后的反弹未能扩大战果，短期反弹后股价仍然在低位持续横向震荡，经过近4个月的横向震荡之后，资金在5元左右再次形成低位筹码密集单峰，如下图所示。

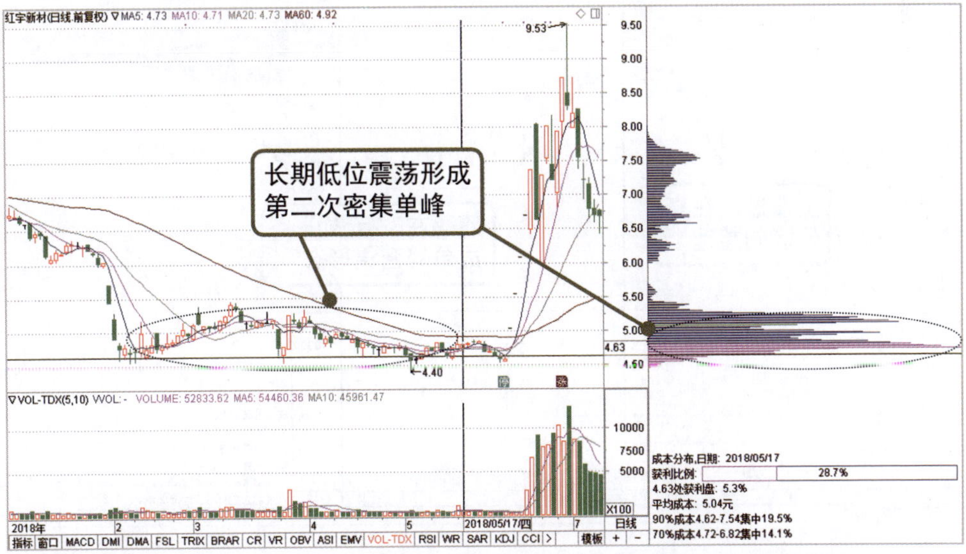

从上图可以看出，两次形成的低位筹码峰几乎完全重合，表明此价位聚集了大量的筹码，无论后市是上涨还是下跌，此位置都将是一个重要的转折点。

从红宇新材后续的走势可以很明显看到，那些5元左右沉淀的筹码在6月初开始的上涨中将获得超额收益，股价连续5个交易日收出涨停，最高达到9.53元，收益接近100%。

2.3.6 高位密集峰后的下跌发散

筹码在相对高位形成密集峰后，通常股价都会转头向下。如果此时筹码伴随着股价的下跌而向下运行，并在下跌过程中发散，形成多个较小的密集峰，则表示股价下跌的动力正在不断释放。

但此时并不意味着股价就已经没有了下跌的动力，会转头向上了。投资者此时切莫着急入场，应持币观望。只有配合其他技术指标来判断下跌行情已经结束，方可入场。

分析实例 兴蓉投资（000598）——下跌过程中的筹码发散

下图所示为兴蓉投资2013年6月至2014年4月的日K线图。从图中可以看出，该股上涨至6.5元附近时受到阻力，并在6～6.5元之间徘徊了近两个月的时间，筹码已经高度集中，并于11月26日，在6.2元附近形成了相对高位的筹码密集峰。

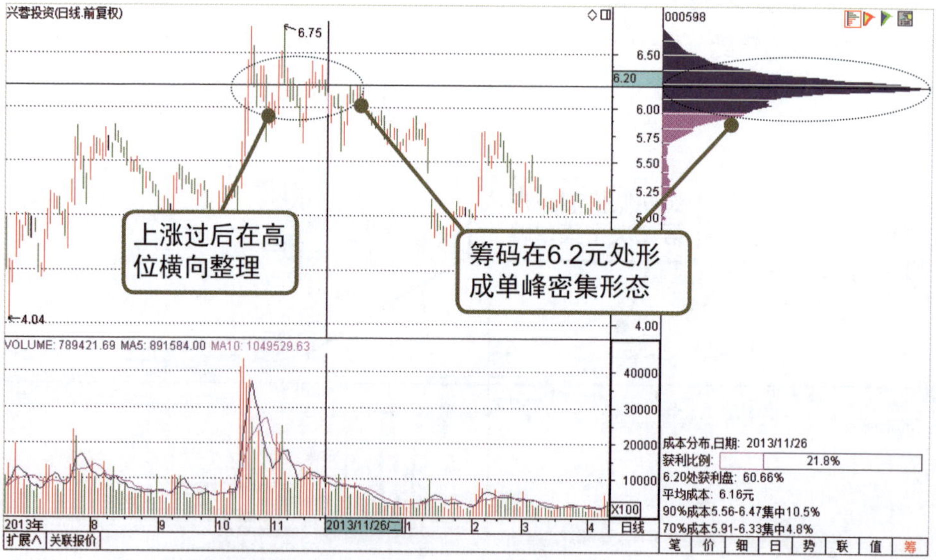

随后股价开始向下滑动，到12月中旬，下跌趋势形成，筹码也随着股价的下跌开始向下转移。在经历一轮较大幅度的下跌后，在4.72元附近受阻反弹，但只反弹

到5.7元附近又开始继续下跌。

3月11日的筹码分布图显示，上方6.2元处的筹码密集峰已经分散了，并在下方形成了多个筹码密集区，如下图所示。

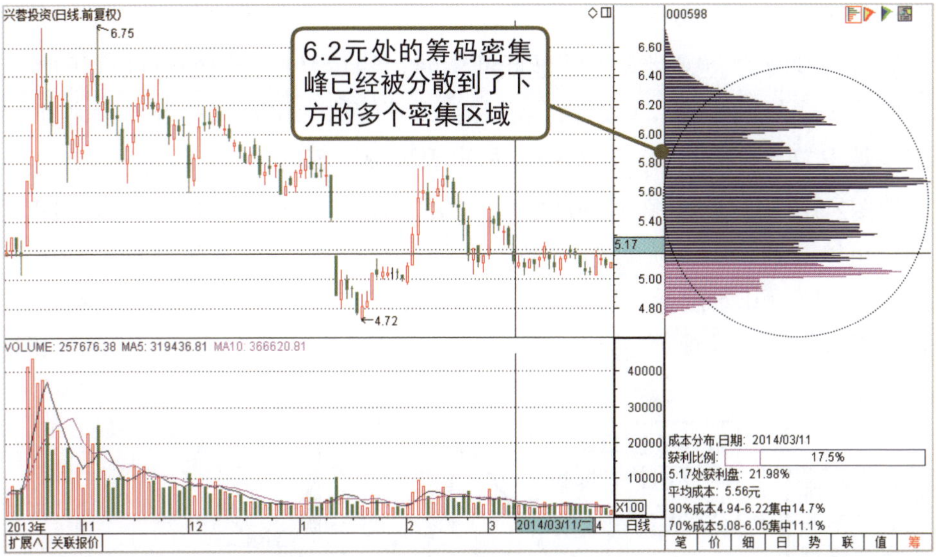

此时投资者切莫着急入场，如下图所示，该股随后在5.1元附近进行了近一个月的横向整理，随后继续下跌。6月11日的筹码分布图显示，双峰填谷形态出现，对于激进型的投资者，此时可以适时介入进行短线操作。

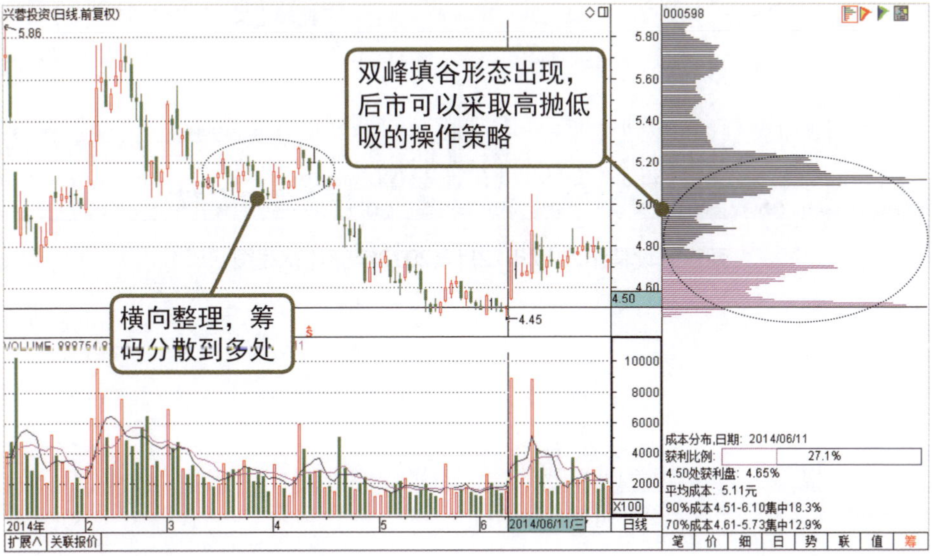

2.3.7
低位密集峰的反复

一般情况下，筹码在低位形成密集峰后，预示着股价上涨的动力已经积蓄完毕，接下来应该是一轮上涨行情。

但有时候股价会突然向下跌破此密集峰，随后又在较短的时间内再度拉高，回到密集峰的位置，这通常预示着新一轮较大上涨行情的开始，之前的下跌多是主力洗盘的表现，此种股票后市表现必定较好。

如图2-9所示为北信源（300352）在2017年12月至2018年5月的日K线图。从图中可以看到，股价从5元上方跌至3元附近时形成一个筹码密集峰，在创出3.39元新低后开始反弹，股价不仅回到5元上方，更创出6.55元的新高，上涨行情得到很好的延续。

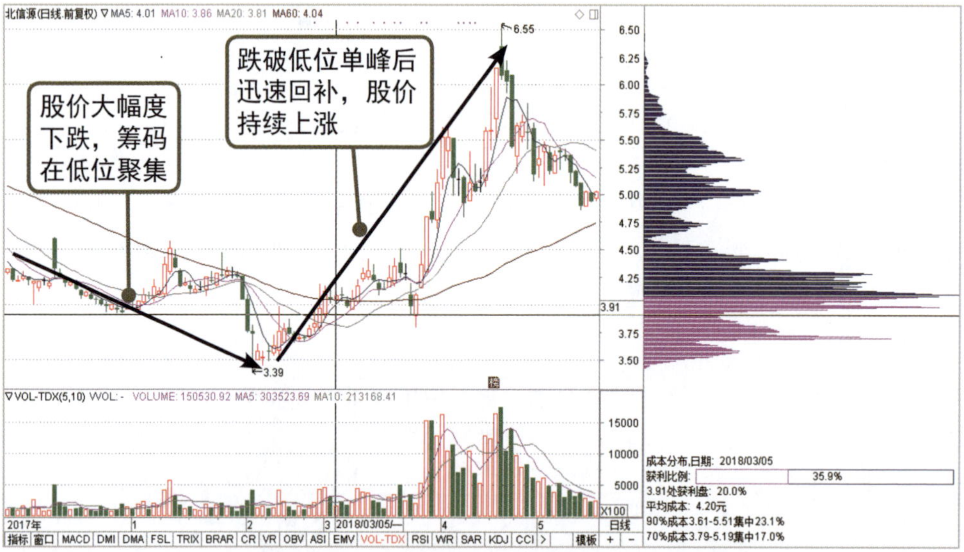

图2-9 北信源2017年12月至2018年5月日K线图

根据筹码分布研判个股趋势

趋势是对未来发展的一个变化预测，都说“炒股就是炒趋势”，这里的趋势就是股价未来的发展方向，只有把握住了这个趋势，才可能在股市中获利。筹码是研究某只股票持有者持股成本的技术指标，对趋势的分析是非常准确的。

3.1 趋势基本概述

趋势是指事物发展的动向，表示一种向尚不明确的遥远目标持续发展的运动。在股票市场中，趋势是对未来股市变动方向的预测。俗话说“炒股就是炒趋势”，说的就是趋势的重要性。

3.1.1

什么是趋势和趋势线

股票市场中的趋势，通俗来讲就是股票未来价格可能是上涨还是下跌，只有正确地找出股价变动的趋势，才有可能在炒股的过程中获利。

趋势线则是用来直观描述事物发展趋势的指示线。在股票市场中，趋势线是在K线图上连接两个或两个以上波峰或波谷的直线。股价发展的趋势只有上升和下降两种，虽然说现实中也存在水平趋势，但有的股票行情中这种情况是基本没有的。

1. 上升趋势和上升趋势线

在股票的K线图中，如果其包含的波峰和波谷都相应地高于前一个波峰和波谷，那么就称为上涨趋势。我们用直线连接这些波谷，使得大部分波谷尽可能处于同一条直线上，这条直线就是上升趋势线，如图3-1所示。

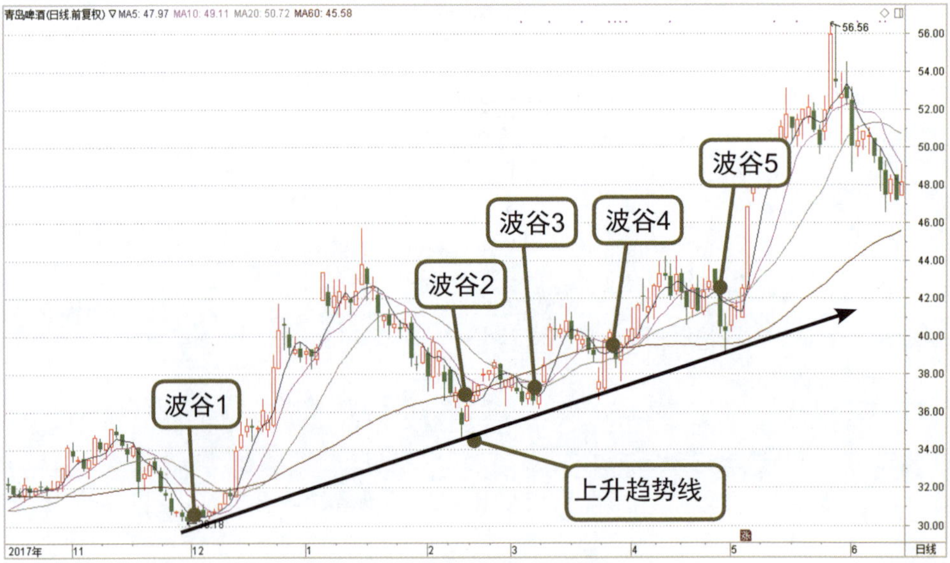

图3-1 K线图中的上升趋势线

在图3-1中，用一条直接连接了波谷1和波谷2，继续向前延伸，到波谷4时虽然稍微向下突破直线，但很快就回到直线上，趋势未改变，并且确认了该趋势线的正确性。

2. 下降趋势和下降趋势线

与上升趋势相反的是下降趋势，如果在K线图中，其波峰和波谷都低于前一个波峰和波谷，那么就称为下跌趋势。

我们用直线连接这些波峰，使得大部分波峰尽可能处于同一条直线上，这条直线就是下降趋势线，如图3-2所示。

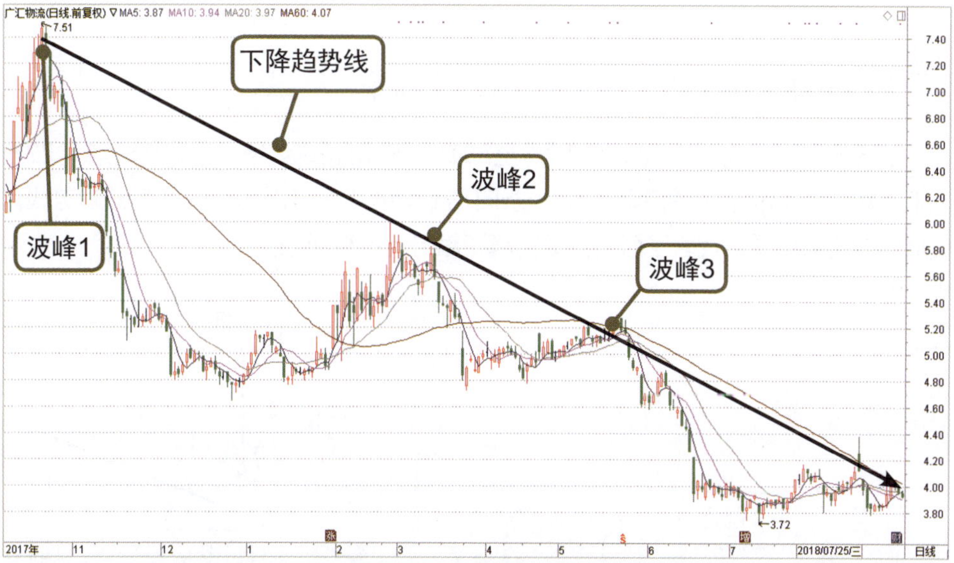

图3-2 K线图中的下降趋势线

在图3-2中，用一条直接连接了波峰1和波峰2，继续向前延伸，到波峰3时股价反弹到此位置出现突破行情，但很快就下跌，使得趋势线得到确认，只要没有明确的市场反转信号，股价就会沿此线继续下跌。

3.1.2

趋势线的绘制方法

从3.1.1节中我们大概了解了趋势线，也知道了上升趋势线应连接两个相对低点，下降趋势线应连接两个相对高点，但并不是随意连接起来就可以形成真正趋势的，这其中还有很多要注意的事项。

1. 上升趋势线的绘制

上升趋势线是连接股价波动中的两个相对低点形成的直线，这条直线对股价下跌有支撑作用。

在绘制上升趋势线的时候，起始的两个低点之间应该有一定的距离，不能相隔太近。此外，趋势线不能太陡，否则很容易被整理形态跌破而失去研究趋势的意义。

在上升趋势线包含的范围内，不能有下穿趋势线的情况出现。如果股价向下突破前期趋势线并快速回位，则应及时调整趋势线的倾斜度，以适应新的低点。

分析实例 鲁北化工（600727）——绘制上升趋势线

下图所示为鲁北化工2017年12月至2018年5月的日K线图。以2018年1月22日的低点和2月9日的低点为基准，画一条向左上的射线，可以形成一条上升趋势线。但此时的趋势线是否代表了股价变动的真正趋势还不得而知。

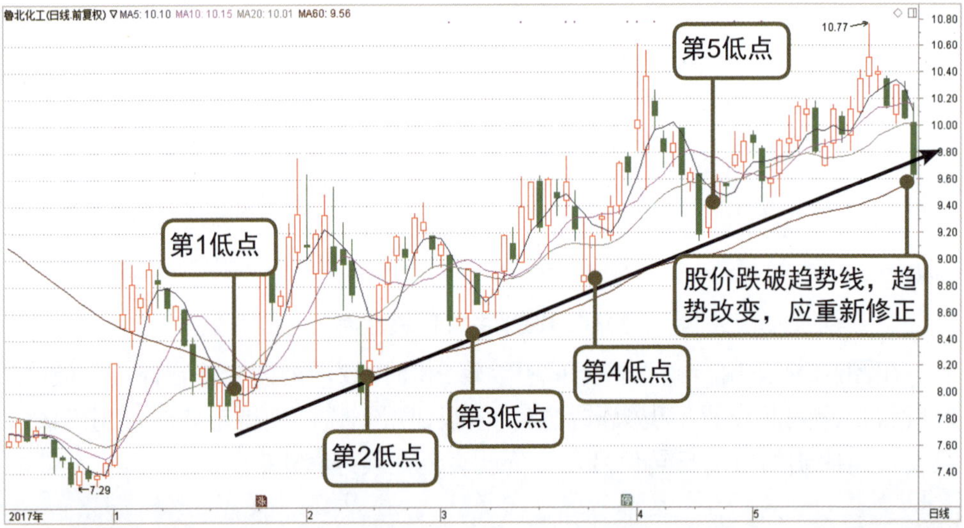

随着股价的波动前行，当3月6日的第3个低点形成时，股价刚好位于前期绘制的趋势线的延长线上，趋势线得到了确认，表示之前绘制的趋势线确实能代表当前股价的发展趋势。

随后股价继续前进，并在3月23日再次形成一个低点，而这个低点也在之前绘制的趋势线上，说明该趋势仍然有效。直至5月28日拉出了一根几乎跌停的大阴线才突破了此趋势线，原趋势被改变。

2. 下降趋势线的绘制

下降趋势线是连接股价波动中的两个相对高点形成的直线，这条直线应该对股价上涨有阻力作用。

在绘制下降趋势的时候，起始的两个高点之间同样应该有一定的距离，不能相隔太近。此外，趋势线不能太陡，太陡的趋势线很容易被打破，对判断股价未来的趋势没有特别的帮助。

分析实例 佳都科技（600728）——绘制下降趋势线

下图所示为佳都科技2018年2月至7月的日K线图。以2018年3月19日和4月25日的两个高点绘制一条直线。

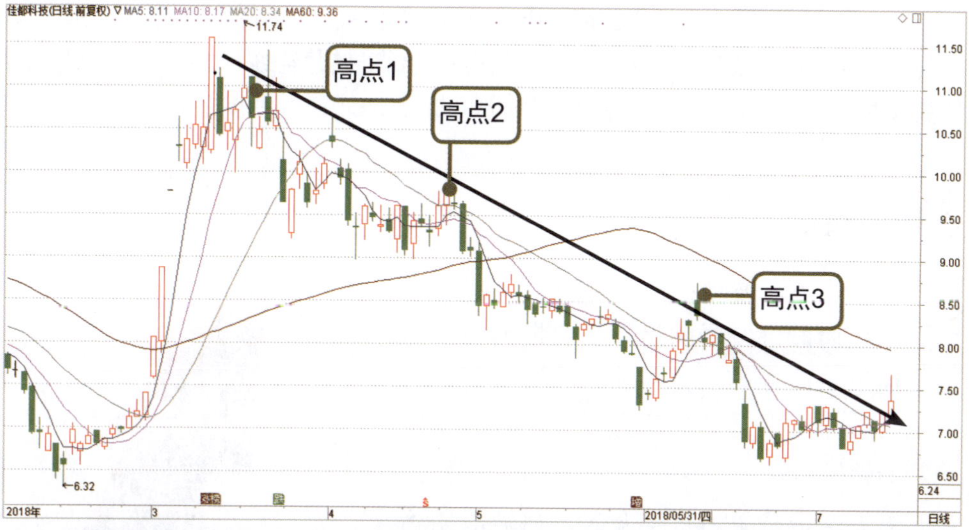

随着股价的波动前行，当6月8日的第3个高点形成时，股价刚好位于前期绘制的趋势线的延长线上，趋势线得到了确认，表示之前绘制的趋势线确实能代表当前股价的发展趋势。

随后股价继续前进，随着股价在低位开始横向发展并有所反弹，逐步突破了前期的下降趋势线，趋势线需要进行修正，如下图所示。

TIPS *趋势线不能过度修正*

当趋势线被突破后，需要重新修正，但如果修正后的趋势线无法保证大多数顶点位于其上，则趋势线无效，需要重新绘制趋势线。

从上图中可以看出，如果直接修正趋势线，则需要连接高点1和高点A，那么其他几个高点都不会在趋势线上，因此只有重新绘制新的趋势线，如图中的虚线。新趋势线得到了高点A、高点B、高点C的确认，非常准确。

3.1.3 趋势的转折

股价总是在波动中前行，时而上涨，时而下跌，而股价发展的趋势也会根据股价的变动而发生改变。当先前的趋势线与新绘制的趋势线无法保持相同的方向时，就会发生趋势的转换。

趋势转折是主力直接介入，扭转前期趋势的操盘结果，在一定程度上反映了主力操盘计划与企图。

当趋势转折形成时，反映在日K线图上往往会出现十字星、长上影线或长下影线K线、阴包阳或阳包阴K线等特征。

前面介绍了股票市场的趋势有上升趋势和下降趋势两种，那么趋势的转折也就可以分为从上升趋势转入下跌趋势和从下跌趋势转入上升趋势这两种情况。

1. 上涨趋势转折的技术特征

当趋势由上涨转为下跌时，后市行情不看好，投资者应把握机会在趋势转折位置出货，此位置具有以下一些特征，如图3-3所示。

上涨趋势转为下跌趋势的技术特征

- 股价经过一轮较大幅度的上涨，短期内波动幅度应在20%～30%以上，中期波幅至少在35%～45%以上，中长期波幅至少在50%～60%以上。
- MACD指标出现典型的顶背离走势，股价对应的均线上也出现明显的破位走势，如断头铡刀之类的图形赫然显示在走势图上。
- 日K线图上出现十字星、长上影线K线、高开长阴或者阴包阳等K线结构。
- 成交量逐步减少，表明上涨动能衰弱。同时，当天分时图中出现放量滞涨迹象。

图3-3 上涨趋势转为下跌趋势的技术特征

分析实例 青岛啤酒（600600）——上涨趋势转为下跌趋势

下图所示为青岛啤酒在2013年6月至2014年3月的日K线图。青岛啤酒在2017年经过长期震荡筑底之后，于11月底形成双底形态之后，开始走出一波升势，连接该低点与2018年2月9日形成的波段底可以作出一条上升趋势线，之后股价几次回落至该趋势线均获得支撑向上，证明该趋势线有效。从4月底开始，该股突然加速上涨远离趋势线，5月下旬成交量出现一定的萎缩，显现疲态。

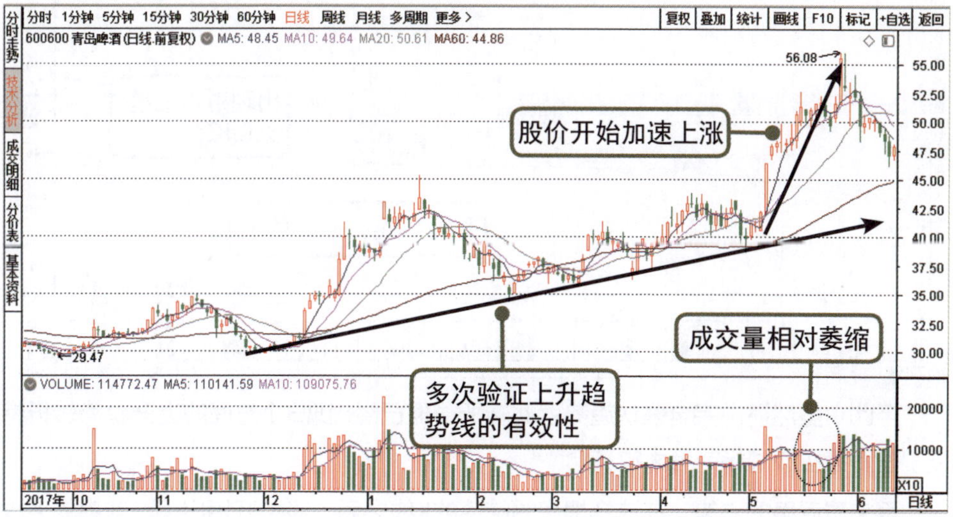

当出现这个特性时，投资者就应引起警觉，此时再来分析股价上涨的区间幅度：从最后一个波段起点2018年4月27日起至5月28日，该股的涨幅为38.66%；从2018年2月9日至5月28日的涨幅为51.69%；从2017年12月1日至2018年5月28日的涨幅为86.33%，涨幅也符合趋势反转的特性要求，如下图所示。

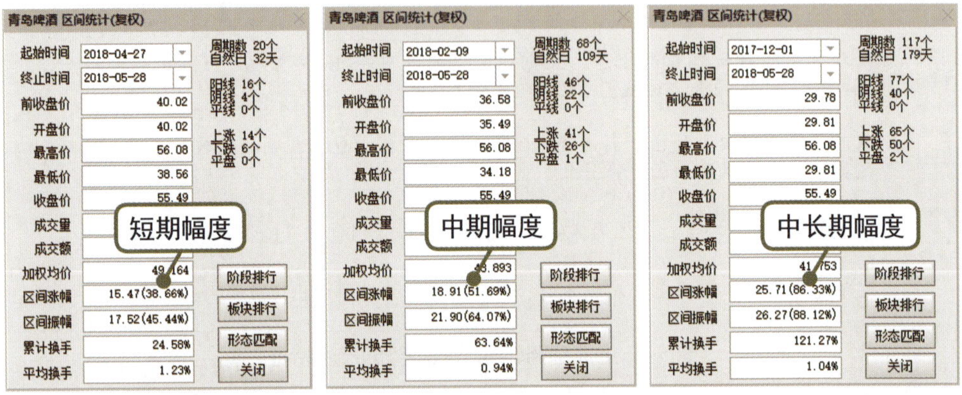

该股在2018年5月下旬上涨后期成交量出现明显萎缩，但在5月28日又忽然放量收出一根涨幅达7.75%的大阳线，看似还要加速上涨。但次日立即收出一根长上影线的射击之星K线，之后两个交易日股价继续宽幅震荡，30日收阳线成交量大幅减少，31日收阴线成交量又再次放大，出现放量滞涨的现象，加上29日这根长上影线的射击之星，可以判断股价见顶的可能性很大，如下图所示。

至此，虽然还没完全确认趋势就此转折，但已经出现3个方面的上升趋势转折特征，投资者应该离场或者大幅减仓。

再来看后面的走势，在这几根宽幅震荡的K线之后，股价开始出现一连串的下跌走势，移动平均线也开始拐头向下形成死叉，到6月13日时，10日均线也下穿30日均线形成死叉，说明至少有一波较大幅度的回调行情。

此时再看MACD指标，该波上涨的量能及宽度均小于前一波上涨时状态，如下图所示。短、中期均线形成高位死叉，同时MACD量能趋势指标也出现背底特征，诸多特征均符合上升趋势反转的技术特性，此时如果还有仓位一定要果断卖出。

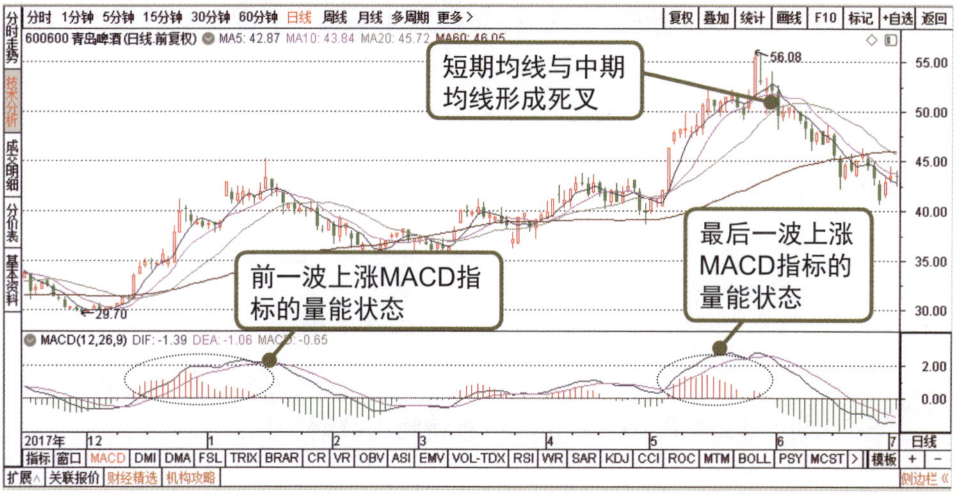

之后再看该股的走势，在6月底7月初短暂跌破之前多次检验有效的上升趋势线后，股价也出现了一波反弹行情，但羸弱的反弹很快夭折，股价再次跌破趋势线，走出下跌行情，此时便可通过这两个波段顶绘制出下降趋势线，以便观察下降趋势何时结束，如下图所示。

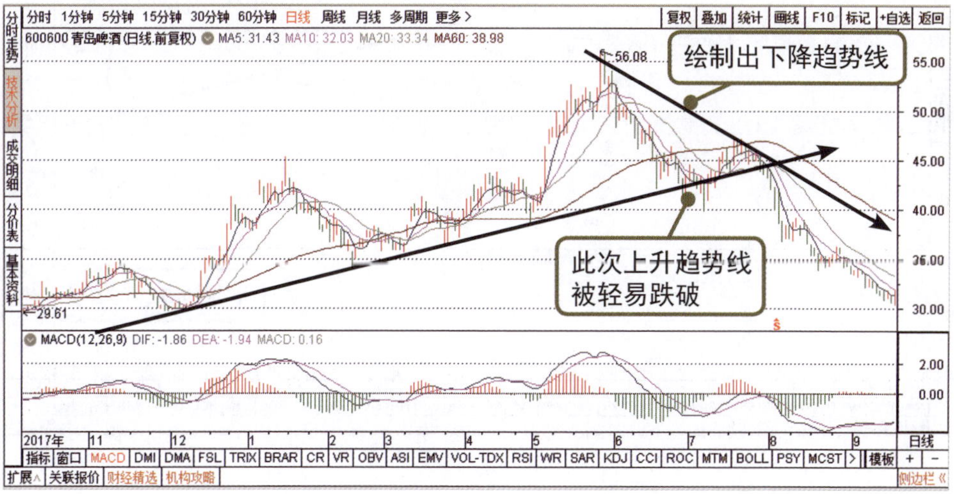

2. 下跌趋势转折的技术特征

当趋势由下跌转为上涨时，后市行情看好，投资者应把握机会在趋势转折位置跟进，此位置具有以下一些特征，如图3-4所示。

下跌趋势转为上涨趋势的技术特征

- 股价经过一轮较大幅度的下跌，短期内波段跌幅至少达到30%以上。
- K线图上出现明显的十字星、长下影线或者阳包阴等K线形态结构。
- 成交量已经萎缩至地量或者持续性均衡地量结构。
- 股价在对应阶段的均线上获得明显支撑，构成关键性技术支撑位。

图3-4 下跌趋势转为上涨趋势的技术特征

分析实例 *ST沈机（000410）——下跌趋势转为上涨趋势

下图所示为*ST沈机2016年4月至2017年2月的日K线图。

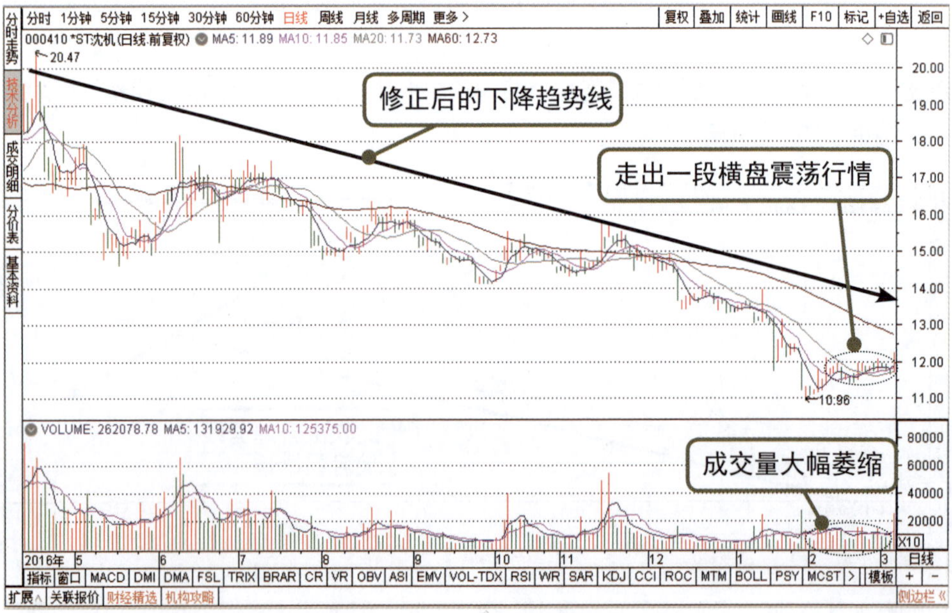

从图中可以看到，该股经过高位巨幅震荡后，于2016年4月18日开始一波长期下跌走势，到2017后2月时股价已经接近腰斩，这时走出一段盘整行情，在整个横盘期间，成交量相较于之前而言出现大幅的萎缩，此时经过修正的下降趋势线如图中所示。

在横盘震荡行情中偶尔出现了成交量放量的现象，投资者可注意观察该股是否会筑底成功。

然而，从2017年3月21日开始，该股继续下滑，并且跌速加快，在短短一个月左右的时间，股价快速从11元附近跌至7元附近。

到5月下旬的时候，股价再次腰斩，并且远离下降趋势线，同时成交量极度萎缩，在6月2日，突然收出一根带长下影线的锤头线，股价见底的可能性极大，如下图所示。

此时再来分析股价下跌的区间幅度：从最后一个波段起点2017年3月17日起至6月2日，该股的跌幅为47.16%；从2016年11月17日至2017年6月2日的跌幅为58.59%；从2016年4月9日至2017年6月2日的跌幅为66.79%，幅度也符合趋势反转的特性要求，如下图所示。

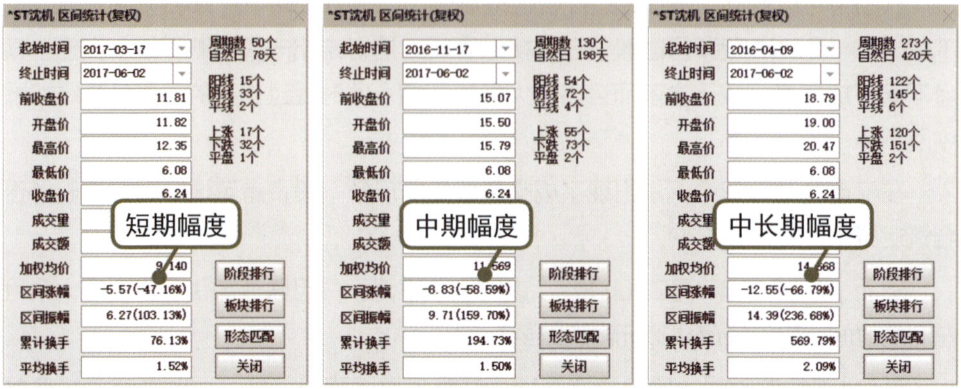

此外，观察此时的MACD指标可以发现，MACD柱状线已经翻转到0轴上方，并且不断放大，DIF线也在0轴下方上穿DEA线形成金叉后继续保持向上运行。

而且该股从出现锤头线的次日开始，该股接连出现3个一字涨停板，反转意愿强烈，之后稍作横向整理后便继续上升，同时，短、中期移动平均线也拐头向上金叉并发散，预示着一段上升行情即将展开，此时可以绘制上升趋势线。

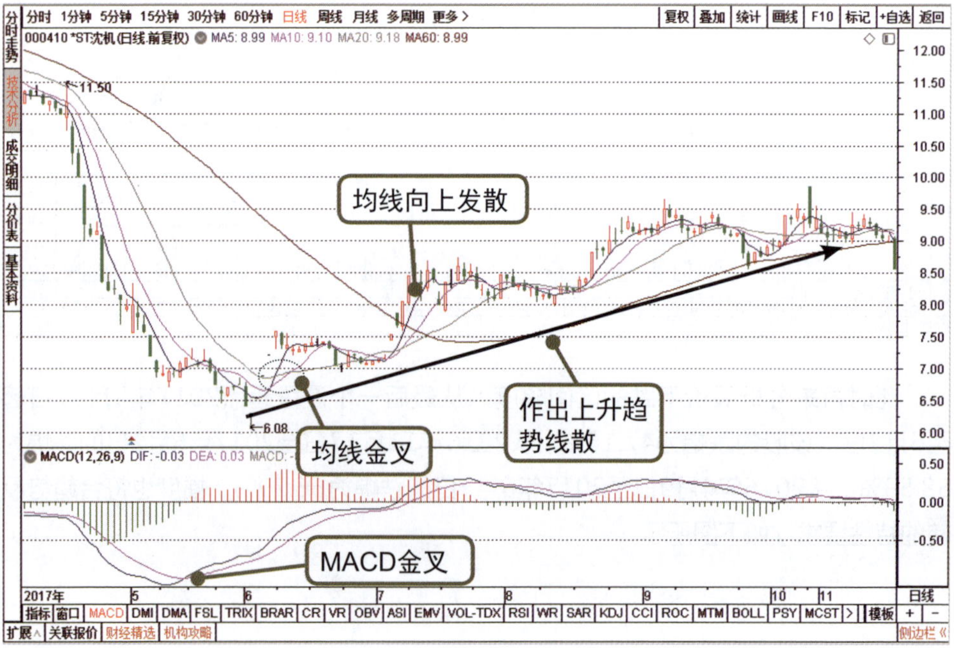

3.1.4

趋势线的实战应用

趋势线是根据股票过去一段时间的价格走势，描述出未来价格的可能走势的指示线，股票市场中的趋势线具有助涨与助跌特性。

1. 趋势线的支撑与阻力

趋势线的助涨与助跌特性，其实是它对股价的支撑与阻力作用，主要体现在以下两个方面。

- ◆ 上升趋势线连接的是股价前行中每次回调的低点，对股价上涨有支撑作用。通常情况下，当股价下跌到上升趋势线附近时，会受到支撑而反弹，不会轻易跌破上升趋势线。
- ◆ 下降趋势线连接的是股价前行中每次上攻的高点，对股价反弹有压力作用。一般情况下，当股价反弹到下降趋势线附近时，会受到打压而继续回落，不会轻易突破下降趋势线。

分析实例 S蓝谷（600733）——上升趋势线支撑股价上涨

下图所示为S蓝谷2015年12月至2016年6月的日K线图。以2月初的低点和3月初回调的低点为基准，绘制出一条上升趋势线，5月中旬的回调在此趋势线的位置受到支撑止跌，趋势线得到确认。

根据上涨趋势线助涨性可以推断，股价会沿着此趋势线一直向上发展，回调到此趋势线附近时，会得到支撑。除非股价在下跌趋势时，有明显的破位形态支持，否则趋势不会改变，如下图所示。从图中可以看出，5月中旬低点出现，确认上涨趋势线后，股价继续上涨，之后有两次回调，但都在趋势线附近得到支撑，又反转向上。

分析实例 东阿阿胶（000423）——下降趋势线压迫股价下跌

下图所示为东阿阿胶在2013年11月至2014年3月的日K线图。以2013年12月上旬的高点和2014年1月初的反弹高点为基准，绘制出一条下降趋势线（图中的趋势线1）。但在2月中旬的反弹行情中，趋势线被突破，修正后得到趋势线2。

根据下降趋势线对股价的压制特性，修正后的趋势线应该会成为股价反弹的阻力线。从其后期走势可以看出，股价后期经历了大大小小共5次的反弹行情，但每次都未达到趋势线附近，或者在趋势线附近被压制，重新下跌，如下图所示。

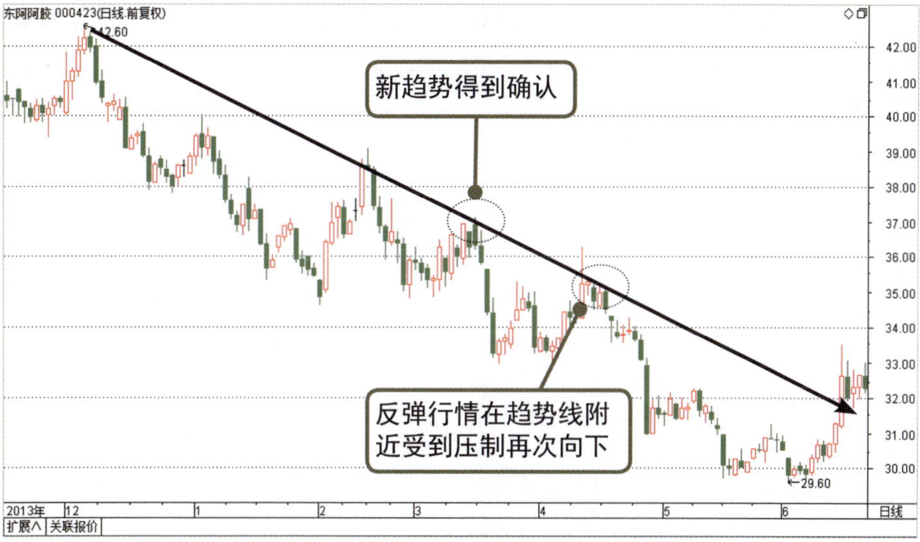

2. 支撑与阻力的相互转换

上升趋势线对股价的下跌有支撑作用，下降趋势线对股价的上涨有阻力作用。在行情发展的过程中，同一条趋势线也可能同时存在支撑与阻力两种作用，其作用的转换在于股价对趋势线的突破。

当股价向下跌破前期的支撑线后，这条支撑线就会变成股价上涨的阻力线；当股价向上突破前期的阻力线后，这条阻力线也就会变成股价下跌的支撑线。

TIPS *趋势线的应用要点*

在把握股价趋势线时，投资者需要注意以下两个方面的内容。

其一，趋势线的支撑作用越强，其被突破后的阻力作用也就越强；同样，如果趋势线的阻力作用越强，其被突破后的支撑作用也就越强。

其二，趋势线用于把握趋势，从而顺势而为，不能改变趋势。

分析实例 锦江股份（600754）——趋势线支撑与压力的转换

下图所示为锦江股份2017年5月至12月的日K线图。股价从最低的23.54元开始上涨，到最高的33.94元，整体处于上涨趋势中。绘制一条大致的趋势线可以发现，在11月下旬，股价出现下跌，原趋势线被突破。

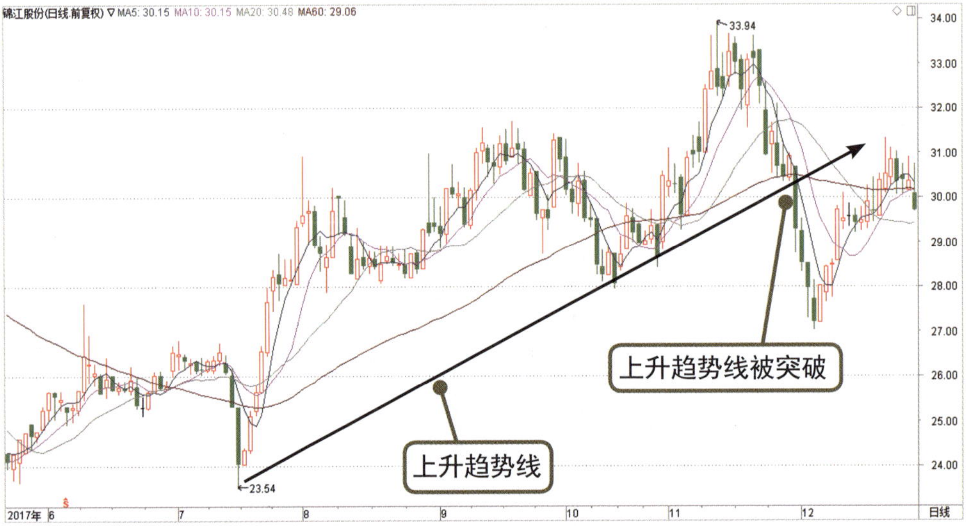

由于前期连接的是股价回落点，当原趋势被突破后，无须对趋势线进行修正，但此时可以看到，股价运行在趋势线之下，并且每次上涨的高点，都在原来的趋势线附近，使得原来的支撑作用转换成了股价上涨的压力作用，如下图所示。

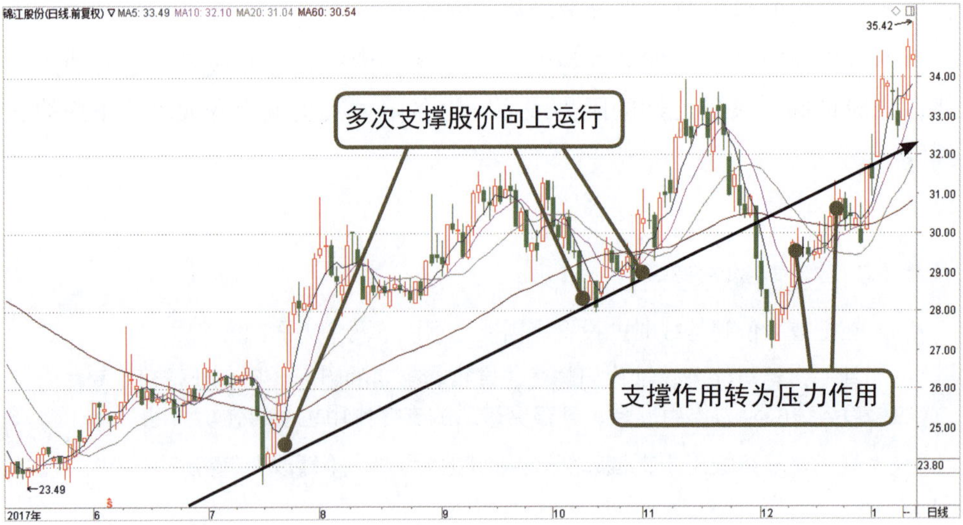

3.2 趋势与筹码分布的实战结合

股价运行趋势的改变意味着有大量的资金在买入或卖出，而资金的转移从筹码分布图上来看更加准确。趋势的分析与筹码分布相结合，可以给投资者带来更加准确的分析结果。

趋势有上升趋势和下降趋势两大主要趋势，在不同趋势运行的过程中，筹码会呈现出不同的分布状态，在趋势改变的时候，筹码也会呈现出有规律的变化。

3.2.1 上升趋势形成时的筹码变动规律

上升趋势的形成意味着下降趋势的结束。在股价下跌的末期，当股价再创新低时，成交量却非常小，虽有大量筹码被套牢，但没有多少投资者愿意割肉卖出，这些筹码将成为后期上涨的巨大阻力。

之后股价开始转头向上，并向上突破下降趋势线或60日均线，上涨趋势初步形成。此时上方被套牢的筹码开始抛出，股价会向下回调，但受中长期均线的支撑，不会回调太深。

在股价回调的过程中，大量高位筹码向下转移，在低位形成筹码峰，上方抛压大大减小，使得上升趋势彻底形成，在此过程中的筹码分布示意图如图3-5所示。

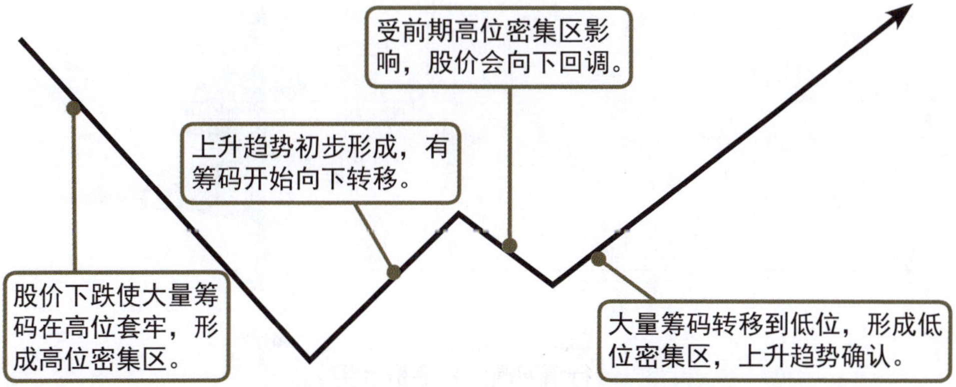

图3-5 上升趋势形成时的筹码变化示意图

分析实例 浪潮软件（600756）——上升趋势初期的筹码分布

下图所示为浪潮软件2017年11月至2018年6月的日K线图。股价在此期间经历了一轮明显的由下降趋势转为上升趋势的过程。在下降趋势快要结束时，大量筹码被高位套牢，却又对后市抱有希望，不愿割肉卖出。

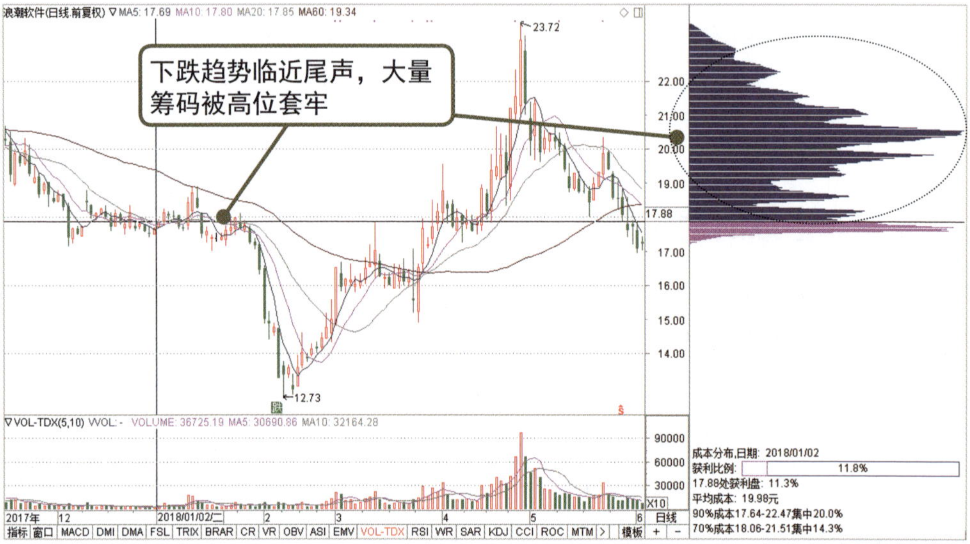

当股价开始转头向上时，市场反应还不太激烈，上方筹码并没有大量向下转移，但已有一些被套牢太久的投资者开始卖出筹码，以图解套。从筹码分布图上来看，可以发现有部分筹码开始向下转移，如下图所示。

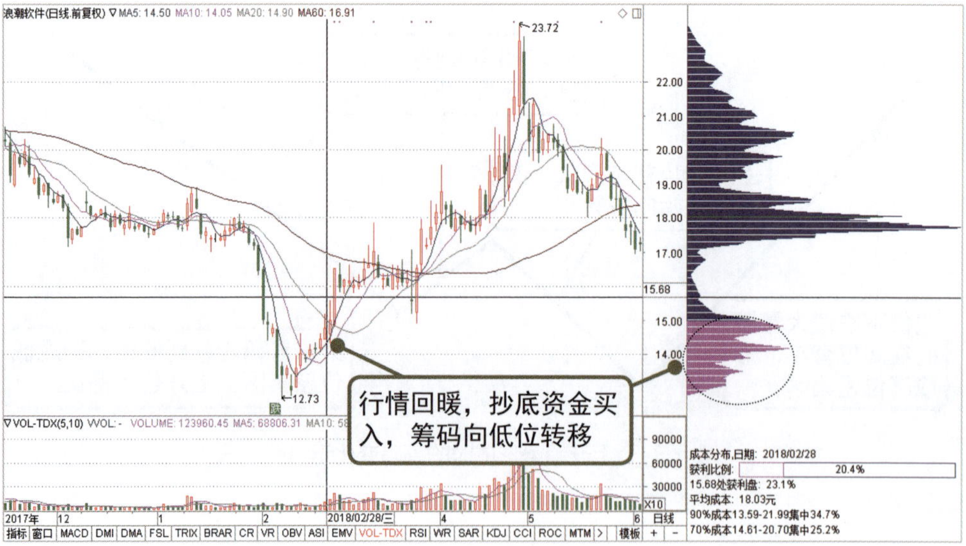

受前期高位筹码密集区的影响，股价并不能立即向上。该股在上涨一段时间后，经过了一段时间的横向整理。在整理过程中，大量高位筹码向下转移，形成低位筹码峰，使得上方压力减小，形成上升趋势毫无悬念，如下图所示。

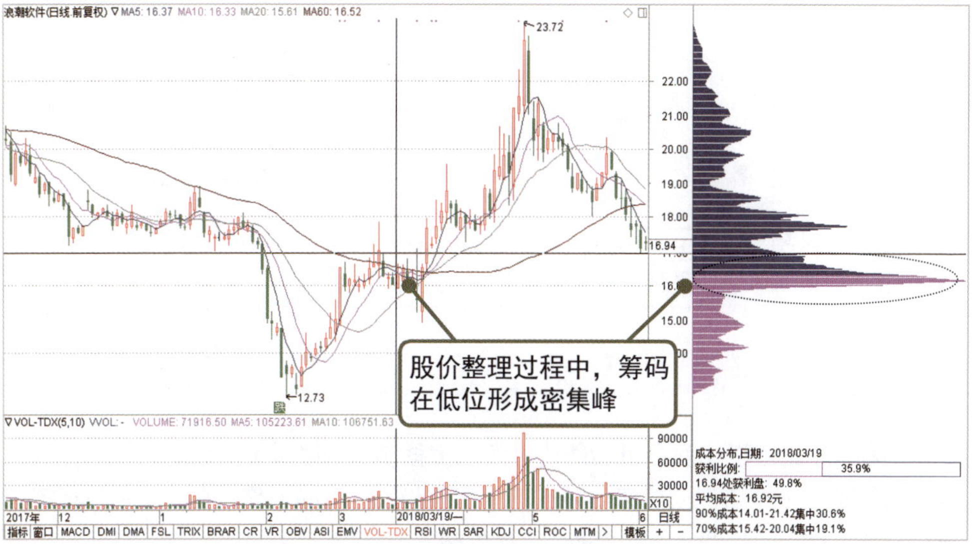

3.2.2
上升趋势持续中的筹码变动规律

上升趋势彻底形成以后，股价将沿着上升趋势线或中期移动平均线持续向上发展。中途也可能会有少许回调行情，但会受到上升趋势线的支撑而反弹继续上涨。

在股价上涨的过程中，低位筹码会逐步向上转移，但仍会有一部分筹码面对上涨无动于衷，在筹码分布图上一般显示为低位“锁定”状态，这是股价仍将持续上涨的信号。

低位稳定的筹码密集区和逐步向上转移的筹码很容易形成“双峰填谷”的形态，此形态是上升趋势即将结束的标志，一旦此形态出现，投资者一定要警惕风险。

分析实例 通策医疗（600763）——上升趋势持续的筹码分布

下图所示为通策医疗2017年7月至2018年9月的日K线图。从图中可以看到，股价上涨后开始回调，受上升趋势线的支撑而再次向上，上升趋势形成。此时在低位区有大量筹码聚集，形成低位筹码峰。

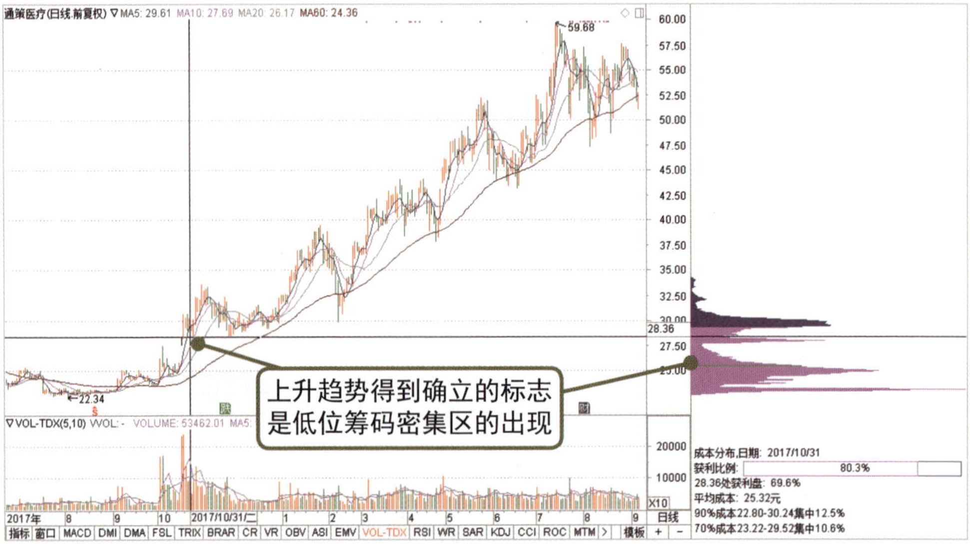

随着股价的不断上涨，低位筹码逐步向上移动，但经过一段波动回调后，在相对低位形成了一个筹码密集区，并且不再随着股价上涨而上移，在此位置形成筹码锁定状态，成为股价继续上涨的动力，如下图所示。

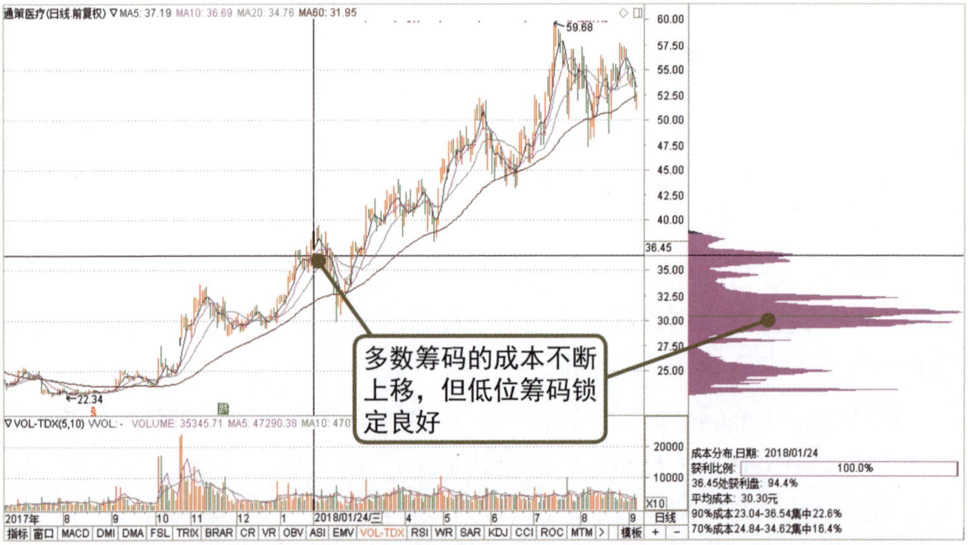

随后股价继续向上，部分筹码再次上移，但之前锁定的筹码密集区仍然还在，支持着股价继续上行。随后筹码在相对高位再次形成密集区，与之前的筹码锁定区形成双峰填谷形态，如下图所示。这预示着上升趋势即将结束，投资者应随时准备离场。

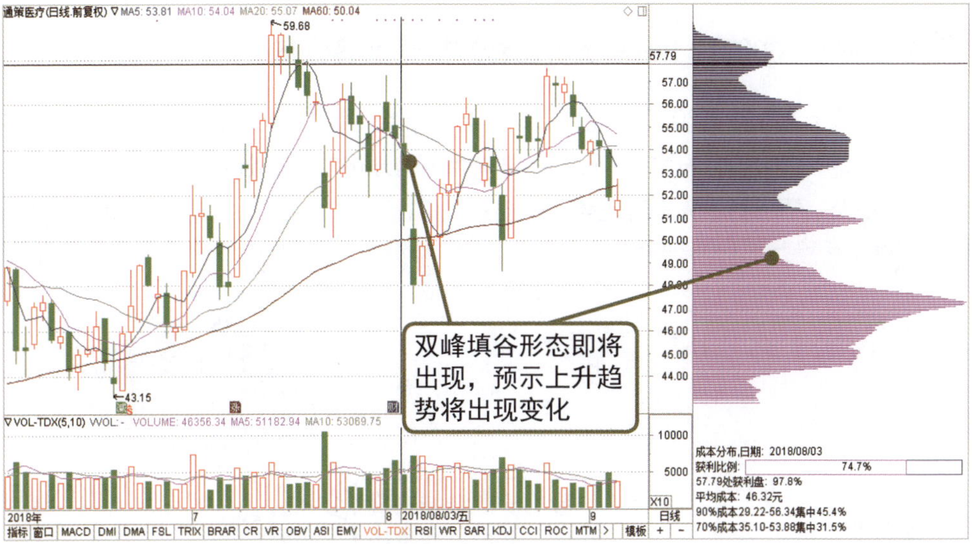

3.2.3

上升趋势结束时的筹码变动规律

上升趋势不可能无限制地持续下去，总会有结束的时候。上升趋势结束的标志有以下两点：

- 股价向下跌破上升趋势线或中长期移动平均线（通常以60日均线为准），这是上升趋势基本结束的标志。
- 股价在上升趋势线或中长期移动平均线下方运行，向上反弹但受到阻力再次向下，这是上升趋势彻底结束的标志。

在上升趋势基本结束的时候，此时在低位区还可能存在着大量的筹码，这是前期那些持股待涨的投资者。但随着股价的下跌，他们会逐步卖出筹码，以规避风险，此时下方的筹码会有向上转移的动向。

当股价在高位下跌后反弹并受到阻力时，大多数投资者都会意识到上升趋势已经结束，开始大量抛出持股，使得在相对高位形成筹码密集区，形成股价继续下跌的动能。

TIPS 下降趋势中的筹码分布

下降趋势也可以分为趋势形成初期、趋势持续期和趋势结束期3个阶段，其筹码分布与上升趋势相似，这里不再做详细分析。

分析实例 水井坊（600779）——上升趋势末期的筹码分布

下图所示为水井坊2017年8月至2018年3月的日K线图。从图中可以看到，2018年3月，股价在创出新高后持续高位整理，但筹码分布图上却出现高位多峰形态，下方筹码较少，预示着本轮上升趋势可能结束。

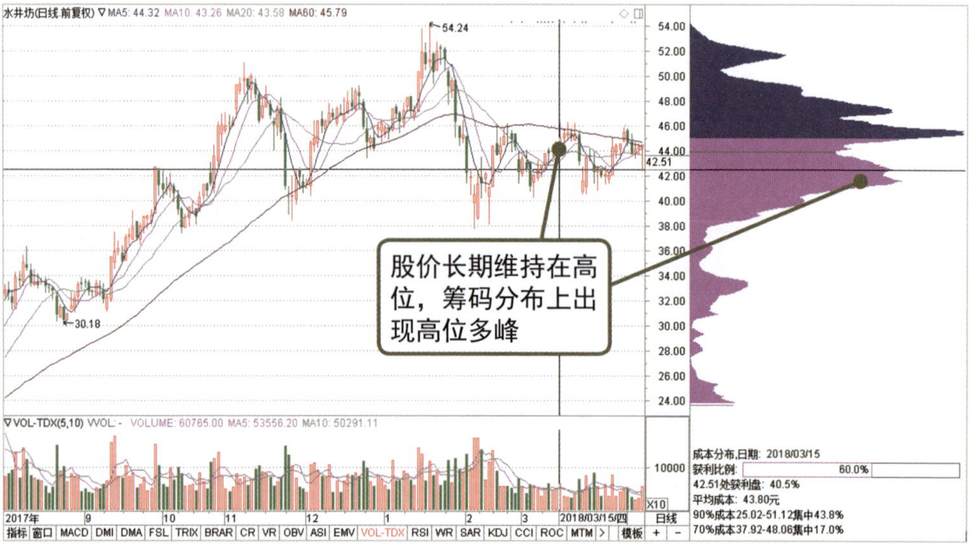

随后股价在高位波动前行，到2018年7月，股价反弹受阻，虽然一鼓作气突破前期的高点，但未能长期站稳，59.55元的新高只是“过眼云烟”。而在筹码分布图上也形成高位密集峰，如下图所示。这表示上升趋势已结束，下降趋势已经形成。

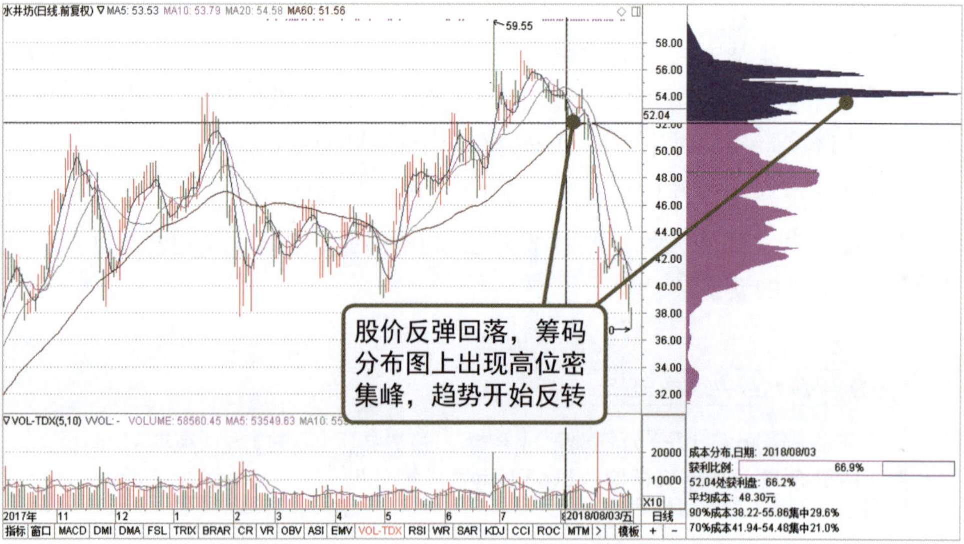

3.3 牛熊市中的筹码分布

我们都知道股市有牛市、熊市和牛皮市3种基本行情，但牛皮市行情持续的时间不会很长，也没有过多地研究价值，这里主要分析一下牛市和熊市行情中的筹码分布和变化情况。

3.3.1 牛市中的筹码移动趋势

牛市是所有投资者都希望看到的一种行情，在牛市中只要操作得当，赚钱是稳稳当当的。

牛市的出现通常在一轮熊市结束之后，经过熊市的下跌后，场外看涨的投资者会逐渐涌入股市，推动股价企稳回升。在熊市开始的时候，必然会有大量的筹码被套牢在高位，从筹码分布图上来看，股价止跌企稳时，上方会有较多的筹码。

随着股价开始回升，外场投资者大量进入，会使高位筹码逐步向下转移，直至在低位形成密集峰。大多数情况下，牛市真正开始的起点，是在筹码分布图上出现低位单峰密集形态时。

总体来说，个股从熊市进入牛市并持续上涨的过程中，筹码分布的变化大致可用图3-6来表示。

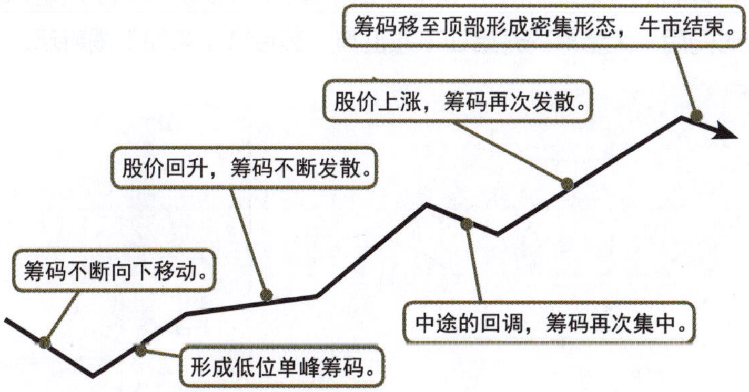

图3-6 牛市行情中的筹码移动示意图

牛市行情想要持续，就必须要有筹码的转移。在低位形成的单峰筹码是牛市上涨的动力，一旦上涨开始，筹码就需要不断地向上扩散，然后集中，再向更高位扩散，只有这样的发展趋势，才能保证牛市不结束。

当筹码不断向上转移，到高位形成筹码密集形态，下方基本没有筹码以后，如果股价缩量跌破高位筹码峰，那么就意味着本轮牛市行情结束，股价将转入下跌行情中。

分析实例 新钢股份（600782）——牛市行情中的筹码变化趋势

下图所示为新钢股份2016年9月至2017年6月的日K线图。

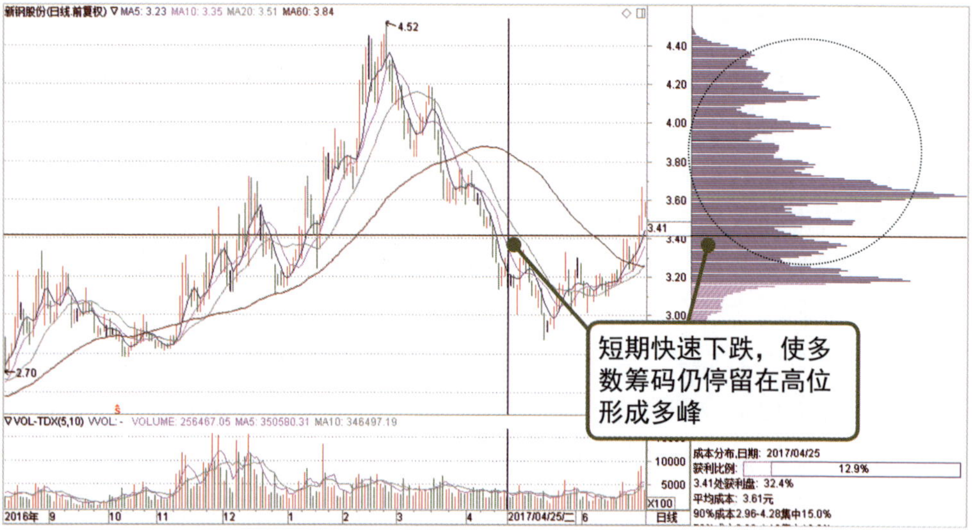

从上图可以看到，随着熊市行情的下跌，筹码不断向下移动，特别是在低位波动前行一段时间后，大量筹码开始在下方汇集，其后续走势如下图所示。

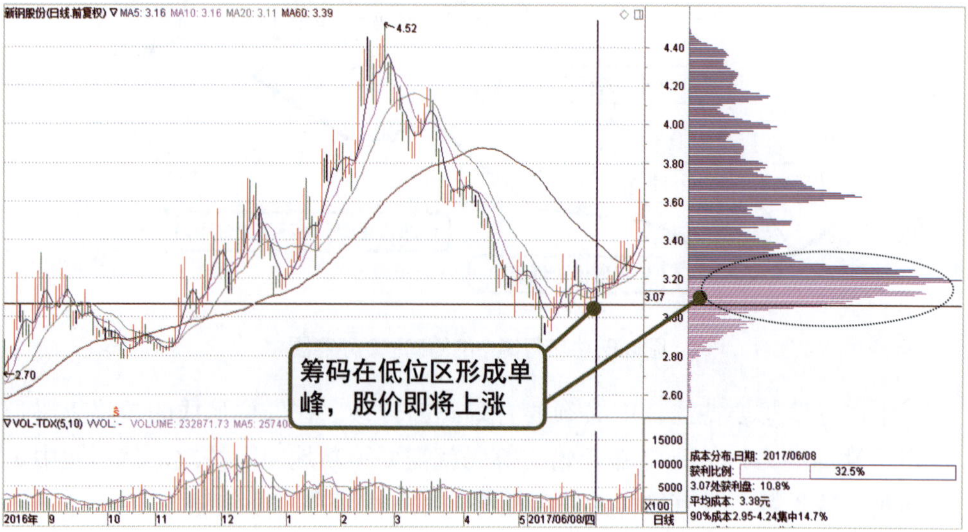

从上图可以看到，长时间的低位波动使得筹码在低位区形成单峰形态，这是股价即将上涨的标志。其后续走势如下图所示，从图中可以看到，在2017年7月3日，股价放量向上突破低位筹码峰，表示主力前期建仓已基本完成，上涨行情得到基本确认。

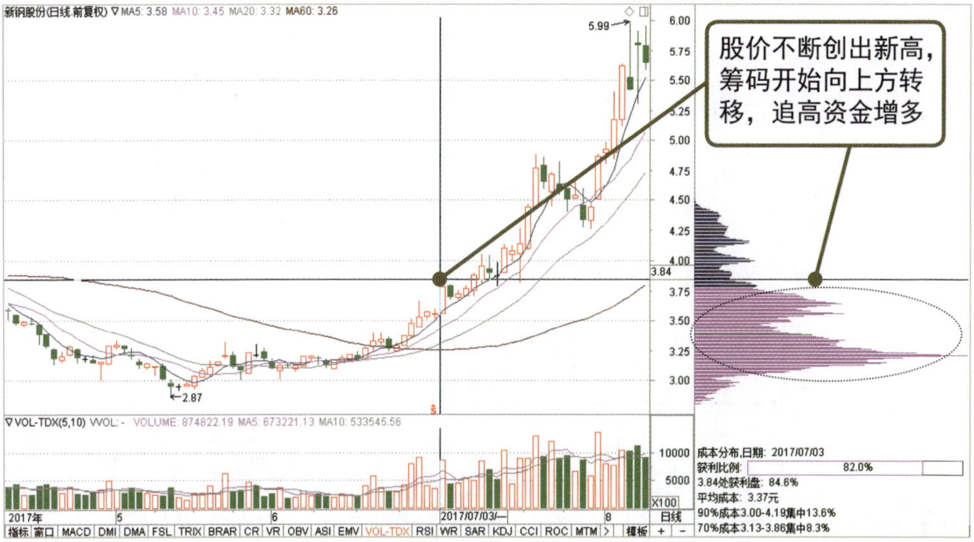

随着股价的不断上涨，筹码逐步向上发散。到2017年8月，股价有一次回调，筹码再次在相对高位集中并形成单峰形态，但此时下方主力建仓时的筹码仍然大量存在，说明股价还有继续上涨的可能，如下图所示。

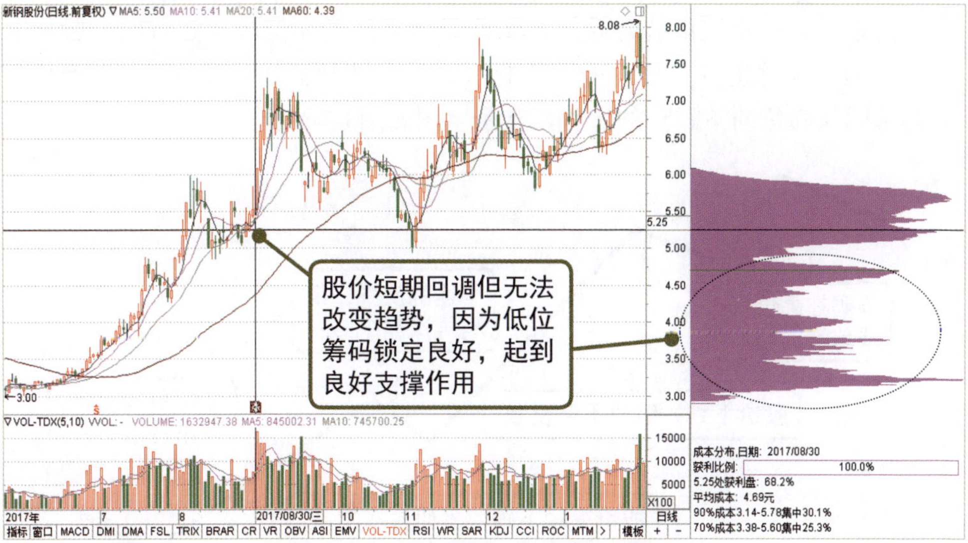

随后股价再创新高，筹码继续向上移动。到2018年2月，筹码在高位区形成单峰密集形态，并且下方的低位筹码已基本消失，这意味着主力资金已经出逃，牛市行情即将结束，如下图所示。

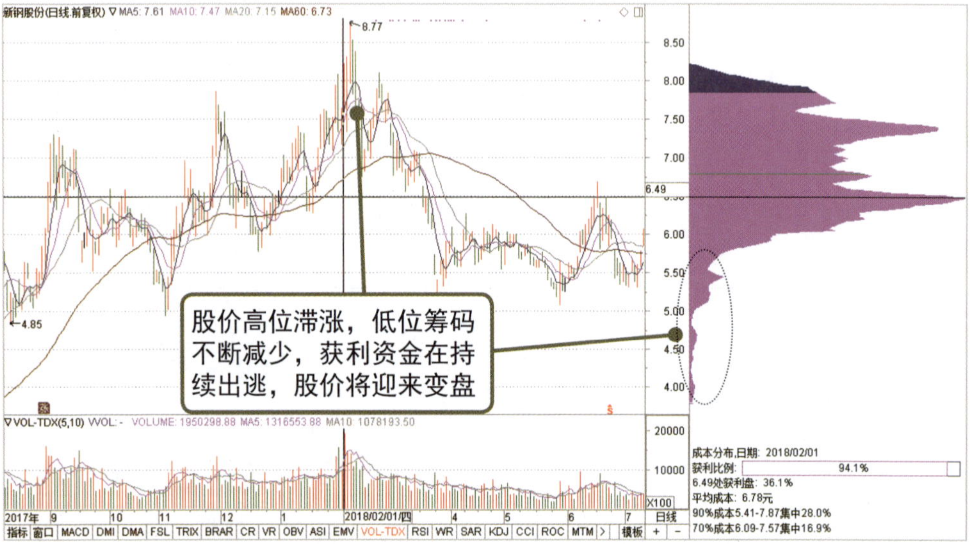

3.3.2

熊市中的筹码移动趋势

在牛市即将要结束的时候，大量筹码会汇集到高位区，这将成为股价上涨的阻力，同时也将会是股价下跌的动能，而整个熊市中筹码移动的趋势，就是筹码从高位向下转移的过程，其示意图如图3-7所示。

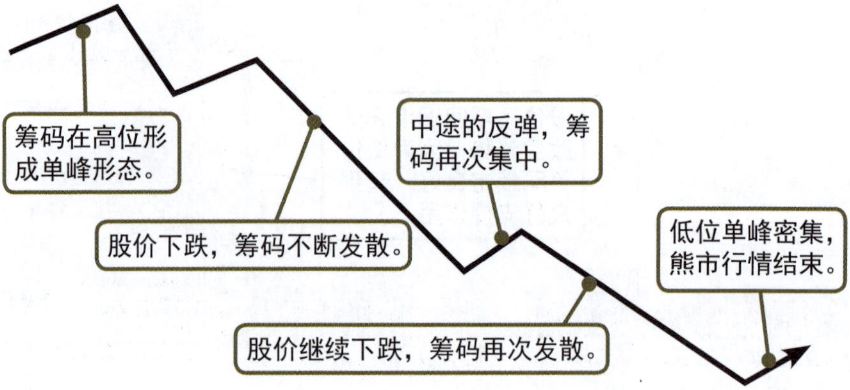

图3-7 熊市行情中的筹码移动示意图

分析实例 广晟有色（600259）——熊市行情中的筹码变化趋势

下图所示为广晟有色2013年1月至2014年6月的日K线图。从图中可以看到，股价经历了前期的上涨后，大部分筹码集中在高位区，形成类似高位单峰密集形态，这是熊市行情即将开始的征兆。

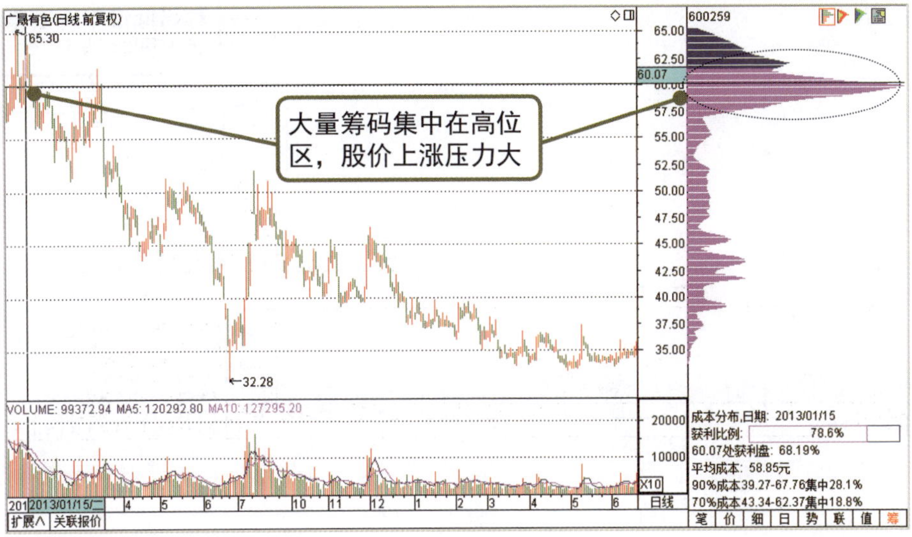

随着股价的下跌，高位筹码不断向下发散，在2013年9月的一次大幅反弹过程中，筹码又再次聚集，在47.5元附近形成密集峰，但此时上方仍有大量筹码存在，如下图所示，股价仍将继续下跌。

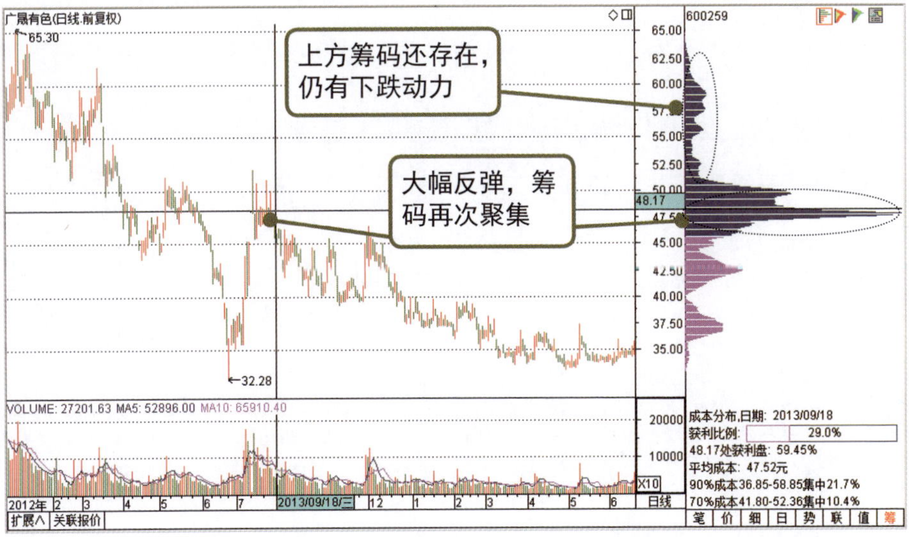

在一波大幅反弹行情之后，股价继续向下运行，筹码再次向下发散。到2014年4月，股价有止跌企稳的趋势，筹码也在低位区汇聚。到6月12日，筹码在低位形成单峰密集形态，如下图所示。这是熊市结束，牛市即将开始的标志。

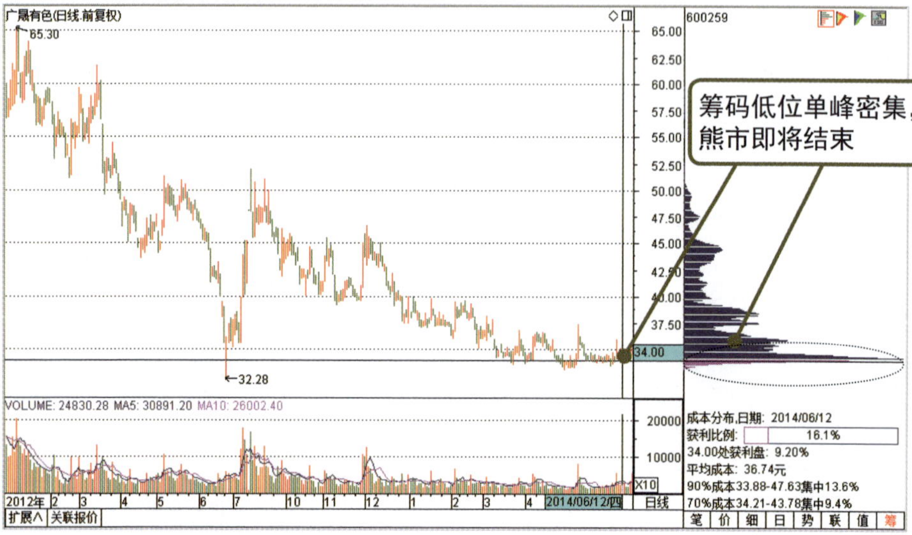

筹码分布与MACD指标的综合应用

MACD是重要的技术分析指标之一，尤其是在波段操作分析中，占有很重要的地位。不管是在上升波段还是下降波段都不可避免地要运用MACD来判断中、短期趋势，如果MACD和筹码分析相结合，将大大提高研判的准确性。

4.1 MACD指标基本概述

MACD指标也称为指数平滑异同移动平均线，其基本原理是运用快速和慢速的两条移动平均线聚合和分离的特征加以平滑计算，用于研判股价的趋势，也可以判断买进和卖出信号。

4.1.1 MACD的构成

MACD指标在炒股软件中默认显示在副图区中（虽然也可以在主图区显示，但会与K线图重叠），由DIF线、DEA线和MACD柱线构成，如图4-1所示。

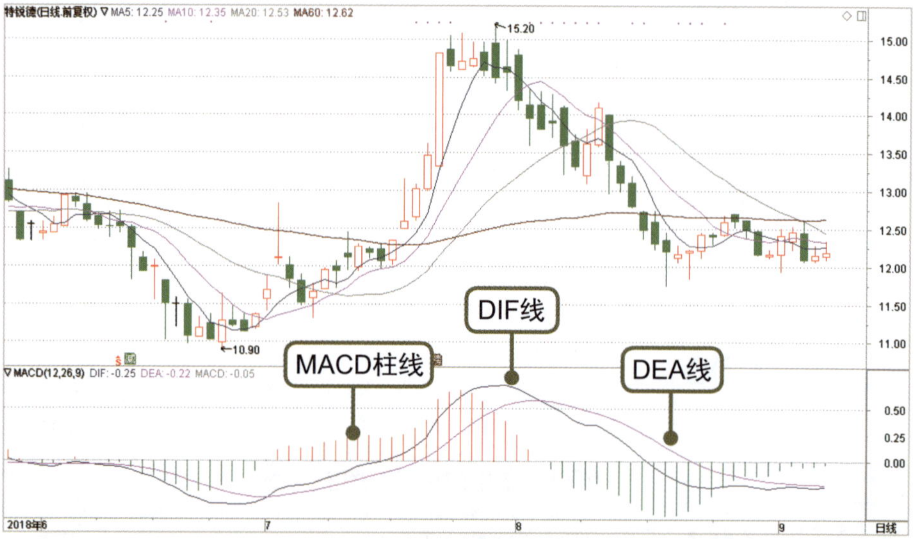

图4-1 K线图中的MACD指标

MACD指标各部分的大概意义如下。

- ◆DIF线：短期（默认周期为12）EXPMA指标与中期（默认周期为26）EXPMA指标的差值，在红黑配色方案的行情软件中显示为白色曲线。
- ◆DEA线：DIF线的移动平均线，默认周期为9，在一般的行情软件中显示为黄色曲线。
- ◆MACD：是DIF线和DEA线的差值，在红黑配色方案的行情软件中显示为红色或绿色的柱线。当MACD值为正时（在0轴上方），显示为红色柱线；当MACD值为负时（在0轴下方），显示为绿色柱线。

TIPS *EXPMA指标的简单说明*

MACD指标的3个组成部分都是相互依存的，MACD由DEA和DIF计算得出，DEA由DIF计算得出，而DIF却是由EXPMA计算得出。这里的EXPMA是“指数移动平均数”的简称（也可写作“EMA”）。以12日EMA为例，其计算公式为：EMA12=（前日EMA（12）×（12-1）+今日收盘价×2）÷（12+1）。

4.1.2

MACD的产生原因

在追溯MACD指标的产生原因时，就不得不提到最常用的移动平均线指标——MA，它能反映出股票价格趋势走向。按周期长短可以划分为短期均线、中期均线和长期均线，如图4-2所示。

图4-2 K线图中的MA指标

从图4-2中可以看出，移动平均线的周期越小，其距离真实的股价就越近，但它的反应速度始终在股价已经产生以后。

TIPS *移动平均线的显示*

在一般的行情软件中，默认会显示4条不同周期的移动平均线，分别以MA+数字的形式命名，后面的数字就是该移动平均线的周期，如MA5表示5日移动平均线。

移动平均线的这种后于股价发生变化的特性就是移动平均线的滞后性，这也是移动平均线不可改变的一个缺点。而它的这一缺点，导致了它不能判断出股价的高点与低点，只能被动地预测股价后市发展的趋势。

因此，MACD指标应运而生。MACD中的“MA”是指Moving Average，也就是“移动平均”，“CD”是指Convergence（收敛）和Divergence（发散），简称为“异同”。

4.1.3
MACD指标的计算方法

前面已经介绍过MACD指标是由DIF、DEA和MACD柱线这3部分组成，其中只有DIF是借助行情数据计算出来的，而其他两项都是由DIF计算而得。按照指标的默认参数，整个指标的计算过程如图4-3所示。

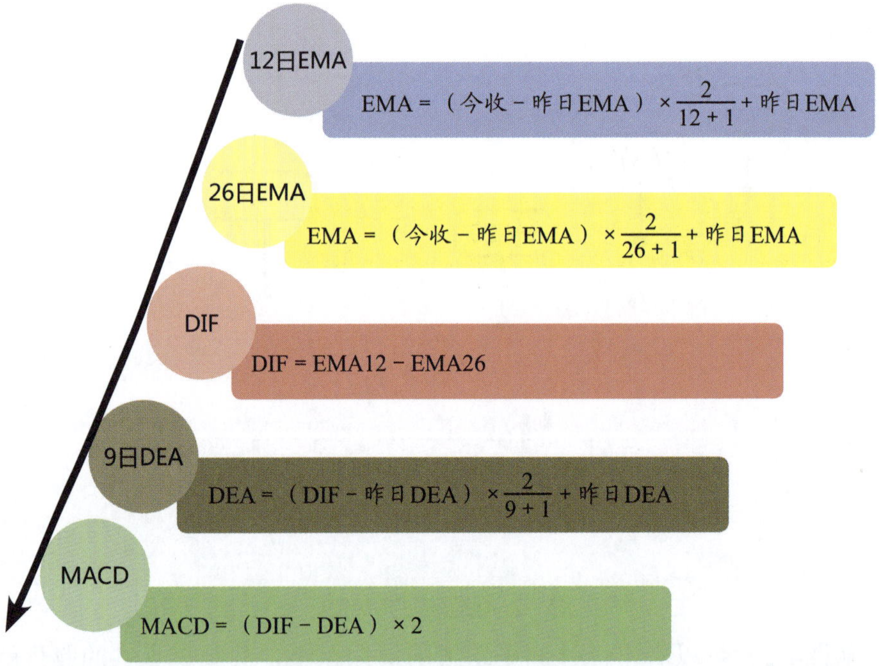

图4-3 MACD指标的计算过程

在图4-3所示的一些公式中，“今收”表示当前计算的指标日期的收盘价，如果是实时指标，也可以是股票的当前价格。“昨EMA12（EMA26）”表示上一个交易日的EMA12（EMA26），如果是新上市的股票，第一天的此参数取当天的收盘价。

分析实例 唐德影视（300426）——计算MACD指标

01 唐德影视于2015年2月17日上市，上市当天的EMA（12）和EMA（26）为当天的收盘价，DIF、DEA和MACD均为0，如下图所示。从图中可以看出，当日该股开盘价为27.40元，收盘价为32.88元。DIF、DEA和MACD的值都为0。

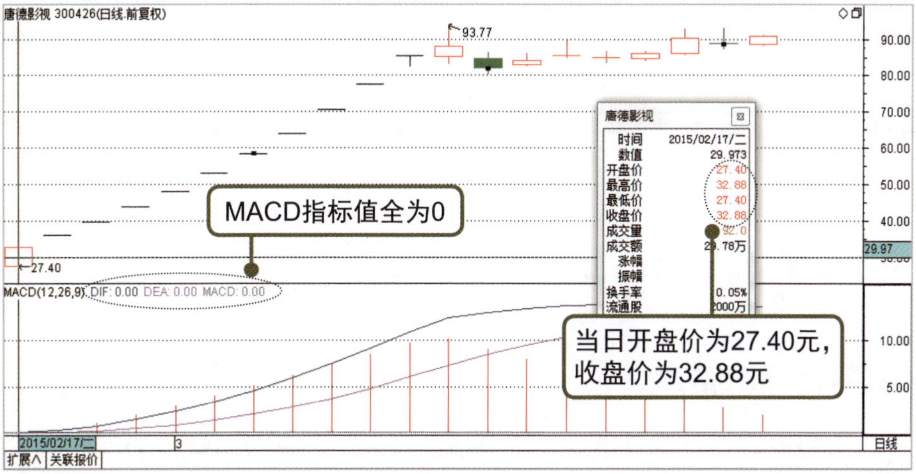

02 下一个交易日是2月25日（春节期间放假），当天以涨停价36.17元开盘，并全天维持在涨停位，最终收出一根“一字形”K线，表示当日收盘价也是36.17元。计算当日的EMA12，代入公式可得EMA12=（36.17−32.88）×2/（12+1）+32.88≈33.39。

03 计算2月25日的EMA26，代入公式可得EMA26=（36.17−32.88）×2/（26+1）+32.88≈33.12。

04 计算2月25日的DIF，代入公式可得DIF=33.39−33.12≈0.26。

05 计算2月25日的DEA，代入公式可得DEA=（0.26−0）×2/（9+1）+0≈0.05。

06 计算2月25日的MACD，代入公式可得MACD=（0.26−0.05）×2=0.42。下图所示为2月25日当天EMA和MACD指标的数值，与我们的计算结果相同。

TIPS 计算结果与软件显示不符的原因

在行情软件中，中间的计算过程不会进行四舍五入，只有最终的结果会进行取舍，因此可能此处的计算值与行情软件显示值有少量差别，但通常只有±0.01的差距。

如以上示例中，第4步计算出来的应该是0.27，但由于其中EMA12和EMA26都进行了四舍五入，如果取舍在最终结果上进行，那么就应该是0.26。

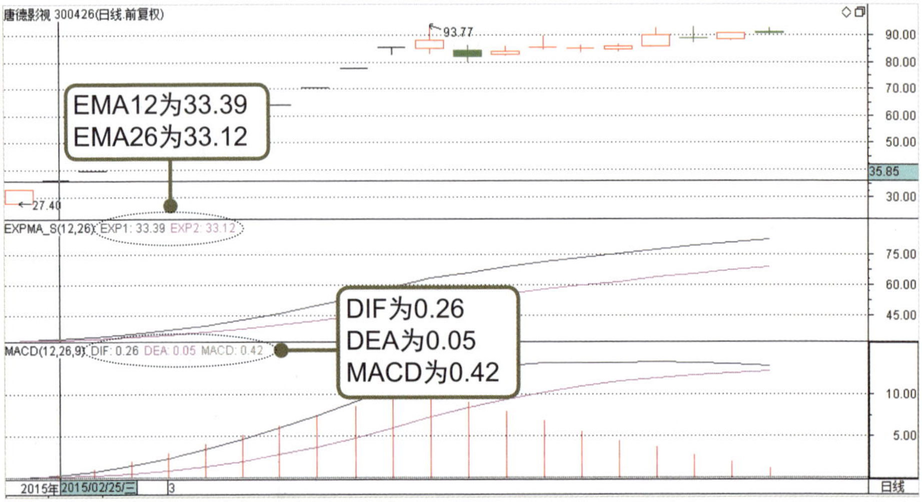

4.1.4

MACD指标的特点

很多投资者在对股票进行技术分析的过程中都喜欢用MACD指标，那是因为MACD指标有其独有特点，如图4-4所示。

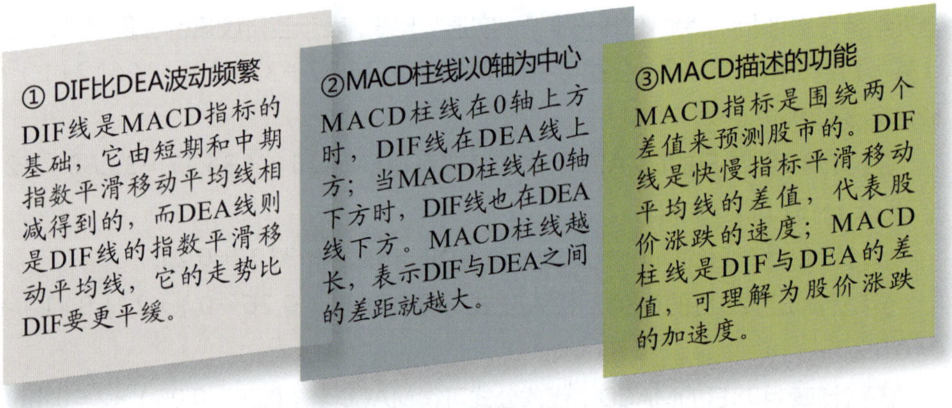

图4-4 MACD指标的特点

4.2 MACD指标基本运用原则

在了解MACD指标的构成和计算方法中，我们可以知道MACD就是一种市场强弱表现的指标，这种强弱表现预示着多空双方的力量变化。股票市场就是一个多空双方的角逐场，在股价上涨阶段，必定是多方力量强，不断向上推动股价；而在股价下跌阶段，则是空方力量强，足以让股价步步下跌。

在单独使用MACD指标时，我们总结出了4条原则，如图4-5所示。

原则1　金叉原则

当DIF线自下而上穿破DEA线形成交叉时，此交叉称为金叉，多为买入信号，但也要根据金叉出现的位置不同，采取不同的操作策略。

原则2　死叉原则

当DIF线自上而下穿破DEA线形成交叉时，此交叉称为死叉，多为卖出信号，但也要根据死叉出现的位置不同，采取不同的操作策略。

原则3　背离原则

当指标的走势与股价的走势呈现相反的发展趋势时，产生了背离现象，而MACD指标与股价的背离通常是行情反转的信号。

原则4　0轴原则

MACD指标是围绕在0轴附近波动的，且其中的柱线在0轴上方时显示为红色，在0轴下方时显示为绿色，当柱线变色时，表示指标在0轴的上下方翻转，也会发出相应的操作信号。

图4-5 MACD指标单独应用的四大原则

4.2.1 金叉原则

MACD指标中的DIF与DEA发生金叉，其出现时相对于0轴的位置不同，具有不同的市场意义，但总体来说都是一种买入信号，只是在把握买入时机上有所区别。

1. 低位金叉

当两曲线的金叉出现在0轴下方并且远离0轴时，称为低位金叉。如果交叉位置距离0轴较远，表示股价处于下跌趋势，金叉出现很可能只是一波下跌过程中的反弹，不宜跟进。

但如果两线在低位同时齐头并进，快速向上运行并有快速上穿0轴的趋势，则激进型的投资者可以跟进，待两线上穿0轴后，上涨行情就确定了，稳健型的投资者此时可以跟进。

分析实例 中元股份（300018）——MACD低位金叉

下图所示为中元股份2017年12月至2018年5月的日K线图。从图中60日均线的走势可以看出，该股在最近一段时间都处于下跌趋势中。

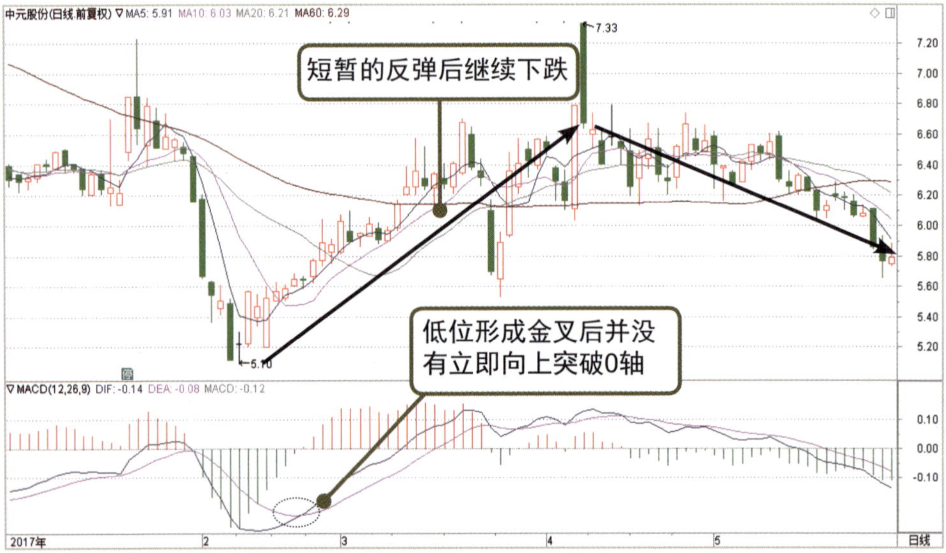

2018年2月23日，DIF自下而上穿破了DEA形成金叉，此时交叉点位于-0.10下方，距离0轴距离遥远，但交叉后两线并没有快速向上运行。在缓慢上行的过程中，股价产生了一波有力的反弹，但最终当DIF与DEA纷纷上穿0轴时，MACD柱状体已经开始下降，后市继续下跌，如下图所示。

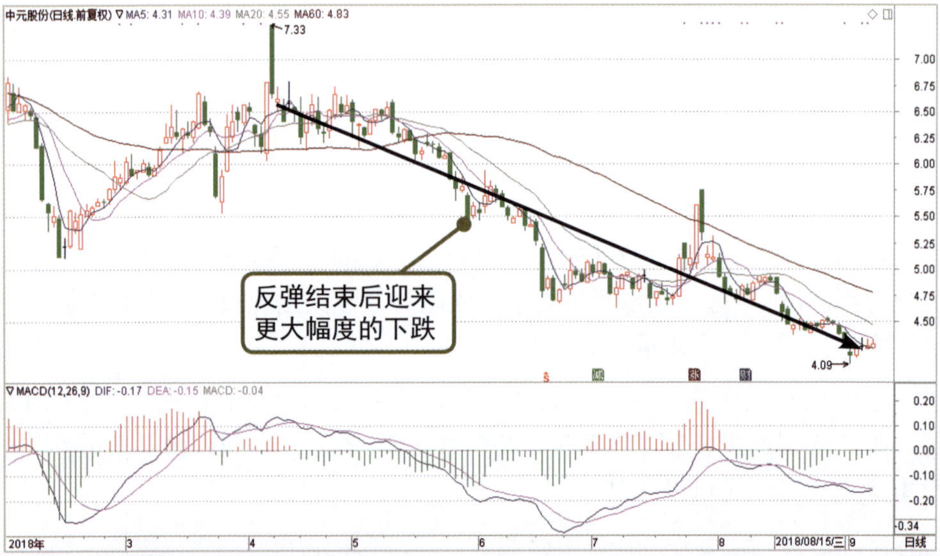

TIPS *低位两次金叉*

如果MACD在低位形成金叉后，会继续在0轴下方再次形成第二次金叉，这就是MACD的低位两次金叉形态，此形态预示着股价即将暴涨。

2. 0轴附近的金叉

DIF在0轴附近与DEA形成金叉时是最容易出现买点的。因为MACD运行在0轴附近，行情本身就不是很明朗，当出现任何买入信号时，都有可能推动行情向上发展。

分析实例 智飞生物（300122）——MACD在0轴附近的金叉

下图所示为智飞生物2017年10月至2018年4月的日K线图。从图中可以看出，该股在这段时间中，整体处于上涨行情中，可以从股价大部分运行在60日移动平均线之上得到印证。

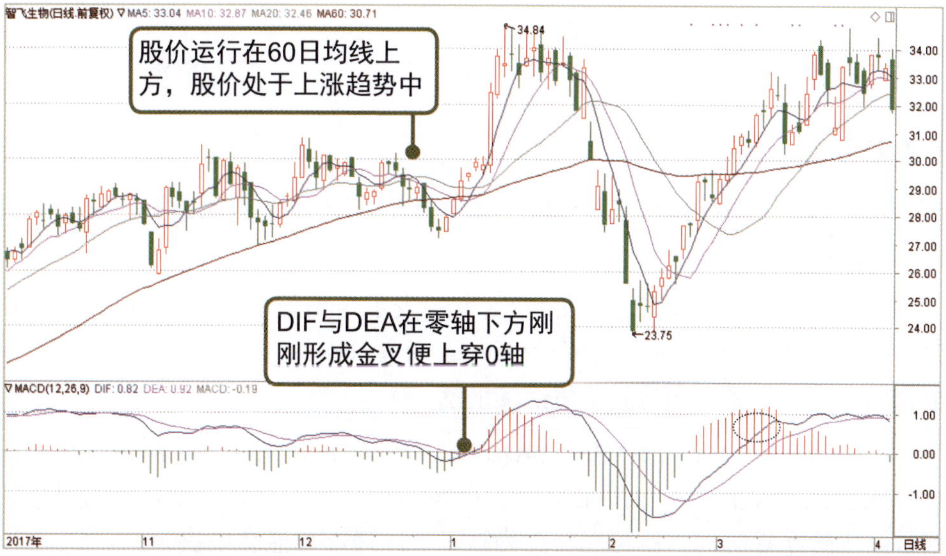

2017年12月29日开始，股价经过了连续的6根小阳线，已呈现出上涨趋势，随后DIF从0轴下方上穿0轴，并与DEA在0轴上形成黄金交叉，也发出买入信号，此时的买入信号是否可信呢？观察此时的MA指标可以发现，在12月26日，5日均线下攻时，受到60日均线的支撑，短暂跌破60日均线后迅速开始拐头向上；2018年1月5日，5日均线上穿10日均线形成金叉；1月6日又再次上穿20日均线形成金叉，后市上涨行情得到确认，如下图所示。

TIPS *0轴金叉也有前提*

在根据0轴附近形成金叉判断买入点时，要求股价前期应该是处于上涨行情中，这也是0轴金叉买点形成的前提。

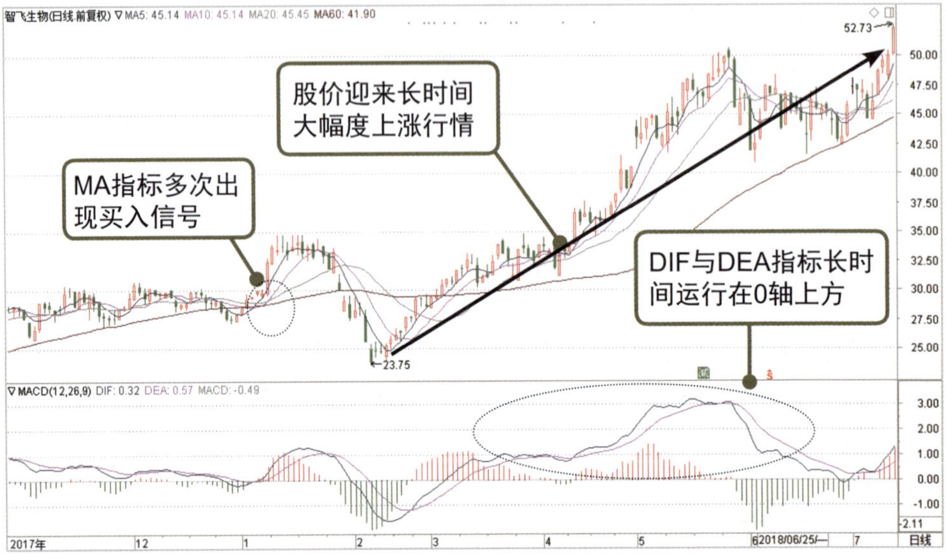

3. 高位金叉

高位金叉是指DIF曲线在0轴上方较远的位置向上穿破DEA曲线时形成的金叉，是股价继续上涨的信号。

DIF曲线和DEA曲线运行在0轴上方，表示市场正由多头主导，如果DIF曲线在0轴上方与DEA曲线形成金叉，表示股价刚经历了上涨过程中的一次小幅回调，在金叉形成后股价将继续上涨。

但需要注意的是，如果DIF和DEA在形成高位金叉以后，两条曲线并没有明显向上发展的趋势，而是交织前行并伴有向下的趋势，则是行情见顶的信号，股价在短时间内就可能转涨为跌，下跌速度可能会很快。

如果投资者见到这种情况，应及时出逃，早日落袋为安，切莫过多贪图收益而造成损失。

分析实例　建发股份（600153）——MACD高位金叉后继续上涨

下图所示为建发股份2014年8月至11月的日K线图。

从图中可以看出，该股经历了一段不错的上涨行情，股价从最低5.43元上涨到最高的8.13元。前期上涨速度较为缓慢，与后期相比基本算横向整理，但在后期的加速上涨过程中，有过一次快速的回调。

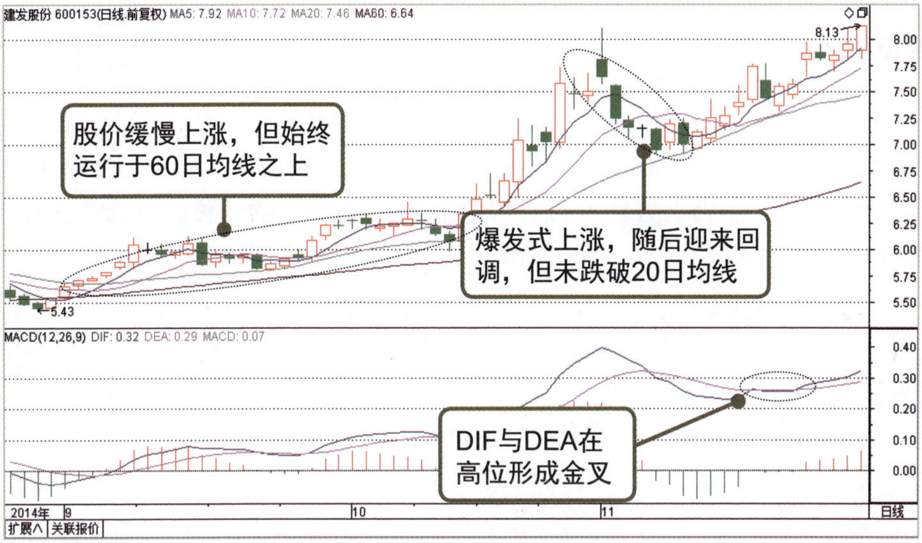

在这段时间里，DIF线和DEA线始终运行在0轴上方，这也证明了股价处于强势上涨行情中。在股价回调的时候，两条曲线曾经向下运行一段时间，但仍然保持在0轴上方的相对高位，并在11月下旬形成了不是很明显的金叉。

随后，两条曲线交织运行了一段时间，但并没有向下的趋势，此时股价也在缓慢上涨。待两曲线开始加速向上并超过0.5线时，股价加速上涨，直接冲到了11.72元的高位，创出历史新高，如下图所示。

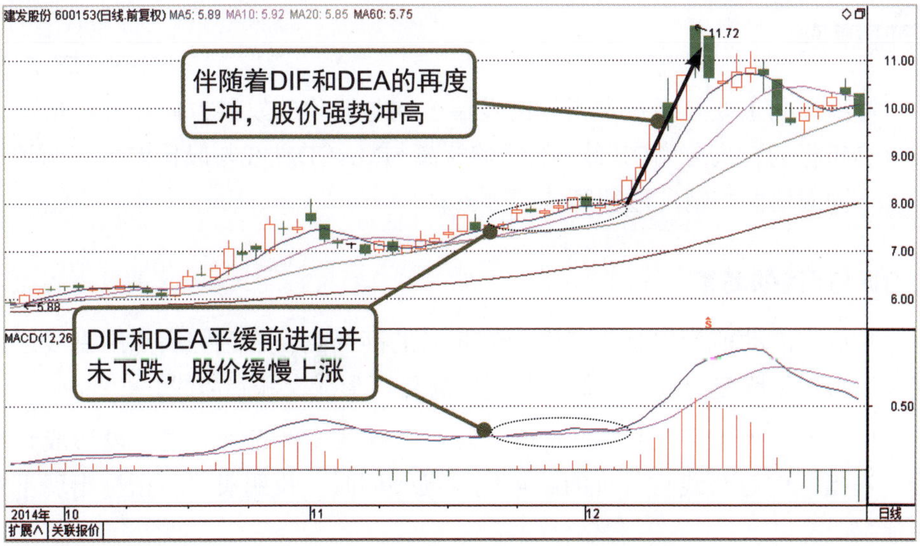

4.2.2
死叉原则

死叉原则与金叉原则相反，大多数情况下都是行情转弱的信号，但也需要根据其出现的位置与0轴的距离关系来采取相应的措施。与金叉原则相似，死叉也可能出现0轴上方的高位、0轴附近或0轴下方的低位，其操作要点如图4-6所示。

要点1 高位死叉

MACD的高位死叉一般出现在上涨行情的回调初期，如果死叉出现后没有下穿0轴，那么多会在较短的时间内重新回到上涨趋势中。当然，回调的过程也可能会很长，稳健型的投资者可以在高位死叉出现时卖出，在两线重新向上时再买进。

要点2 0轴附近的死叉

DIF线和DEA线在0轴附近时，表示多空双方正在激烈地角逐，行情并未明朗，此时的任何利好或利坏都可能让行情偏向某个方向运行，此时如果DIF线向下穿破DEA线形成死叉，那么股价多数都会向下运行，投资者应及时卖出。

要点3 低位死叉

DIF线和DEA线都在0轴下方的低位时，表示股价正处于下跌行情中，此时要形成死叉，一般都会有一波反弹行情，在反弹行情结束的时候才可能出现死叉，这是股价继续下跌的信号，投资者应及时卖出。

图4-6 MACD死叉的操作要点

4.2.3
背离原则

背离原则主要是指技术指标的发展方向与股价的发展方向相反的情况。MACD指标的背离分为DIF线与K线的背离与MACD柱线与股价的背离两种情况，下面对这两种情况进行简单的分析。

1. DIF与K线的背离

股价在波动前行中总会产生一些相对的高低点，将这些高点用直线连接就可以形成下跌趋势线；将低点相连接就可以形成上涨趋势线。

相同的，如果将DIF线的高点或低点用直接连接起来，也可以形成趋势线，当指标的趋势线与股价的趋势线方向不同时，说明股价与指标出现了背离情况。

DIF与股价的背离分为顶背离和底背离两种，当底背离出现时，视为买入信号的出现；当顶背离形成时，视为卖出信号的出现。

分析实例 汇川技术（300124）——DIF与股价的顶背离

下图所示为汇川技术2017年10月至2018年3月的日K线图。从图中的走势来看，在2017年11月至2018年2月这段时间里，其股价都保持在25～30元的区间内震荡，随后在2月后迎来一波快速上涨，股价达到35元附近。

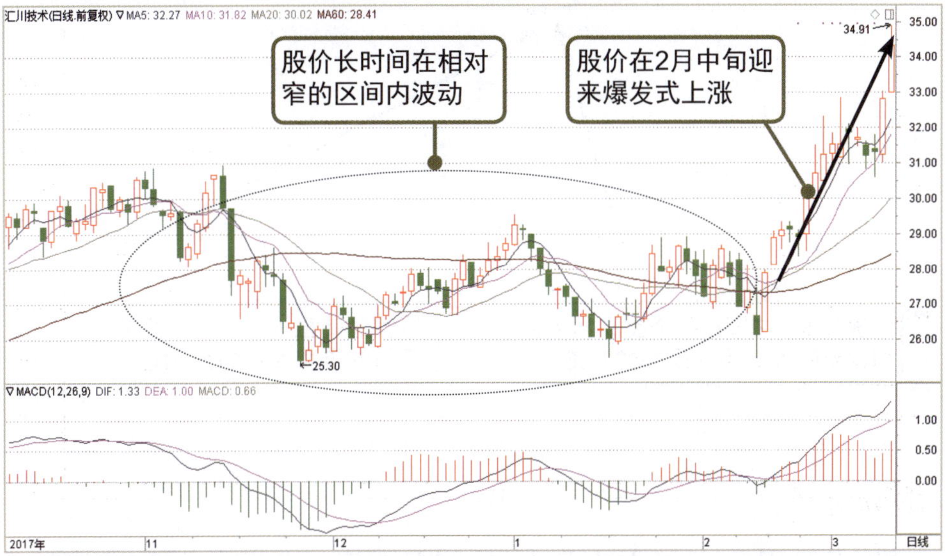

股价在到达35元上方后开始震荡，但股价仍在保持上涨，从高位的一条上涨趋势线来看，此时的DIF却处于下跌趋势中，与股价形成顶背离，如下图所示，由此可以推测，股价已经见顶，后市将迎来下跌，而其后期走势也证明了这点。

分析实例 沙隆达A（000553）——DIF与股价的底背离

下图所示为沙隆达A 2014年2月至6月的日K线图。从图中可以看出，该股急速冲高到14.6元附近后，又快速回落，再次回到11元的价位。

股价在11.21元和10.93元处形成了两个相对低位，根据这两点可以绘制出一条下跌趋势线，而此时的DIF却已经由下跌转为上涨，与股价形成底背离。由此可以推测，股价已经见底，后市将迎来上涨，而其后期走势也证明了这点，如下图所示。

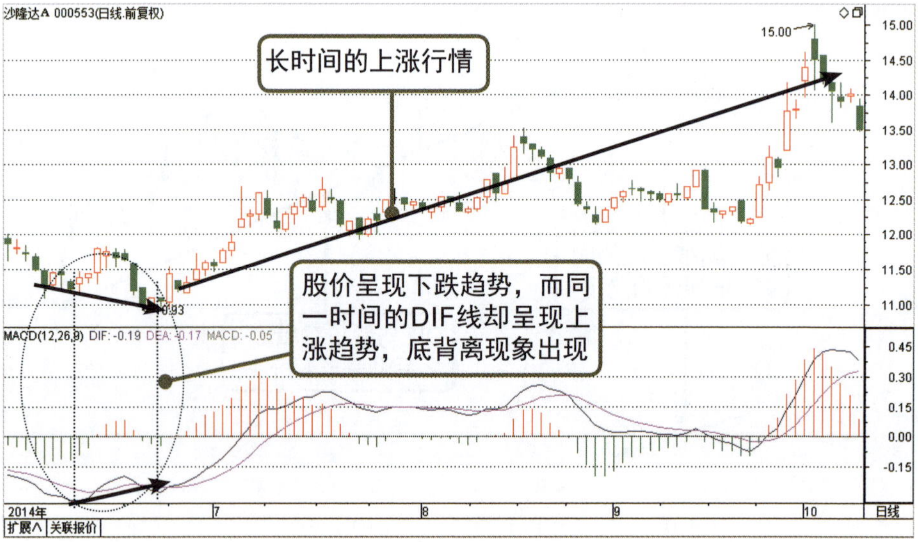

TIPS 二次、三次背离

在大盘并没有明显地表现出上涨或下跌行情时，可能出现二次背离甚至三次背离，即股价和DIF线在相同的时间创出3个或3个以上的相对高点（或低点），而这些高（低）点的连线都能让背离行情成立。一般情况下，背离的次数越多，后市的行情就越凶险。

2. MACD柱线与股价背离

在研究指标与股价背离的时候，MACD指标一般都是使用DIF线来判断的，其实使用MACD柱线，一样能判断行情的背离。

股价与MACD柱线的背离可分为顶背离和底背离两种，背离行情的操作方法与DIF线与股价背离的操作方法相似，即在顶背离时卖出，在底背离时买入，这里不再举例说明。

TIPS 背离位置对信号准确度的影响

在实战操作中，无论是顶背离还是底背离，它们出现的位置对发出的买卖信号的准确度都会有很大的影响。通常情况下，背离位置离0轴越近，其信号就越可靠；反之，背离位置离0轴越远，其信号就越不可靠。

4.2.4 0轴原则

0轴是MACD指标中的一个重要分界线，也是判断市场多空力量强弱的主要参考线。当DIF和DEA运行于0轴上方时，市场多方力量强于空方力量，股价处于上涨行情中；当DIF和DEA运行于0轴下方时，市场空方力量强于多方力量，股价处于下跌行情中；DIF和DEA在0轴附近波动时，股价一般都处于盘整时期。

根据以上信息，我们可以得出两个操作要点：当DIF由0轴下方上穿0轴并逐渐远离0轴时，行情转强，是买入信号；当DIF由0轴上方下穿0轴并逐渐远离0轴时，行情转弱，是卖出信号。

分析实例 汤臣倍健（300146）——DIF与DEA上穿0轴

下图所示为汤臣倍健2016年9月至2017年5月的日K线图。从图中60日均线的趋势可以清晰地看到该股处于长期下跌趋势中。

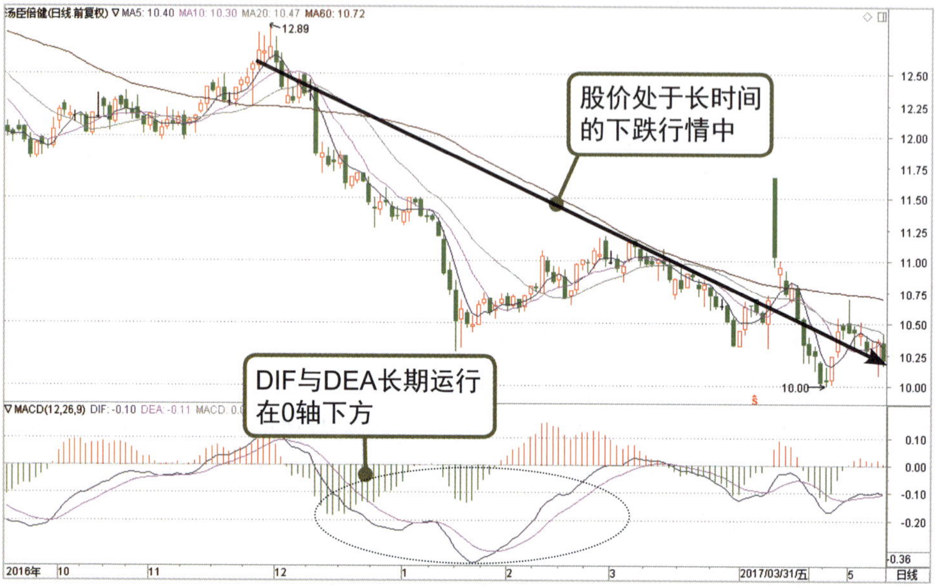

汤臣倍健在2016年12月左右股价创出12.89元的高点后，股价便一泻千里，进入长期的下跌。在下跌过程中，DIF与DEA长期处于0轴下方运行，空头趋势明显。

进入2017年5月之后，股价逐步见底，DIF与DEA开始向0轴靠拢，有再次试图上攻0轴的趋势。进入5月下旬，DIF与DEA成功上穿0轴，随后继续向上运行，带动股价持续走高，汤臣倍健进入超过一年内时间的上涨周期，如下图所示。

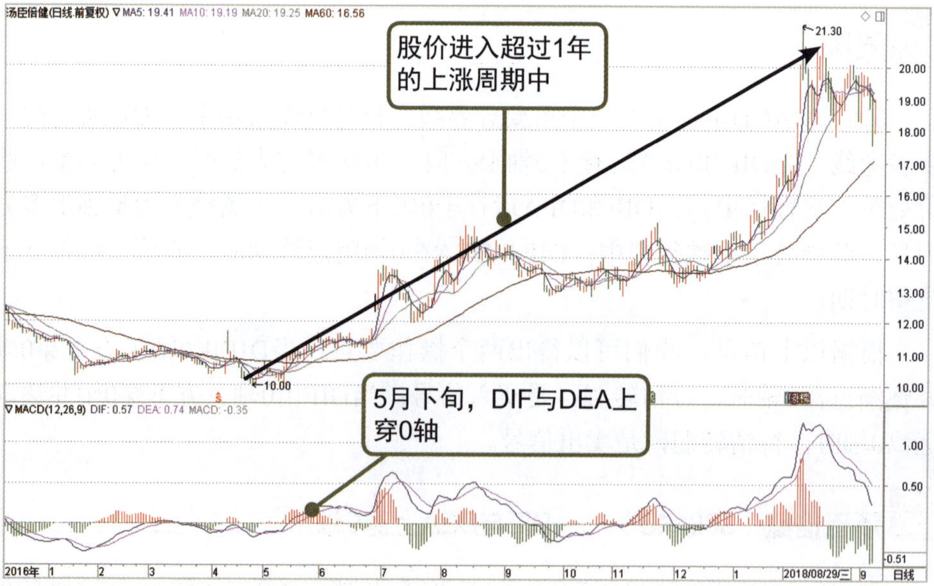

4.3 筹码分布与MACD的实战结合

MACD指标虽然可以单独用于预测行情发展并判断买卖时机，但其准确性也不是很高，如果与筹码分布相结合，那么其可信度就高得多。这主要是看MACD指标与股价形成背离时，筹码分布图的变化情况。

4.3.1 底背离和低位密集峰抓底

在股价下跌行情即将结束时，DIF往往会与股价形成底背离行情，此时筹码分布图中往往会在低位出现一些筹码，但高位仍会有大量被套筹码。

当DIF向上运行并与DEA形成金叉时，股价会产生一轮上涨，而此时会有大量套牢筹码在上涨中解套，使得股价上涨受阻，在K线图上的表现为上涨初期的回调确认。

与此同时，可以从筹码分布图中发现，大量高位筹码向低位转移，并在低位形成筹码密集峰，说明上涨动力已经蓄势完毕，后市必定有一波上涨行情。判断此类行情时，主要看如图4-7所示的几个方面。

看点1　股价应向上突破重要阻力位

在MACD与股价发生底背离时，上方仍会有大量的套牢筹码，形成一个重要阻力位。之后股价的上涨能否突破这个重要阻力位，将成为本观点能否成立的关键。如果股价顺利突破此阻力位，那么上涨行情就可能形成，否则后市仍将继续下跌。

看点2　回调确认的呈现方式很重要

筹码要从高位转移到低位并形成筹码峰，需要在一个较小的价格范围内有大量的成交，因此在上涨初期的回调通常以盘整形态呈现，且持续时间较长，以此来完成筹码从上向下的转移过程。

看点3　金叉的位置应在0轴附近

通常情况下，在股价开始由跌转涨时，MACD指标的两条曲线都会运行到0轴附近，DIF在0轴附近与DEA形成金叉时，是上涨动能开始聚集的标志。此时如果配合筹码分布图，当筹码分布图上显示此时股价穿破了低位密集峰，则是最佳的买入时机。

图4-7 底背离与筹码分布图结合的看点

分析实例　东方国信（300166）——MACD底背离与低位密集峰抓底

下图所示为东方国信2017年9月至2018年2月的日K线图，从图中可以看出东方国信的股价正处于下跌行情中，暂时无法预测底部。

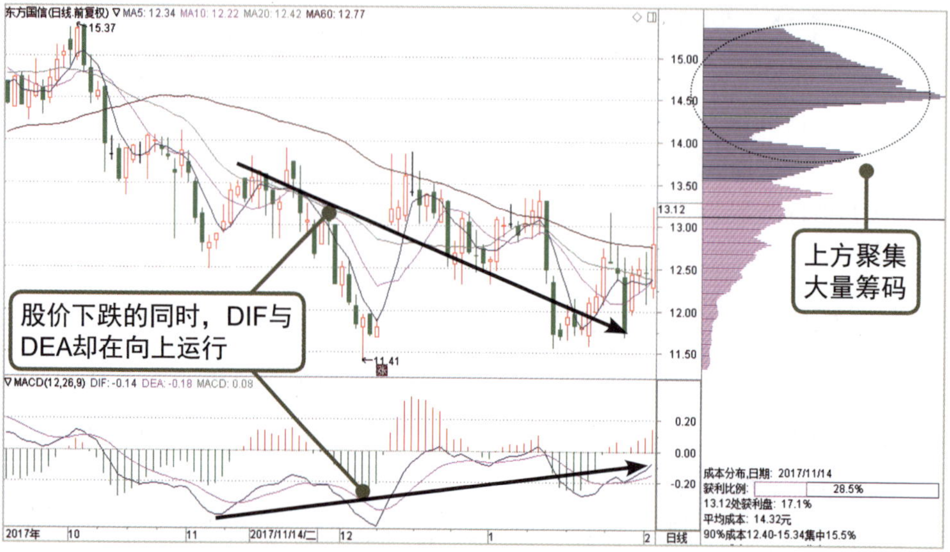

仔细观察东方国信的走势可以发现，当股价下跌至12元附近时总能得到支撑，反弹至13.5元时总会受到压力阻碍，当股价从13.5元上方下跌至11.5元附近时，DIF与DEA却是整体向上运行，股价与MACD出现了底背离。

再看此时的筹码，股价在下跌开始时，上方聚集了大量筹码，而在股价与MACD形成底背离时，上方筹码并未发生变化，直到DEA再次试图上穿0轴后，筹码开始向低位聚集，并有逐步形成低位筹码峰的趋势。

当DIF在0轴附近与DEA形成金叉时，股价突破了低位筹码区，迎来了一轮大涨行情，行情持续了近半年的时间，最高涨到10元左右，如下图所示。

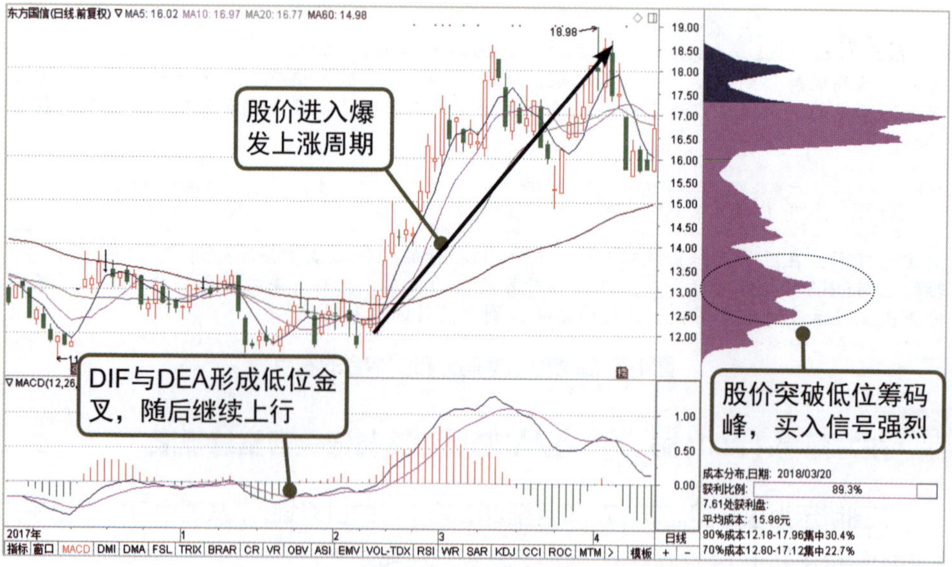

4.3.2 顶背离和高位密集峰抓顶

当股价上涨到一定高度后，上涨动力可能不足，此时MACD指标就可能向下调头，但同一时间的股价可能还处在上涨趋势中，因此形成了MACD与股价的顶背离，这一般是见顶信号。

如果此时高位聚集了大量筹码，甚至会有高位筹码峰出现，表示下跌动力已经聚集，行情可能立即转向。当股价转头向下时，之后可能出现两种走势，对应着不同的筹码分布。

1. 下跌走势的筹码分布

当股价在高位与MACD指标形成顶背离后，股价向下跌破前期形成的重要支撑位，直接走入下跌行情中。

这种情况下，高位将遗留很多被套牢的筹码，这些筹码多数是因为在下跌趋势形成之初还对后市抱有希望，未能及时出货，或者对后市看好，在高位追涨的筹码，这将成为以后上涨的重要阻力。

如图4-8所示为力源信息（300184）2018年1月至9月的日K线图。从图中可以看到，该股在2018年2月初从9.5元左右开始上涨，最高达到13.18元，随后高位震荡上扬，此时的DIF与DEA却开始下行，形成了背离。观察筹码分布发现，高位滞涨使得许多筹码贪图股价继续上涨，因而锁定了大量的筹码在高位。

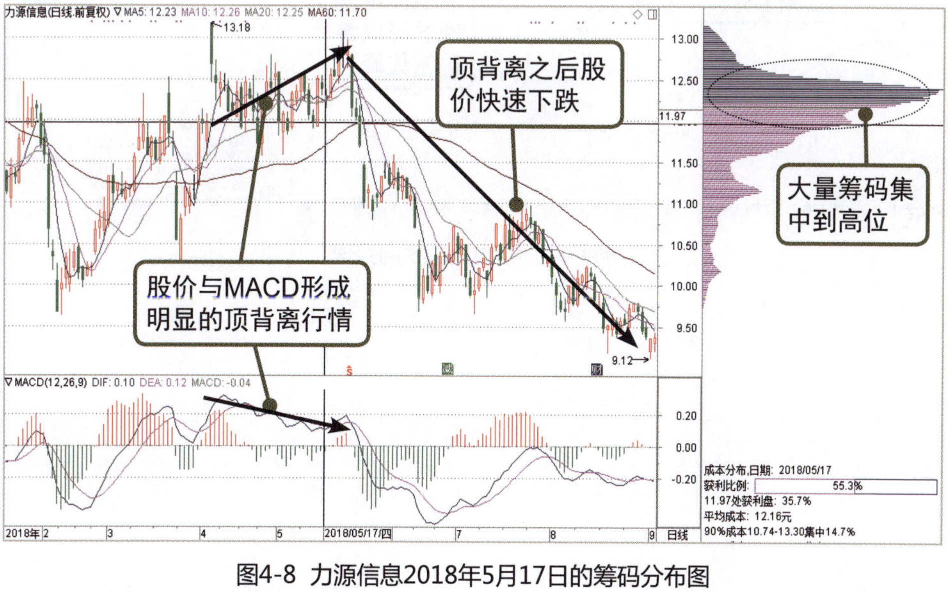

图4-8 力源信息2018年5月17日的筹码分布图

股价上涨到高位受阻后，出现一次小的回调，但随后再次冲高，而此时的MACD指标却已处在下跌趋势中，与股价走势形成顶背离，随后股价急转直下。

2. 横盘走势的筹码分布

当股价与MACD指标形成顶背离后，股价也可能不会立即下跌，而是会进行一段时间的横向整理。在整理过程中，大量筹码会集中到整理区间，形成筹码密集区，随后再根据行情选择走势。

如图4-9中所示为美亚柏科（300188）2018年3月至9月的日K线图。从图中可以看到，该股前期处于上涨趋势中，在20元附近受阻，随后展开高位震荡，在震荡过程中形成了顶背离。经过长期的震荡之后，股价最终突破整理区，再创新高。

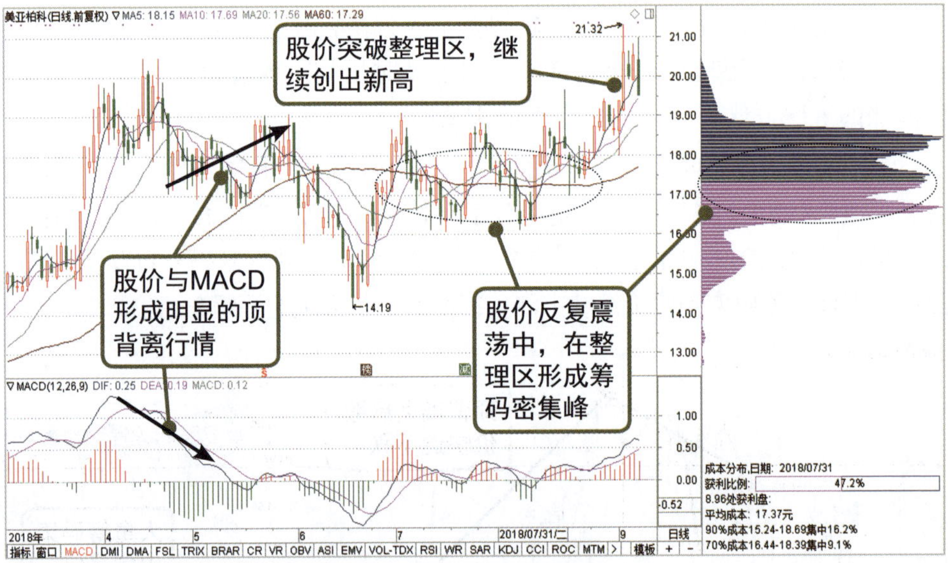

图4-9 顶背离后的横向整理

筹码分布与波浪理论的综合应用

波浪理论是股票技术分析中具有实战价值的一个理论，对股票行情的把握也非常准确。但很多投资者在使用波浪理论时却得不到想要的结果，这是因为波浪理论有其复杂的地方，如果借助筹码来判断波浪，则会更加准确。

5.1 波浪理论基础概述

波浪理论是股票市场最常用的一个技术分析理论，它可以准确地描述股价在波动前行中的规律。为了更好地帮助投资者将波浪理论与筹码分布结合起来，我们先来对波浪理论进行一个大致的了解。

5.1.1 什么是波浪理论

20世纪30年代，拉尔夫·纳尔逊·艾略特发现股票价格的发展以可识别的模式运动和反转，他辨认出这些模式在形态上不断重复，但并不一定在时间上或幅度上重复。

艾略特分离出了13种这样的价格运动模式，他给各种模式分别命名，逐个定义，分别图解，并解释它们是如何连接在一起，并形成更大的变体，以及它们是如何依次相连形成大一级的相同模式，从而产生结构化的价格行进。艾略特称这种模式为波浪理论。

波浪理论认为，每个市场决定不仅产生于某个信息，同时也会产生某个信息。每笔交易在成为一种结果的同时，也在向各个投资者传播交易数据，加入到其他投资者行为的原因链中。

市场有其自身的规律，它不会被某人在日常生活经验中习惯的线性因果关系所驱动。市场也不是一部有节奏的机器，它的运动反映了各种形态的重复，这种重复既独立于假定的因果关系事件，也独立于周期。

市场的行进在波浪中展开，各个波浪是有向运动的模式，更确切地说，波浪是任何一种自然发生的模式。

5.1.2 了解波浪的基本形态

波浪理论应用在股票市场中有一个基本的形态，即一个完整的8浪循环，由上升5浪和下跌3浪组成。

8个波浪通用的命名方式为浪1（启动浪）、浪2（首次调整浪）、浪3（发展浪）、浪4（二次调整浪）、浪5（冲高浪）、浪A（首次下跌浪）、浪B（反弹浪）和浪C（二次下跌浪），如图5-1所示。

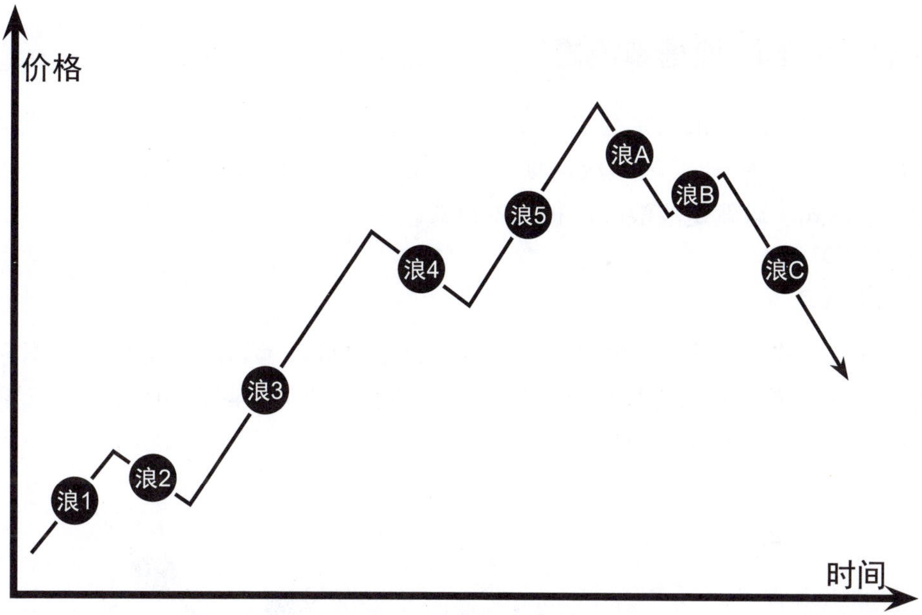

图5-1 波浪的基本形态

在实际的K线图中，划分出来的波浪形态通常都没有那么标准，如图5-2所示。

图5-2 K线图中的波浪基本形态

5.1.3
认识波浪的两种基本模式

一个完整的波浪周期包含了上升与下跌的两个阶段。在波浪的基本形态中，上升阶段由5段波浪组成，称为五浪模式；下跌阶段由3段波浪组成，称为三浪模式，这就是波浪的两种基本模式。

1. 五浪模式

五浪模式由上升阶段中的5个小浪组成，通常表示为浪1～浪5。如图5-3所示，五浪模式的趋势与整个行情的大趋势是一致的，起推动作用，推动股价向大一级波浪的方向运行。

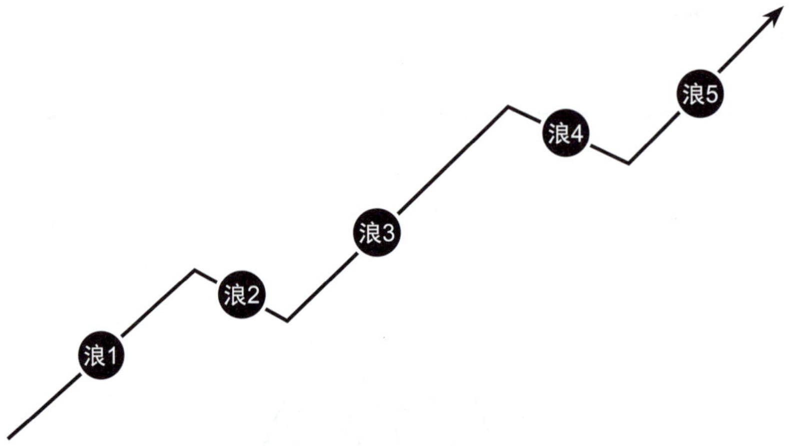

图5-3 驱动浪的5浪模式

在五浪模式中，浪1、浪3、浪5这3个浪为上升趋势中的顺势推动浪，是真正影响股价发展方向的3个浪。

浪2和浪4两个浪为上升趋势中的浪1和浪3的逆势调整浪。对于将要发生的行情，这两个逆势调整浪是必不可少的，因为股价不可能一味地上涨，也需要有逆势的调整为后期的继续上涨积蓄力量。

如图5-4所示为福建高速（600033）2016年2月至2017年12月的日K线图，从图中可以明显地看到一个波浪循环中的上升五浪模式，其中浪3出现了延长（图中的实线五浪），即在浪3中存在次一级的浪①、浪②、浪③、浪④、浪⑤。

图5-4 个股K线图中的五浪模式

艾略特总结了五浪模式中的3个永恒之处，如图5-5所示。

- 浪2永远不会运动到低于浪1的起点。
- 浪3永远不是最短的一浪。
- 浪4永远不会低于浪1的顶部。

图5-5 五浪模式中的3个永恒之处

五浪模式中各小浪的意义如图5-6所示。

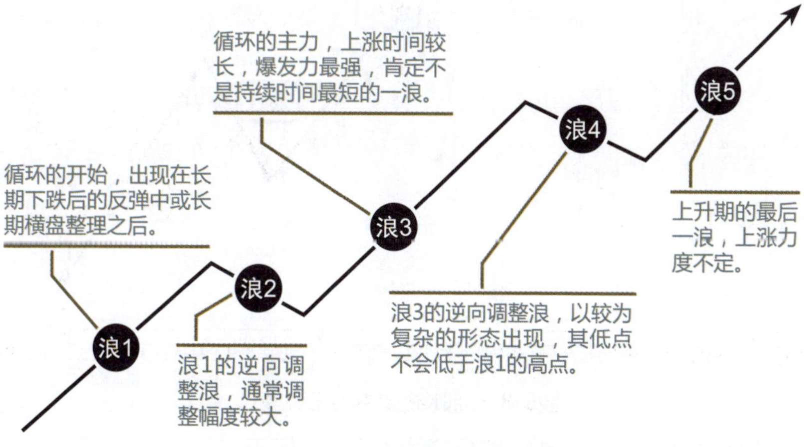

图5-6 五浪模式中各小浪的意义

2. 三浪模式

三浪模式由下跌阶段中的3个小浪组成，通常表示为浪A、浪B和浪C。如图5-7所示，三浪模式的趋势与整个行情的大趋势是相反的，起调整作用，将股价拉回正常价位，为后市的发展积蓄力量。

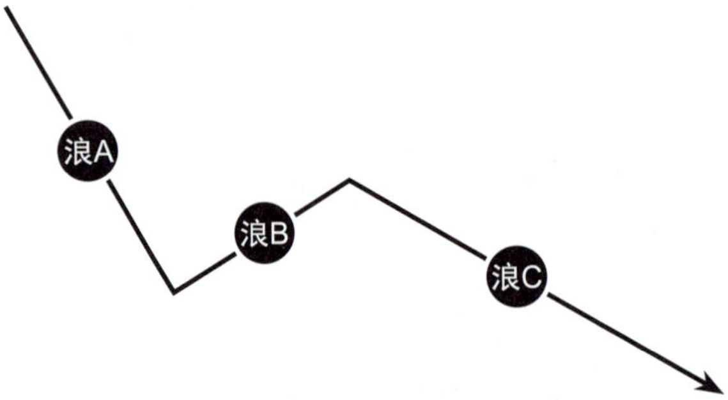

图5-7 调整浪的三浪模式

在三浪模式中，浪A和浪C是下跌趋势中的顺势推动浪，浪B的反弹是对浪A下跌的一个逆势调整，因此在波浪理论中，不是所有的推动浪都是向上的，也不是所有的调整浪都是向下的。

从图5-8中可以明显地看出一个完整的波浪循环周期，2018年2月7日作为一个分水岭，其右侧是一个典型的三浪模式。

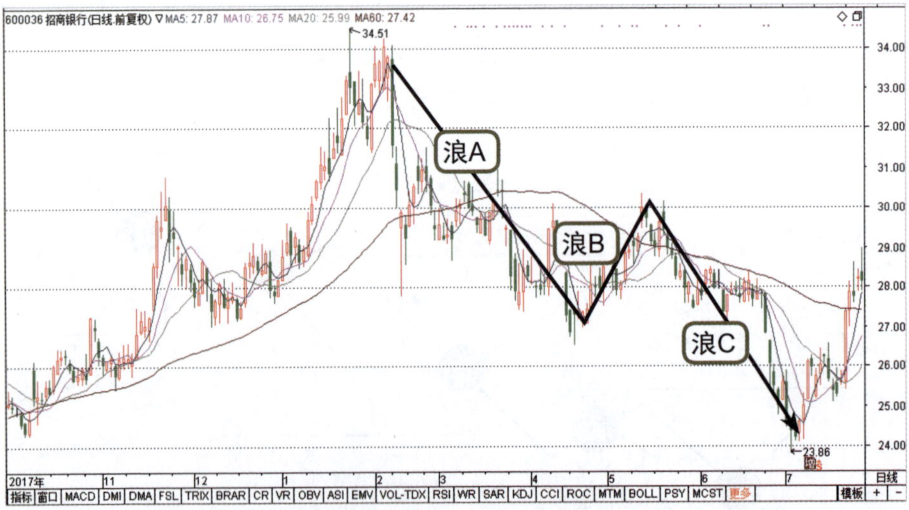

图5-8 个股K线图中的三浪模式

在三浪模式中，各小浪的简单意义如图5-9所示。

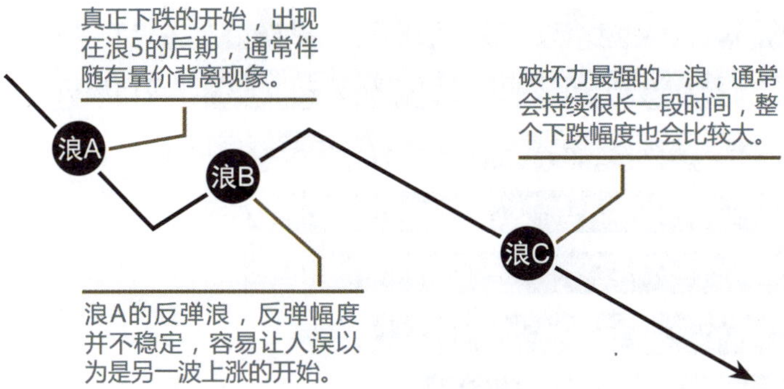

图5-9 三浪模式中各小浪的简单意义

5.1.4

波浪的等级划分

在讲解波浪的基本形态时，讲解的波浪都是理想状态下的波动形态，而在实际的K线图中，股价的波浪形态远没有这么标准。

K线图中的每一个波浪均属于较大一级波浪的一部分，这就是“浪中有浪”说法的来源，即一个大波浪总是由多个次一级的小波浪组成，而多个小波浪可以组成一个高一级的大波浪。

但无论波浪如何组成，都会遵循基本的三浪或五浪模式。图5-10所示的第三浪就是由次一级的多个波浪组成。

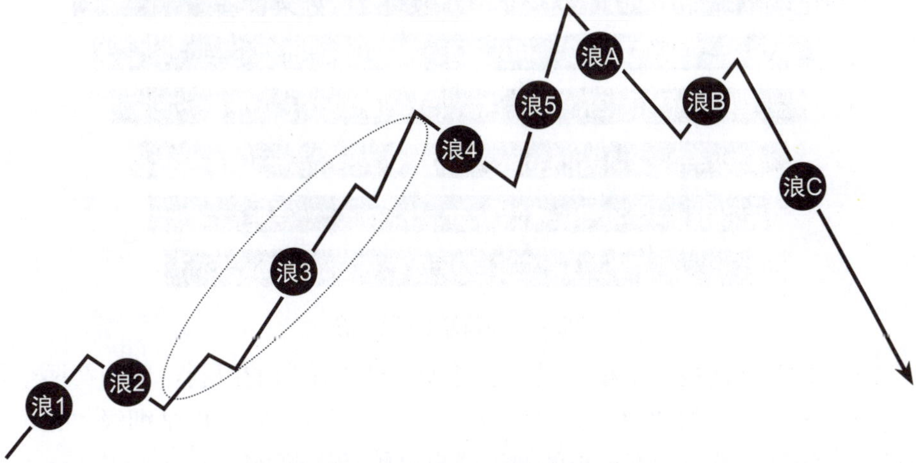

图5-10 大浪中含小浪示意图

艾略特在波浪理论中将股市运动中的波浪级数分为九级，从大到小排列如图5-11所示。

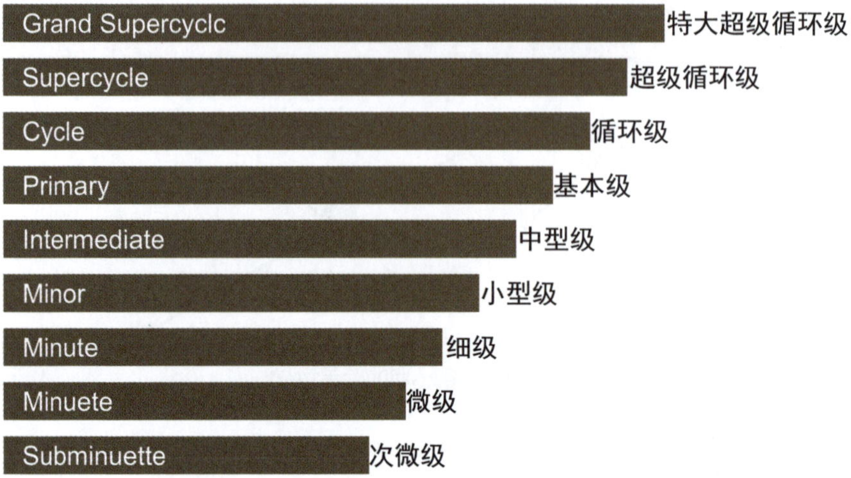

图5-11 波浪理论的中波浪的9个等级

无论波浪等级的大小，其构成方式基本都是相同的，分析方法也非常相似，为了掌握波动原理，需要了解波浪的标记符号及标记方法。通常情况下，九级波浪的标记都采用以下的标记方法，如图5-12所示。

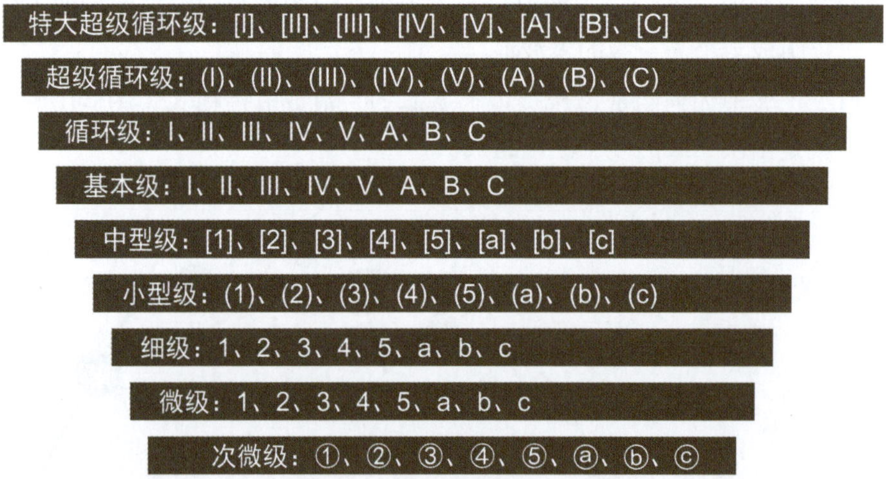

图5-12 波浪的标记方法

波浪的等级只是一个相对概念，并没有什么绝对的限制，例如在两个月之内形成一个完整的波浪，如果你仅分析这一部分，它可以是细级，也可以是微级，如果它下面没有再小的波浪，也可以是次微级。

5.1.5
波浪的特征

波浪理论在股市中应用非常广泛，对市场的预测也是比较准确的，但准确的前提是你能正确地识别波浪，这就需要了解波浪的特征。这里，我们将一个完整的波浪循环中每一个小浪的特征列举出来，以方便读者查阅。

1. 第1浪：启动浪，循环的开始

第1浪是整个波浪的开始，也是最难分辨的一浪。波浪循环开始时，通常大多数投资者并不会立即意识到上升波段已经开始。因而在实际走势中，大约半数以上的第1浪属于筑底形态的一部分。

由于第1浪一般产生于空头市场的末期，此时，市场上的空头气氛以及习惯于空头市场操作的手法还没有改变，因此，跟随着属于筑底类型的第1浪而出现的第2浪的下调幅度，通常都较大。

如图5-13所示为中信证券（600030）2017年4月至2018年3月的日K线图，从图中可以看出一个波浪周期的上升5浪。

图5-13 K线图中的浪1

2017年5月11日，股价创出14.5的新低这是上一轮下跌三浪的结束。随后股价开始缓慢上升，并在15元附近震荡了一段时间，这是上升1浪开始的标

志，股价在低位开始筑底。

浪1最高上涨到17.08元，随后回调至16元附近，回调幅度较大，但是距离浪1的起点仍有较大的距离。

2. 第2浪：调整浪，上冲力量的汇聚

在实际走势中，很多时候第2浪的调整幅度较大，这主要是因为市场人士常常误以为这是熊市尚未结束导致的下跌。

第2浪的特点是成交量逐渐萎缩，波动幅度渐渐变窄，反映出抛盘压力逐渐衰竭，经常出现如头肩底、双底等传统图形中的转向形态。

如图5-14所示为*ST中葡（600084）2016年1月至2017年3月的日K线图，这里包含了一个完整的上升5浪。

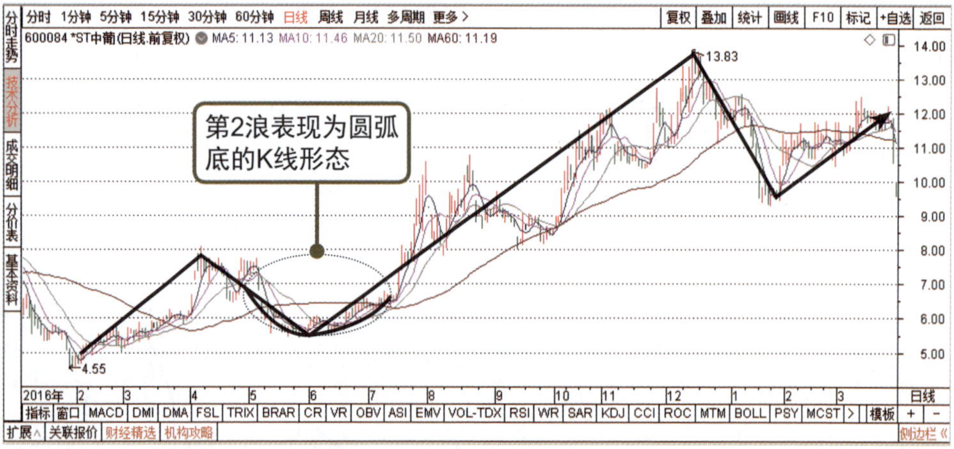

图5-14 K线图中的浪2

从图5-14中可以看出，在创出4.55元的新低后，股价迎来第一波反弹，随后在8元附近遇阻展开调整，此次调整的时间和周期较长，K线在完整的走出一个圆弧底形态之后才宣告调整结束。

从第2浪的调整过程来看，股价从8元回踩到6元左右得到支撑，距离第1浪上涨起点已经非常接近，第2浪回踩幅度越大，另一方面也能说明第3浪的涨幅越大。

*ST中葡在第2浪调整蓄势结束后，股价一鼓作气从6元左右上涨到13元上方，涨幅超过100%，也印证了前面的看法，第2浪调整幅度越大后市涨幅越大，但前提是不能低于第1浪的起点。

3. 第3浪：主升浪，绝不会最短

第3浪在绝大多数走势中，属于主升段的一浪，通常都是最具有爆炸性的一浪，大多数情况下，它具有以下几个特点。

- 第3浪的运行时间通常会是整个循环浪中最长的一浪，其上升的空间和幅度也会很大。
- 第3浪经常会发展成一涨再涨的延升浪。
- 第3浪的成交量急剧放大，体现出具有上升潜力的量能。
- 第3浪在运行过程中，经常会出现向上跳空缺口。

如图5-15所示为招商银行（600036）2017年4月至2018年2月的日K线图。从下图中招商银行的走势来看，其股价正处于一个上升的周期中。

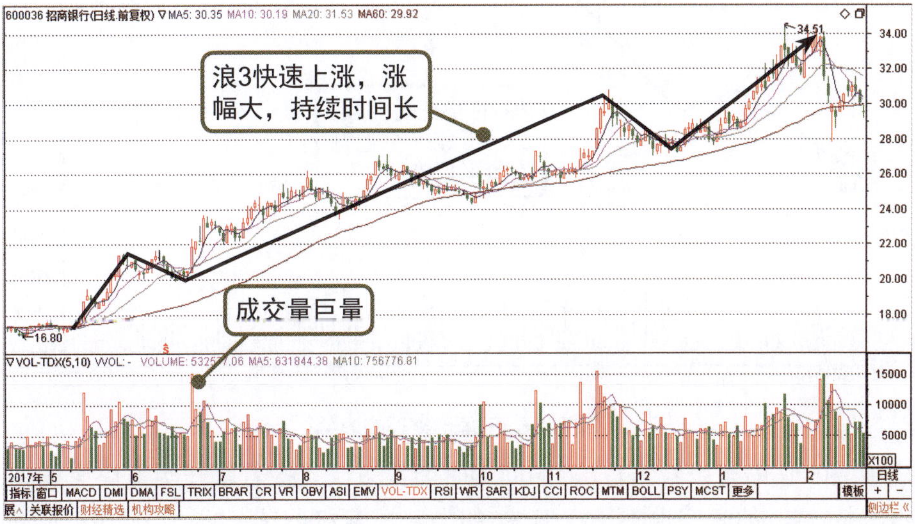

图5-15 涨势最强的浪3

从图5-15中可以看出，浪1和浪2的持续时间都比较短，在浪2阶段呈现出缩量下跌的态势，这是在为浪3的上涨做准备。

从2017年6月22日开始，股价巨量收出大阳线拉升股价开启下一轮上涨，股价从20元左右最高拉升到30元附近，并且伴随着成交量的不断放大，这是大多数浪3的一个最主要特征——放量上攻。

这里的浪3中包含了一个5浪模式，更加加强了浪3的上涨力度。

4. 第4浪：再次回调浪，绝不会低于浪1的顶点

第4浪出现在浪3的大幅上涨之后，是对浪3的一次回调加固。第4浪通常以三角形整理形态出现，而这种形态的主要特点是结束点，很难预测。但是第4浪有一个非常重要的特点，也是其成为第4浪的最主要依据，那就是它回调的低点绝对不能低于浪1的高点。

如图5-16所示为*ST华赛（000068）2014年6月至2015年1月的日K线图，图中展示了一个并不完全的波浪周期，但浪4是非常明显的。

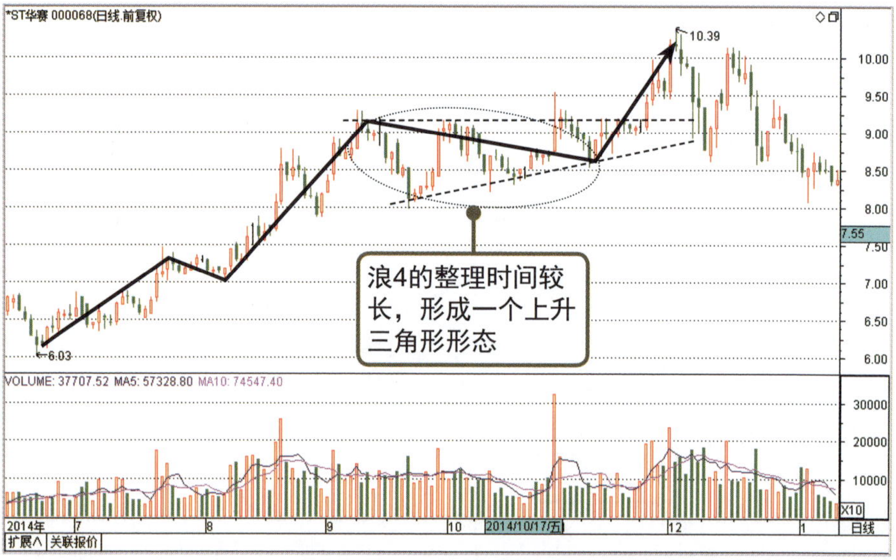

图5-16 三角形整理的浪4

从图5-16中可以看出，浪2的回调时间很短，紧接着就开始了快速拉高的浪3。浪3持续的时间也不长，但浪3的上涨幅度却是最大的，股价从7元附近上冲到9元以上。

随后开始了浪4的整理，在这个波浪循环中，是一个漫长的过程。浪4维持在8～9.5元之间波动，但每次回调的低点在不断上升，而反弹的高点却并没有向上冲，这就形成了一个典型的上升三角形形态。

浪4持续了一个多月的时间，在这期间股价并没有起色，但也没有大幅向下，而这一时段的成交量也在不断萎缩。在这种情况下，股价并没有集聚到太多的能量，这就使得浪5的上冲并不是很理想。

5. 第5浪：最后冲高浪，常以失败告终

第5浪是三大推动浪之一，但其涨幅在大多数情况下要比浪3小。浪5的特点是市场人气较为高涨，这时往往乐观情绪充斥着整个市场。

但从浪5完成的形态和幅度来看，经常会以失败的形态而告终。在浪5的运行过程中，一些普通个股往往普遍上升，升幅极其可观，偏偏是平时关注较多的一些蓝筹股，反而不会有太大的上涨。

如图5-17所示为东方航空（600115）2017年9月至2018年3月的日K线图，图中展示了一个失败的浪5。

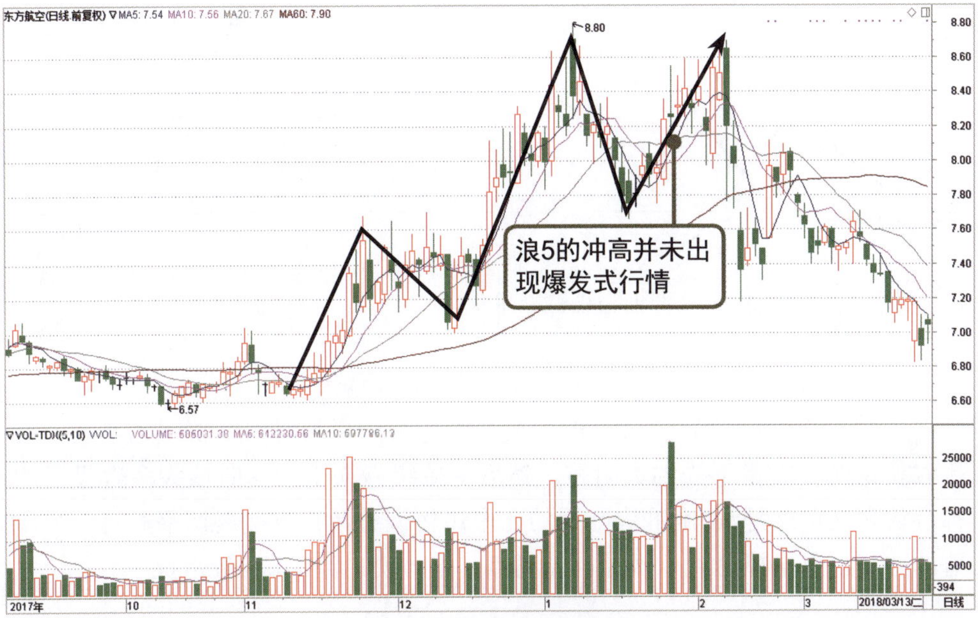

图5-17 失败的浪5

从图5-17中可以看出，浪1和浪2的持续时间都很短，随后开始了快速拉升的浪3，股价从7元附近最高上涨到最高的8.8元，可谓涨幅惊人。

浪4的回调呈现缩量下跌的形态，回调时间很短，量能未能聚集，这也预示着浪5不可能有太大的作为。果然，在浪4短暂的回调后，浪5开始了。

一个放量上冲后，股价开始走平，连续几天都是小幅上涨，但成交量却有放量的态势，这是主力在高位出货的表现。股价在顶部有第二次冲高的态势，但由于成交量没有很好地配合，使得冲高失败，最终进入下跌行情中，结束了浪5。

6. 浪A：下跌第1浪，来势汹汹

浪A的出现是紧随着浪5而产生的，很多时候，市场上大多数投资者会认为升势仍未逆转，只看为一个短暂的调整。但是浪A来势汹汹，一般最初几个交易日会出现大跌。

如图5-18所示为重庆啤酒（600132）2018年2月至9月的日K线图。

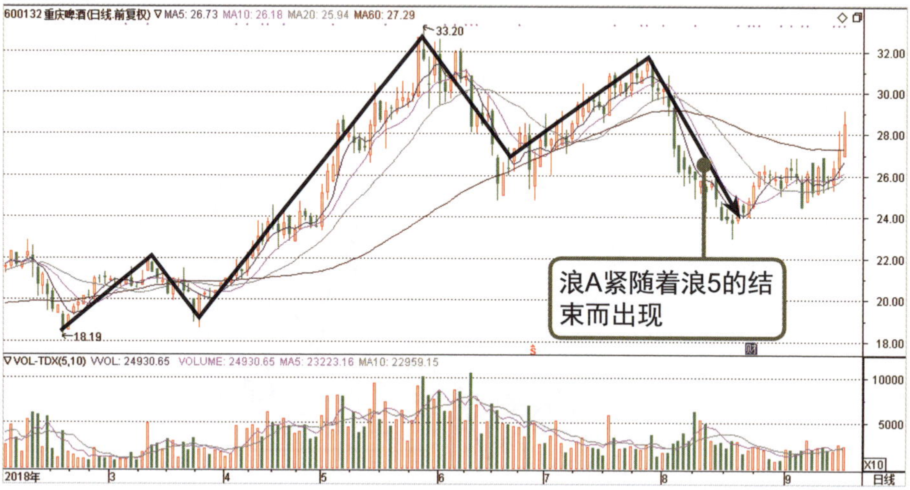

图5-18 浪A在无声无息中开始

从图5-18中可以看出，浪5的上冲并没有持续多长时间，幅度也不大，紧接着就是两根缩量下跌的大阴线，然后开始缓慢向下。这时候大多数投资者都会认为这可能是浪5上冲失败后的一个短暂调整，直到缓慢调整后有一个短暂的冲高，但未能达到上次冲高的高点，这才明白浪B都已经形成了。

7. 浪B：下跌反弹浪，常呈现出整理形态

浪B的上升常常是多方的“单相思”，升势较为情绪化，这主要是市场上大多数投资者仍未从牛市冲天的行情中醒悟过来，还以为上升走势尚未结束。

从成交量上看，浪B上升过程中，成交量稀疏，出现明显的量价背离现象，上升量能已接济不上。

如图5-19所示为西宁特钢（600117）2014年10月至2015年1月的日K线图，这是一个微级波浪循环。

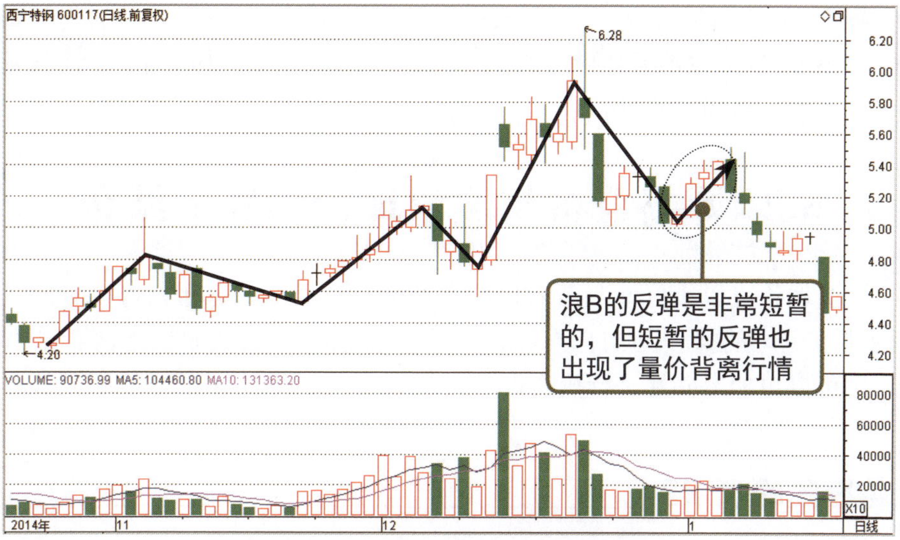

图5-19 浪B的反弹出现量价背离现象

从图5-19中可以看出，浪A结束后立即开始了浪B的反弹，但反弹行情仅仅持续了3个交易日，且成交量并没有很好地配合，浪B很快就结束了。

8. 浪C：循环最后一浪，下跌时间和幅度都是最大的

B浪的完成使许多市场人士醒悟，一轮多头行情已经结束，期望继续上涨的希望彻底破灭。大多数人的割肉使得股价一再低落，持续了很长一段时间，这就是浪C。

如图5-20所示为亚星客车（600213）2009年1月至2013年6月的日K线图，这是一个超大循环级的波浪。

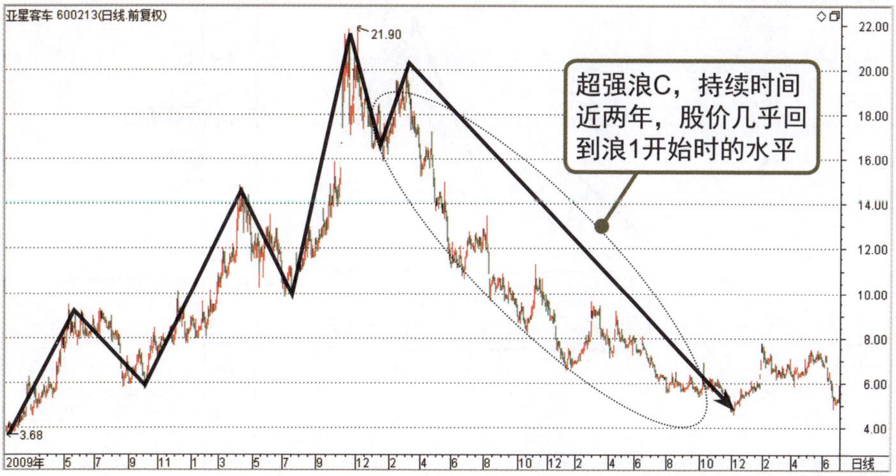

图5-20 持续时间和下跌幅度惊人的浪C

从图5-20中可以看出，浪B的反弹并没有持续多长的时间，随后就开始了浪C。浪C在整个波浪循环中持续时间是最长的，股价从19元附近回到5元附近，接近浪1开始时的价格。

5.2 筹码分布与波浪理论的实战结合

波浪理论可以很好地判断股价的大体趋势，而筹码分布则可以看出在当前趋势下主力的操作动向，与波浪理论是相辅相成的，如果把两者结合起来，则可以更加准确地进行操作。

5.2.1 低位密集峰抓浪3

一般情况下，浪3都是整个波浪循环中上涨幅度最大的一浪，如果投资者能准确地抓住浪3，把握良好，必定会有所收获。

当浪2结束，浪3启动的时候，筹码分布图中通常会在低位出现筹码密集峰，同时股价会在60日均线上方向下回落，但在均线附近会受到支撑，这是浪3开始的两个重要特征。

分析实例 上海贝岭（600171）——用筹码分布抓浪3

下图所示为上海贝岭2017年4月至2018年3月的日K线图。在这段时间内，上海贝岭股价走出一个周期较短的上升5浪，在浪2结束以后，筹码形成低位密集峰。

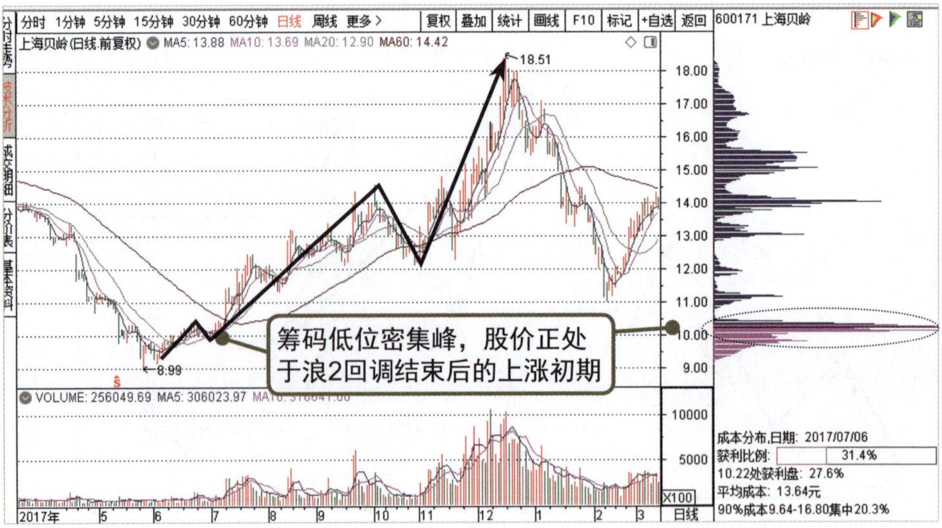

随后7月10日，该股放量涨停突破60日均线后进入短暂的回调并受到10日均线支撑，同时筹码在11元附近出现密集峰，而下方浪2位置的密集峰锁定良好，此时就视为一个买入点，如果能把握时机在此处买入，虽然不会享受整个浪3的上涨过程，但也必定会有所收获，如下图所示。

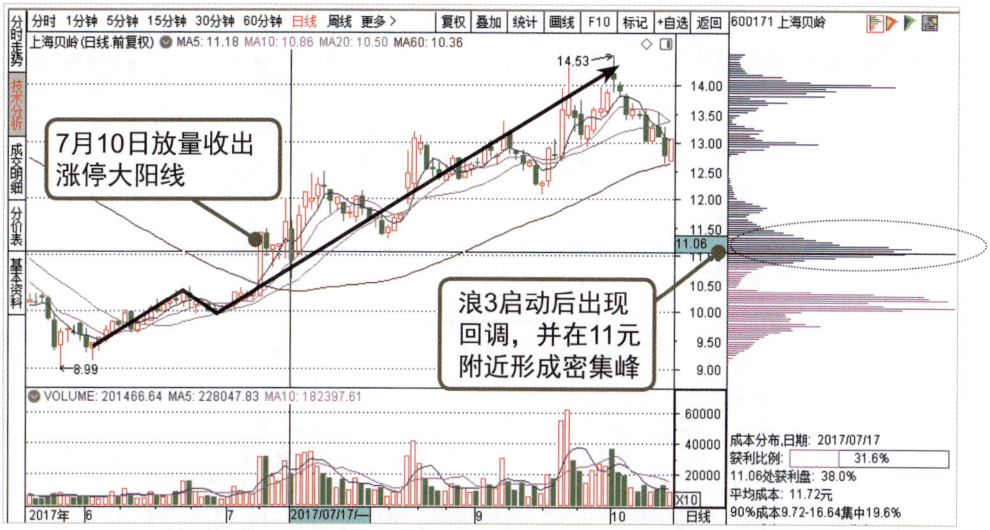

TIPS *注意区分浪3子浪和浪4*

浪3的持续时间通常都会较长，而在浪3上涨的过程中，常常会出现很多延长的子浪。很多投资者很难分辨一些回调的浪到底是浪3的子浪还是浪4，容易在浪3子浪时出手，从而错过了浪3的最高峰。

为了避免发生这种情况，可以借助MACD指标中的DIF线来辅助判断。如果DIF，回到0轴附近，则可认为浪3已经结束，浪4开始；如果DIF没有回到0轴附近，则当前的回调为浪3的子浪。

5.2.2

高位密集峰抓浪5

浪5是五浪模式中的最后一个上冲浪，在浪4调整的末期，如果上涨动力较强，浪5的表现将会很好。

在浪5开始的时候，股价通常会呈现出持续动荡的走势，甚至这种走势可能持续很长一段时间，而在筹码分布图上，往往会形成高位密集峰。把握好这两个特征也就比较容易抓住最后的冲高浪了。

分析实例 绿景控股（000502）——用筹码分布抓浪5

下图所示为绿景控股2014年1月至2015年1月的日K线图。在经过浪3的上冲后，股价在10.8元附近受到阻力，开始进入浪4的回调，整个回调过程中呈现出旗形整理形态。

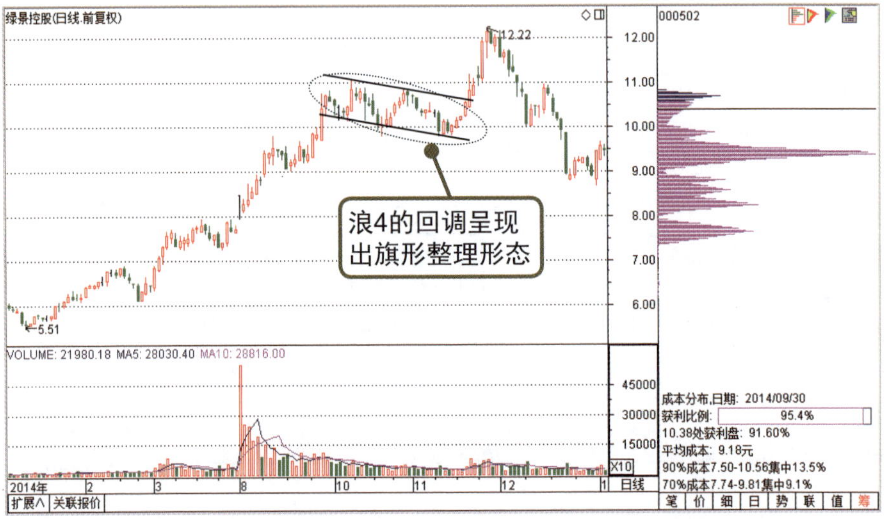

在浪4的整理过程中，筹码不断向高位转移，并在10.5元附近形成高位密集峰。这意味着上涨动能正在不断聚集，浪5还有一定的上冲空间。当股价向上突破整理形态的上边线时，就是最后的买入时机，如下图所示。

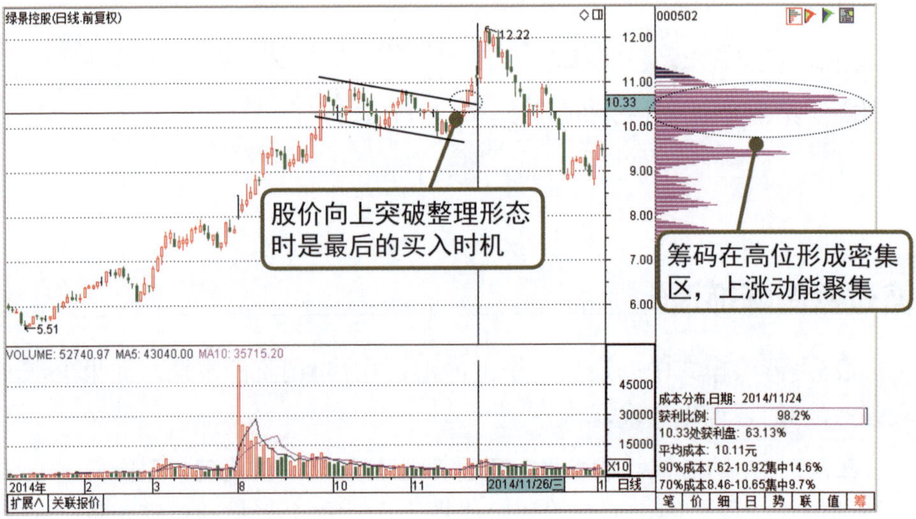

在实战操作中，要利用筹码分布图更好地把握最后上冲的浪5，需要注意以下几个方面。

- ◆ **MACD的指示作用**：一般情况下，浪5开始的时候，DIF线会回到0轴附近，不能在0轴下方运行太长的时间，MACD柱线与股价出现底背离走势。如果这些情况出现，并且MACD指标在0轴附近形成金叉，则表示浪5已经开始。
- ◆ **浪4回调的形态**：浪4的回调一般以整理形态出现，如果浪4以横向整理，甚至缓慢向上发展的形态展开，则表明上涨动能非常强烈，浪5将会有一波不错的表现。
- ◆ **浪5的不确定性**：与浪3相比，浪5的不确定性很大，既有可能涨幅很大，出现延伸，也有可能不再创出新高（失败的浪5），投资者在实际操作中一定要严格控制风险。

5.2.3 高位密集峰逃浪C

浪C是最多投资者恐惧的一浪，下跌持续时间长，跌幅深是其最主要的两个特征，如果浪C来临时，投资者还持有大量的股票，则被套牢的风险是非常大的。

浪B的后期，如果股价再次向上但无法创出新高，在高位滞涨，而筹码分布图上也出现高位密集峰，则表示市场下跌动能已经很强，一旦股价向下跌破重要支撑位，就意味着浪C已经开始。

在实际操作中，为了更加准确地把握浪C，投资者可结合MACD指标和股价的形态来分析。

- ◆ **与MACD结合**：在浪B末期，MACD指标中的柱线常与股价形成顶背离走势，此时一旦MACD指标再现死叉，就表示下跌动能强劲，浪C已经开始，投资者应尽快离场。
- ◆ **与走势形态结合**：浪C开始时，股价将跌破前期的重要支撑线，这时常会形成头肩顶形态，一旦股价跌破头肩顶形态的颈线，就是最后的出逃机会。

分析实例 美都能源（600175）——用筹码分布逃浪C

下图所示为美都能源2017年7月至2018年9月的日K线图，从图中可以看到进入2017年12月之后，股价经过浪A的快速下跌，随后展开了浪B的反弹。

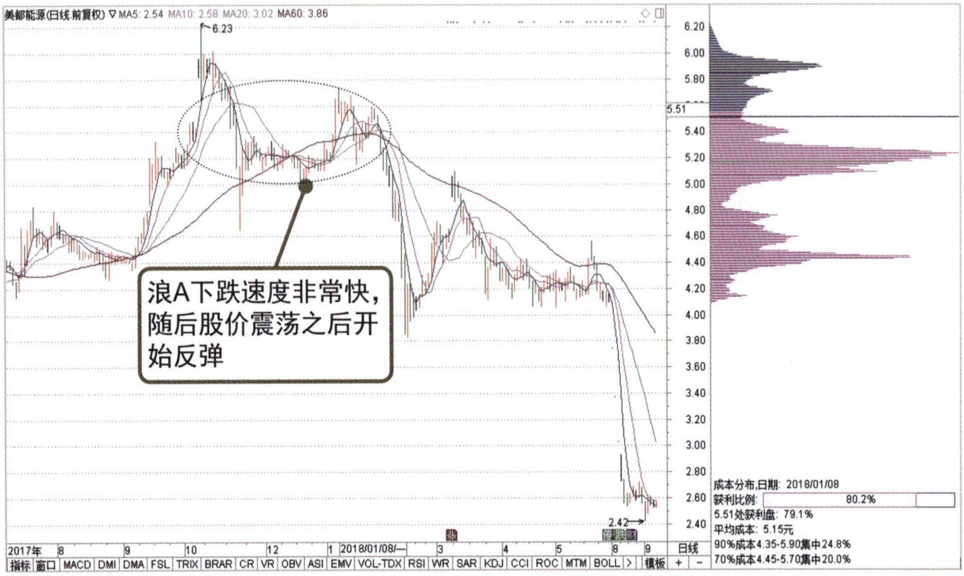

浪B的反弹相对于浪A的下跌是缓和的，在浪B反弹的末期出现了高位滞涨的情况，此时筹码开始在相对高位集中并形成密集区，随后股价快速向下跌破此密集区，浪C正式开始，如下图所示。

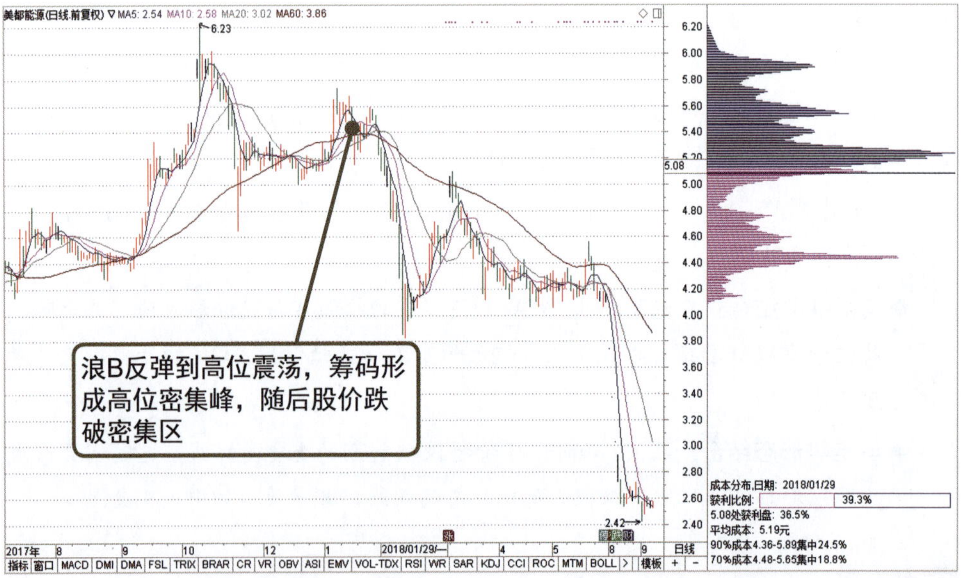

根据筹码分布识别主力动向

主力通常是指股票市场中具有大量资金、可以左右某只股票发展方向的投资者。我们在讲解筹码分布图的功能时就已提到，通过筹码分布图可以判断主力的真正意图，但那里只是简单地介绍，这里将详细分析如何通过筹码分布识别主力的动向。

6.1 跟庄之前先识庄

“跟庄”是指股票市场中的一种操作手法，表示跟随主力操作，以获得投资收益。要想正确跟庄，首先要了解主力的种类，熟悉主力的坐庄过程及主力操盘的特点。

6.1.1 主力的种类

“主力”一词来源于赌博游戏，用来指那些具有大量资金，可以通过其优势地位来影响赌局输赢的人。沿用到股票市场中，是指那些资金力量强大，操作手法娴熟，可以左右股价发展方向的个人或机构。

主力也是投资者中的一员，只是比普通投资者（散户）具有更多的资金和更好的操作技巧，因此把他们称为主力。

主力按照不同的标准，可以分为不同的类型。

1. 按资金和技术实力分

股票市场中的主力也会有强弱之分，根据主力所拥有的资金和技术实力，可将主力分为强庄和弱庄两种，如图6-1所示。

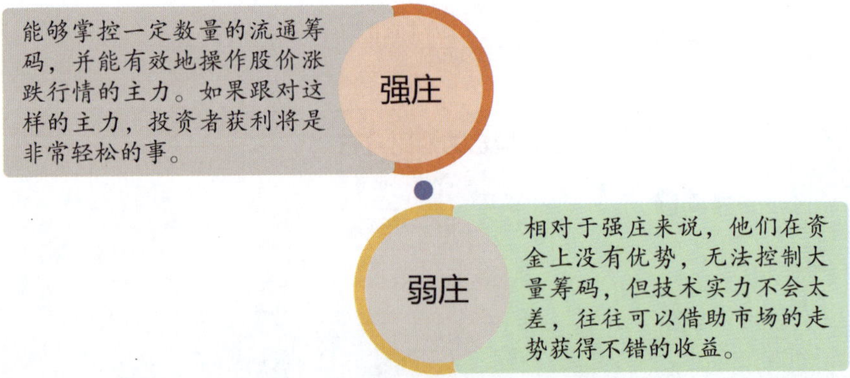

图6-1 按资金和技术实力划分的主力类型

2. 按操作手法分

主力在坐庄某只股票时，会采取一些手段来拉升股价，从而获得较高的收益，根据主力操作手法不同，可将主力分为顺势拉升庄和逆市拉升庄两种，如图6-2所示。

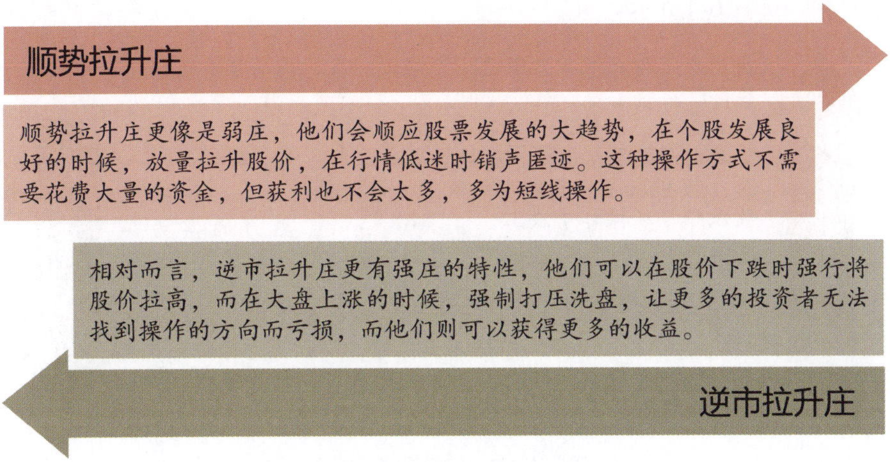

图6-2 顺势拉升庄与逆市拉升庄

3. 按操盘时间分

主力坐庄某只股票，不可能一直都操作这只股票，他们会根据行情和自身情况，确定坐庄的时间。根据主力操作某只股票的时间长短，可将主力分为短线庄、中线庄和长线庄3种，如图6-3所示。

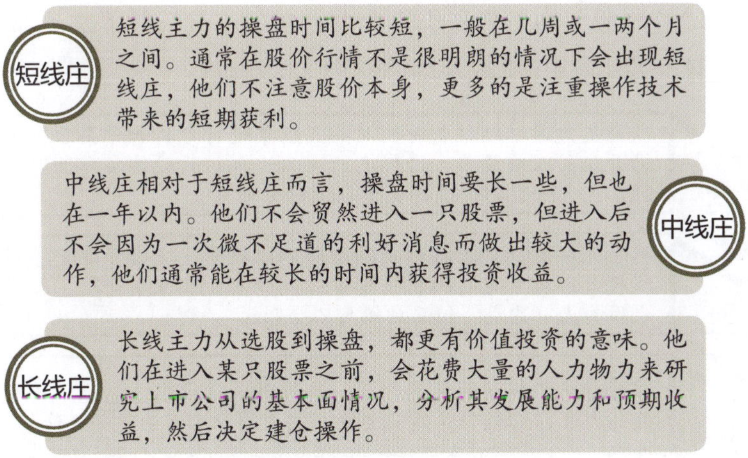

图6-3 主力按操作时间划分的种类

4. 按获得情况划分

主力操作股票通常都会获得不错的收益，但也会出现看错行情，被套牢的情况。根据主力坐庄某只股票的过程是否获利，可将主力分为获利庄和套牢庄两种，如图6-4所示。

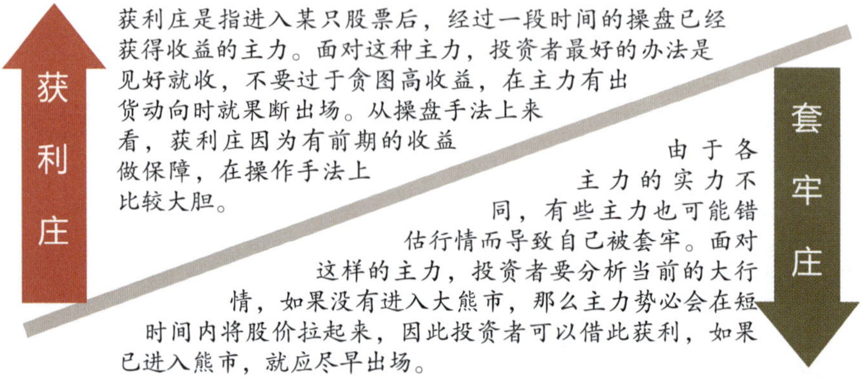

图6-4 主力按获利情况分类

6.1.2
主力的坐庄过程

了解主力的种类，对跟庄的帮助并不大，如果想跟庄获利，还需了解主力的坐庄过程。

散户是被动地靠股价上涨来赚取价差，而主力一般具有雄厚的资金实力，可以主动控制股票的走势和价格。主力在坐庄某只股票时，都会经历建仓、洗盘、拉升和出货4个阶段，如图6-5所示。

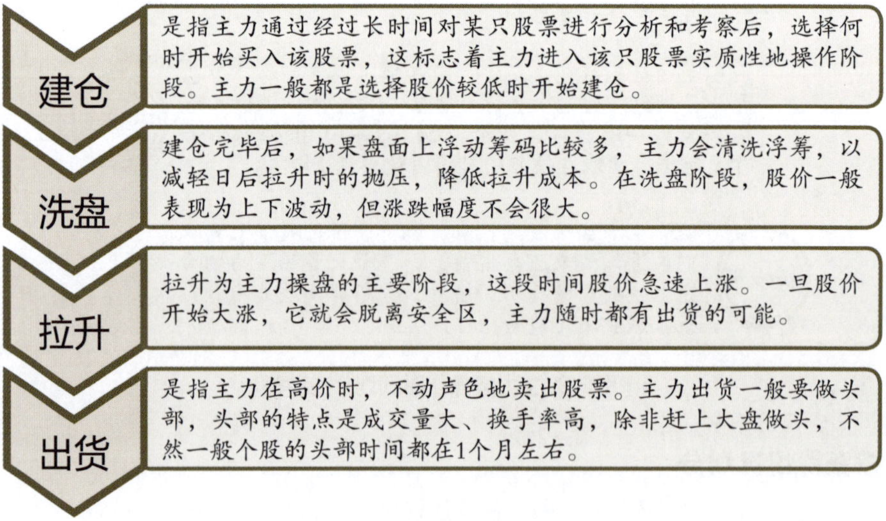

图6-5 主力坐庄过程示意图

6.1.3

主力的操盘特点

了解主力坐庄的过程，只是为跟庄打下了一个基础，知道了我们应该在主力建仓阶段跟进，在主力出货之前离开，借助主力拉升来获取利益，但要真正用在操作中，还必须要了解主力操盘的特点。

1. 长时间操盘

主力在建仓完成后，会有一个长期的操作计划，在股价未达到预期价位之前，是不会轻易放弃的。但在长期的操盘过程中，为了响应市场波动变化的特点，主力会采取不同的手段使股价出现大幅度变动。

投资者只要认定了当前股票是有主力在操作，跟庄过程就不能因为短期的上涨而抛出，或因为短时间的下跌而割肉，只要大盘指数未出现重大转变，主力一般都会继续操作，投资者也应该跟随主力的步伐，积攒收益。

分析实例 深康佳A（000016）——主力长时间控盘

下图是深康佳A在2016年12月至2017年11月的日K线图。从图中可以看到，深康佳A的股价长期在4.2～4.6元区间横向震荡，长期的低位震荡导致筹码在低位形成密集峰，意味着这个阶段内的市场筹码成本集中在4.4元上下。

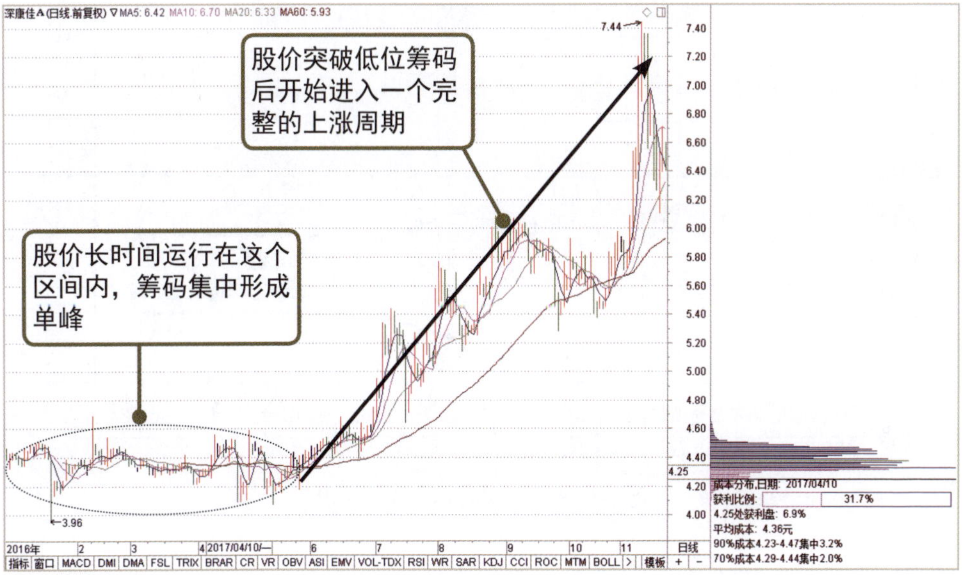

如何判断主力长时间控盘呢？主要是通过筹码的集中程度来判断，同时还可以通过股票交易活跃度，即成交量来判断，另外还可以通过K线的形态来看，如果K线长期呈现实体较小的阴线或阳线，意味着股价波动较小，而同期大盘指数若出现较大幅度波动，则说明该股中有强有力的主力在进行控盘，同时多数筹码都集中在主力手中，才能避免股价受大盘指数波动的影响。

2. 刻意掩饰真正操作意图

股票市场就是一个经济战场，主力为了获得收益，在坐庄某只股票的过程中，绝对不会太过明显地暴露自己的操作意图，只有这样才能不给聪明的散户或其他主力提供跟庄或出逃的机会。

既然主力刻意掩饰，那么投资者想要发现主力的坐庄行为，就必须用心判断主力的心理。通常投资者可以通过股票成交量的变化来发现主力的行为，如突然放大的天量、持续下跌的地量、经常出现的暴量等，这些都是主力诱导普通投资者做出错误判断的行为。

如图6-6所示为钱江摩托（000913）在2014年8月至2015年5月的日K线图。从图中可以看到，在2014年12月初股价有短暂的冲高，然后开始回调，但从成交量上可以明显地看出，在股价回调的阶段，成交量明显萎缩，这是主力洗盘的表现，后市会有较大的涨幅。

图6-6 主力明着打压，实则洗盘

3. 刻意制造多空陷阱

制造多空陷阱是主力惯用的手法，他们在准备拉升某只股票的时候，建仓过程中会有多重陷阱，刻意制造股价将要下跌的假象，将意志不坚定的散户清理出场，主力则借此机会在低位大量收集廉价筹码。

如图6-7所示为中成股份（000151）2017年11月至2018年6月的日K线图。从图中可以看到，股价在2018年2月之前都处于小幅下跌中，在2月前后其股价更是加速下跌，但是在下跌过程中我们可以看到，2月1日当天股价大跌9.83%，逼近跌停，但是当天的换手率仅仅2%左右，相较于前期并未明显增加。

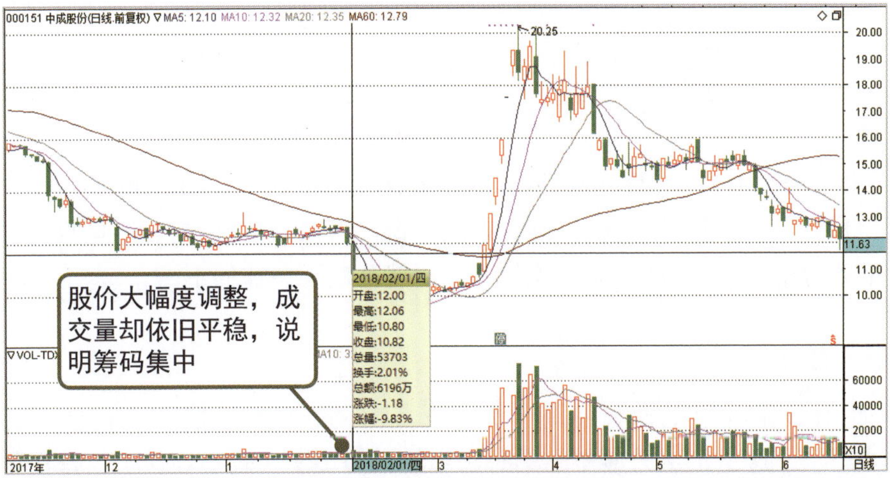

图6-7 主力制造空头陷阱以吸筹

2月1日的股价大跌并未引发筹码集中抛售的风险，成交量和换手率都处于正常水平，说明该股大量筹码都集中在主力手中，主力配合大盘或其他利空因素打压股价从而制造空头陷阱，股价在经过短暂下跌后快速反弹，更是在6个交易日里连续涨停。如果投资者在这种“下跌”趋势下急于割肉卖出股票，将会错过后期强势的翻倍上涨行情。

以上说的是空头陷阱，多用在主力建仓和洗盘阶段，而多头陷阱则多用在主力出货阶段。

当股价拉升到一定高度后，必然会出现见顶回落的趋势，主力会依靠他们强大的资金力量，强行改变这种趋势，使大量散户认为股价还未见顶，甚至还有继续上涨的可能，诱使更多的散户在高位跟进。

图6-8所示为恒立实业（000622）的日K线图，该股在2014年12月以前绝大多数都是收于阳线，上涨趋势非常明显，行情一片大好。

图6-8 主力制造多头陷阱快速出货

可是谁也不曾想到，就在这连续上涨的大好行情下，却隐藏了巨大的危机。11月28日，股价以一根涨停大阳线收盘，而12月1日，却以巨量收出一根大阴线，把前一天的涨势完全吃掉，随后就开始了急速的下滑。

4. 轮番炒作

轮番炒作是指主力利用资金优势，一次又一次地让股价创出新高，如图6-9所示，这也是主力炒作股票时常用的一种手法（轮番炒作不仅是在某一只股票上，也可能是在多只股票上进行）。

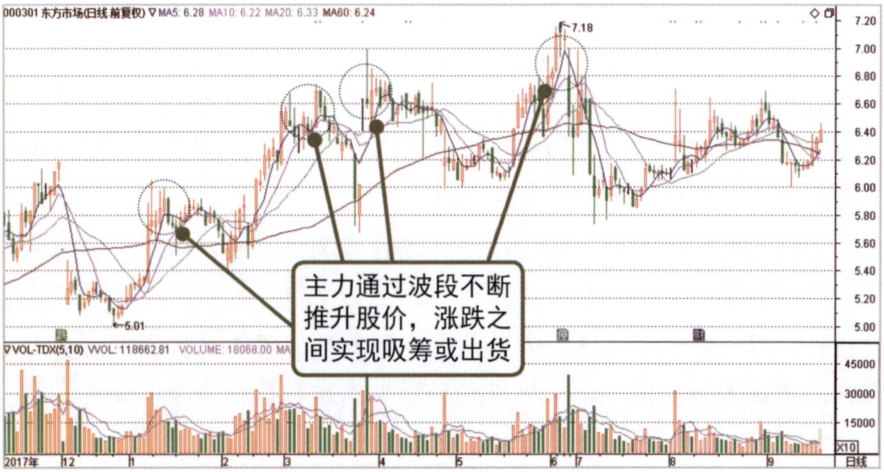

图6-9 主力资金对某只股票的轮番炒作

从图6-9中可以看出，该股进入上涨趋势以后，主力一直大力关注该股，在半年时间内，轮番炒作4次，使股价一步步稳定向上发展。

6.2 认识主力筹码和主力成本

主力很多时候也可以认为是主力筹码，主力筹码与主力成本在一定程度上可以说是同一个概念。通过筹码分布图可以判断出主力操作一只股票所处的阶段，然后找到合适的买卖时机。

6.2.1 监测主力筹码的3个关键点

正确把握主力动向，可以提前做出操作决策，避免投资损失。准确把握主力动向的前提是监测主力筹码变化，而在实际操作中，监测主力筹码有一个原则和两种方法，它们是监测主力筹码的3个关键点。

1. 监测主力筹码的原理

市场中的投资者大致可分为主力和散户两大类，而一只股票的筹码就是由主力筹码和散户筹码构成的，因此监测主力筹码，既可以直接监测，也可以通过监测散户筹码来间接监测。

要监测主力筹码，首先必须要总结出主力筹码的诸多特征，然后在市场中逐一对比，最终锁定主力筹码。但这种方法的成功率并不高，因为主力筹码的特征是在快速变化的，主力为了防止散户的追踪，他们可能将自己的筹码分成很多份，故意误导散户的判断。因此，从散户筹码着手，反过来追踪主力筹码的成功率相对较高，因为散户的持股特征基本是不变的。

散户的主要心理特征是“追涨杀跌”，他们往往会在股价上涨到一定程度时买入，也会在股价下跌了一定幅度后卖出。大多数情况下，有70%的散户会在浮盈10%左右时卖出股票，只有少数人会等到浮盈20%左右时卖出股票，能等到浮盈30%以上再卖出股票的，基本都是主力了。因此，如果有筹码在面对30%以上的浮盈仍未出局的，这些筹码基本上都是主力筹码。

分析实例 徐工机械（000425）——监测主力筹码

下图所示为徐工机械2017年8月至2018年4月的日K线图，从图中可看到该股在3.6～3.8元的区间内波动了超过4个月，筹码在3.8元附近形成低位密集筹码单峰。

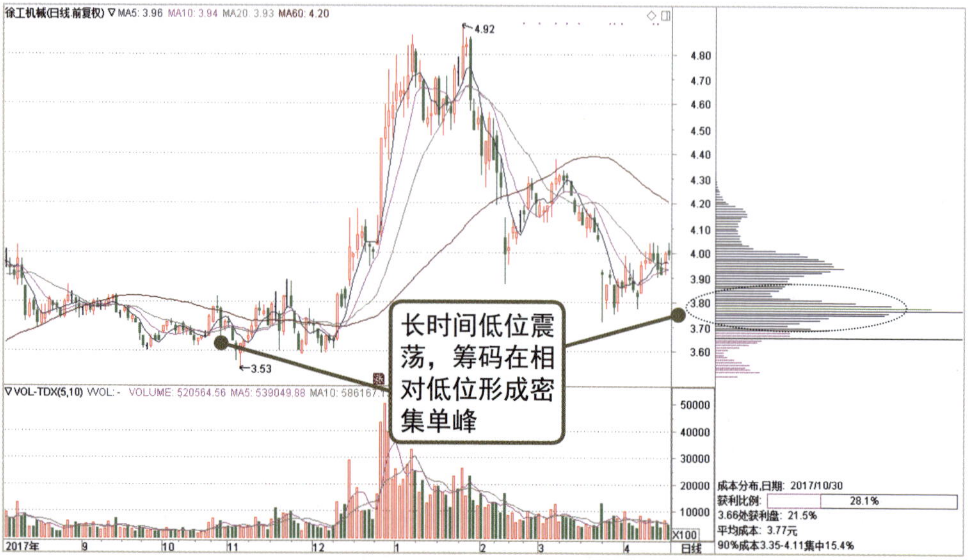

从筹码的分布可以确切地看到此阶段内的市场筹码成本主要集中在3.8元左右，随后在2018年1月前后，其股价开始快速上涨，在一个多月的时间里，股价从3.6元左右上涨接近5元，短期涨幅超过40%，但是随着股价的上涨，其在3.8元左右的低位筹码仍然保持良好，如下图所示。

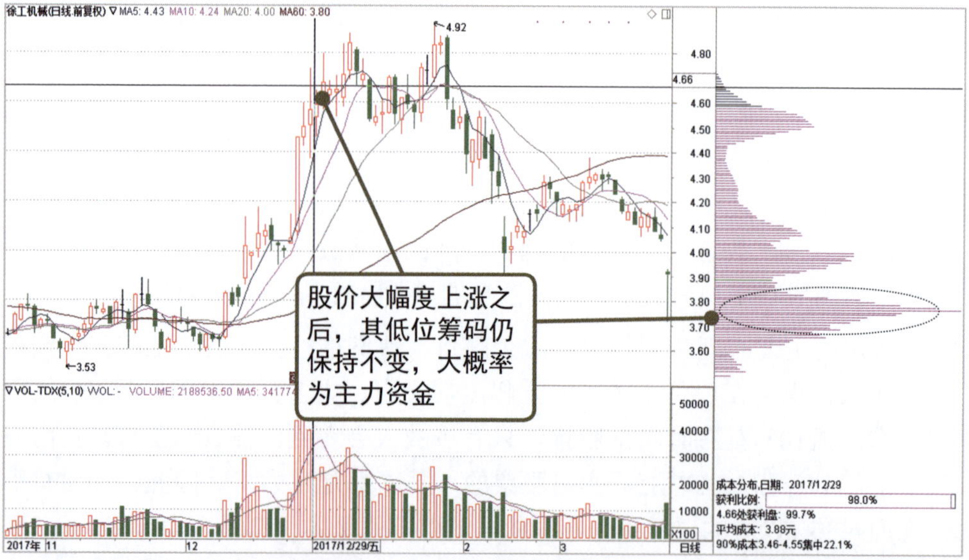

对于成本为3.8元的筹码而言，当股价上涨至5元左右，其收益已经超过40%，唯有主力资金或机构投资者才能在这么大收益面前继续持有，所以可以判断这部分确实为主力资金。

2. 横盘法监测主力筹码

市场处于震荡走势中时，大量的高位筹码会向下移动，低位筹码会向上移动，导致筹码在震荡区间的中间价位集中，形成筹码密集峰。

如果在震荡走势持续了很长一段时间后，仍然有大量的高位筹码或低位筹码没有发生转移，依然保持在原来的位置，那么这部分筹码大多数是主力筹码。

TIPS *横盘法的使用注意*

横盘法使用的前提是，股价至少在一个箱体内震荡两个月以上，否则对散户的考验强度不够，不能显示出主力的耐性，这样很容易将一些比较有耐心的散户筹码误判为主力筹码。

分析实例 南华生物（000504）——横向监测主力筹码

下图所示为南华生物2016年12月至2018年2月的日K线图。从图中南华生物股价的走势可以看到，在2017年2月之前其股价就处于上涨通道中，进入2月中下旬之后开始横向调整，此时68%以上的筹码都处于获利状态。

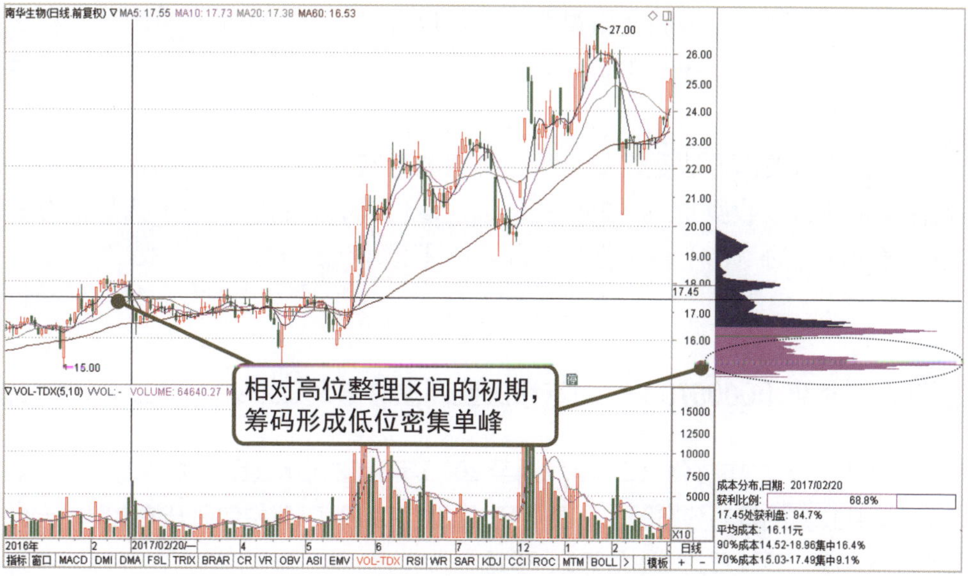

从2月20日前后开始调整，直至5月18日结束调整的近3个月时间里，其获利筹码都未出现明显变动，尤其位于16元下方的筹码几乎丝毫未变，面对如此长时间的横盘整理都无动于衷，并且筹码占据如此大的比例，说明该股被主力高度关注，后市发展空间很大，具体如下图。

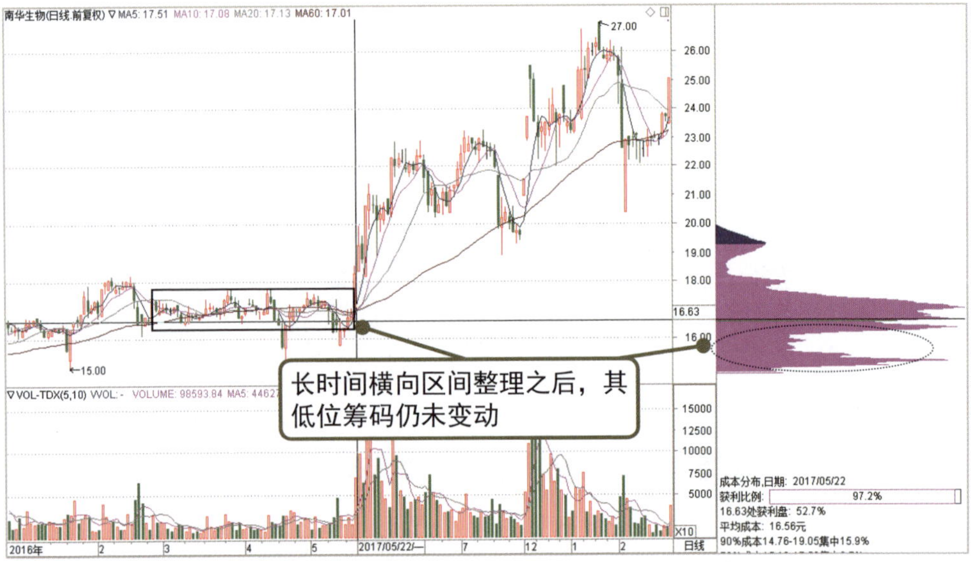

3.下移法监测主力筹码

下移法监测主力筹码使用得并不多，但有时候也是非常有用的。下移法监测主力筹码有一个重要的假设，那就是“获利25%以上仍然没有卖出的筹码为主力筹码。”

下移法的操作方法是，如果投资者想测量某一日的主力筹码，可将鼠标光标定位在该股收盘价下方25%的位置，该位置的获利筹码基本就是主力筹码。需要注意的是，下移法监测主力筹码只适用于强势拉升的个股。

分析实例 广东甘化（000576）——下移法监测主力筹码

下图所示为广东甘化2014年12月至2015年5月的日K线图。图中展示了该股2015年4月2日的筹码分布图。从图中可以看出，该股在1月中旬后开始上涨，一直持续到5月底，4月2日的收盘价为16.25元。

按下移法的假设，将当日收盘价下移25%，即12.19元附近，此时的筹码多数为主力筹码。而当我们将鼠标光标下移25%后可以发现，在12.22元附近刚好有一个低位筹码峰，随着股价的上涨并没有发生变化。借此可以推断这部分筹码为主力筹码。

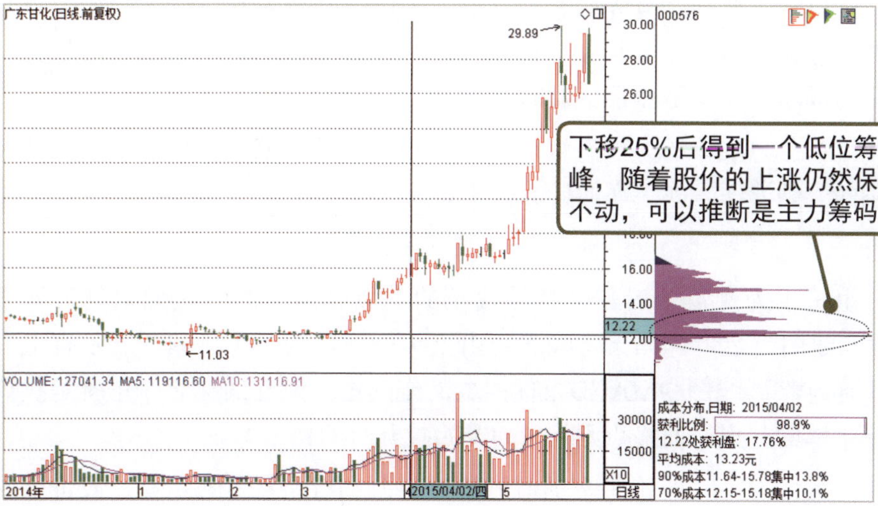

6.2.2
筹码分布与主力成本的用法

我们知道，在筹码分布图上，每一根柱线都代表了股票的筹码，柱线的长短表示筹码的多少，柱线所处的位置表示持有这些筹码所需要的成本。随着股票价格的不断上涨和下跌，这些柱线也会形成错落有致、长短不一的形态，这就形成了我们在软件中看到的筹码分布图。

筹码分布图的诞生为我们分析主力成本提供了有效的依据，因为从筹码分布图上不仅可以直观地看出流通筹码的总量，同时它还将一天的成交量分布在当天交易的各个价格区间，可以有效判断行情中的阻力和支撑位。

要分析主力成本，首先要区分出散户筹码与主力筹码，这就需要考虑两个方面的因素，一个是当前股价的上涨幅度，另一个是成交量（或换手率），这就可能出现以下3种情况。

- **放量滞涨：**表示此价格附近的筹码在对倒，无法准确地判断筹码的类型。
- **放量上冲：**放量上涨的过程中，如果下方的筹码被快速冲走，则冲走的筹码多为主力筹码。
- **缩量上涨：**价格上涨但成交量缩量，交易的筹码多为散户筹码。

6.2.3 如何计算主力成本

要想跟庄获利，首先必须要知道主力的持仓成本和持仓量，如果不知道这两个数据，就无法分析主力的控盘度，也就无法预测未来发展的趋势，因此主力成本的计算是非常重要的。

计算主力成本的方法有很多，其中通过换手率来计算成本是最直观和最准确的一种方法，换手率的计算公式如下：

换手率=成交量÷流通盘×100%

由于主力操盘一般都会持续较长的一段时间，因此我们采集数据通常以周K线图为参考。如果均线系统由空头排列转为多头排列，表示有主力介入，通常将周线图中MACD指标的金叉作为主力建仓的标志，也就是我们计算换手率的起点，而终点则是主力开始拉升时的换手率。

多数情况下，股价上涨的时候主力占到的筹码在30%左右，股价下跌的时候主力占到的筹码在20%左右。而一般情况下，股价上涨会伴随着成交量的放大，股价下跌会伴随着成交量的萎缩。

假设放量与缩量的比率为2∶1，如果股价上涨时的换手率为200%，下跌时的换手率为100%（整个过程中的换手率为300%），我们可以计算出这段时间内的主力持仓比例。

200%×30%-100%×20%=40%

从这个公式中我们可以得出，当换手率为300%时，主力持股占40%，即每换手率为100%，主力持仓量为40%÷300%×100%=13.33%。

我们将周MACD金叉开始的那一周，到最终确定股价开始拉升的那一周为止，将每一周的成交量相加得出总成交量，再除以当前流通盘，即可得出这段时间的换手率，然后将这个换手率乘以13.33%，即可得出主力的持仓比例，即主力的实际控盘程度。

主力坐庄某只股票，通常建仓阶段的换手率都在300%～450%之间，只有这样的换手率，主力才能吸收足够的筹码。

将主力建仓阶段的最高价和最低价的总和除以2，即可得到主力的持仓成本，这个成本误差一般在10%以内。

分析实例 胜利股份（000407）——计算主力成本和控盘度

下图所示为胜利股份2013年5月至2015年5月的周K线图。从图中可以看出，从2013年7月开始，到2014年7月，股价几乎没有太大的波动。

2014年6月27日，MACD指标在0轴下方形成金叉，随后向上突破0轴，股价开始上涨，我们可以认为此时主力开始建仓，当时的最低价为5.33元。

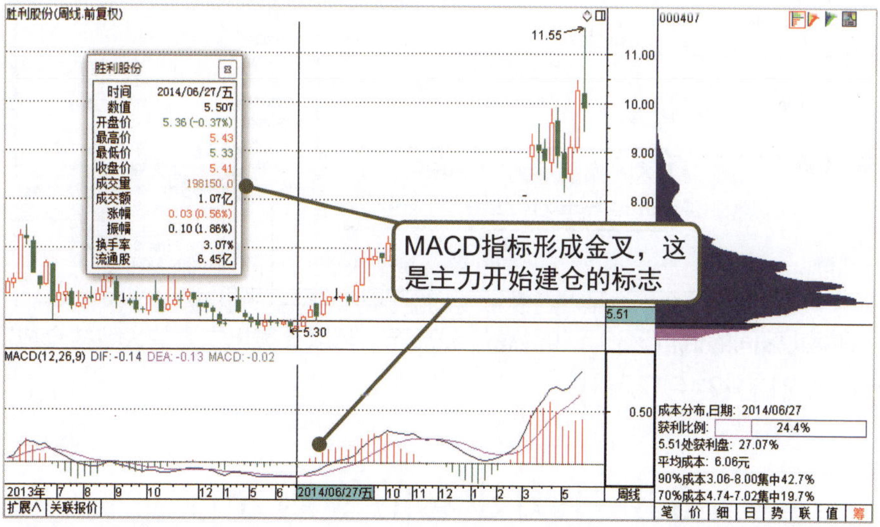

到2015年2月6日，MACD指标再次在0轴附近形成金叉，然后继续向上运行，这是主力开始拉升的标志，当时的最高价为6.91元，如下图所示。

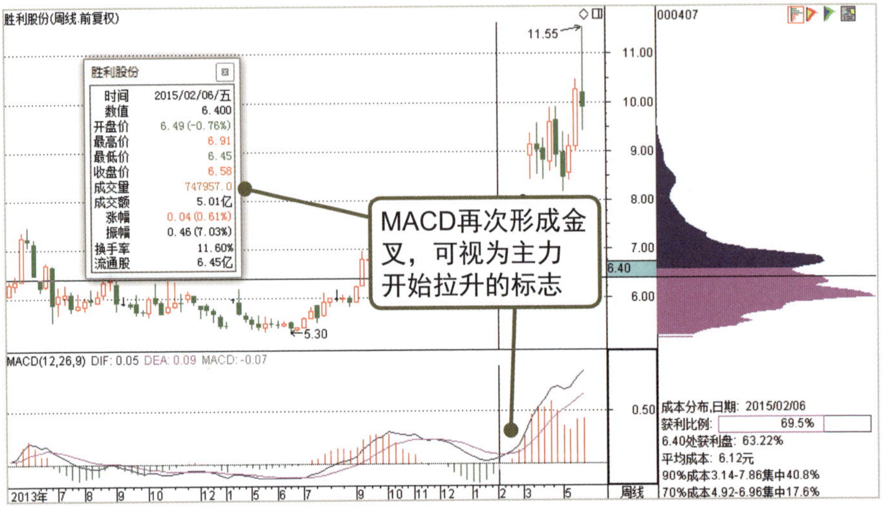

统计这一区间的数据可以看出，整个区间的成交量为204 088，区间换手率为316.46%。根据前面的计算，可以得出主力控盘率约为316%×13.33%=42%。

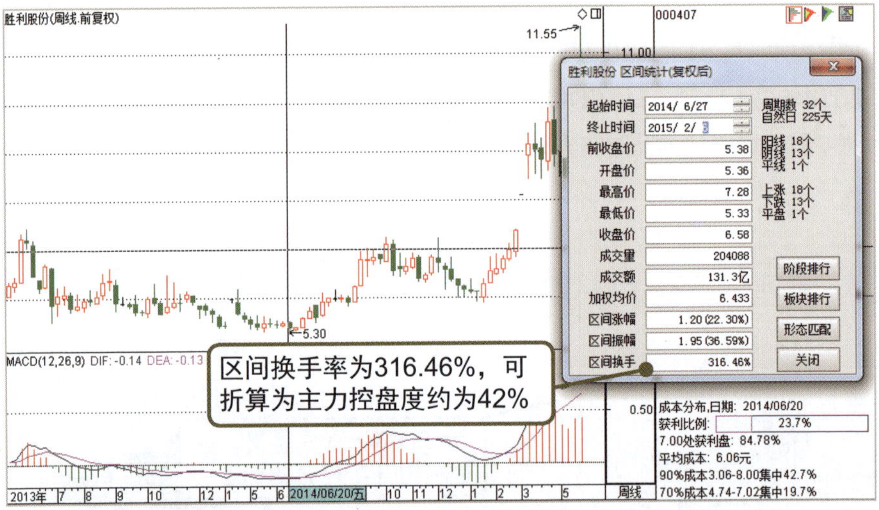

根据此区间的低价5.33元和最高价6.91元，可以计算出主力的大致持仓成本为（5.33+6.91）÷2=6.12元。

6.3 主力建仓的筹码分布

主力操作股票的第一步就是建仓，那么他们在建仓阶段，筹码会有怎样的表现呢？

6.3.1

主力打压建仓，筹码快速聚集

主力资金为了获取更便宜的筹码，往往会在建仓阶段不断打压股价，一方面迫使投资者交出手中的筹码，另一方面则能以更低的成本收集更多的筹码。但股价的打压不是无底线，一方面是以技术面的支撑位等技术指标为参考，另一方面则是以估值倍数为参考。

在打压建仓的过程中，之所以能收获更多的廉价筹码，主要是因为很多散户对市场的恐慌情绪导致的，他们在看到股价疯狂下跌的时候，不可能无动于衷，即使不全部抛出，也会适当减少持仓量，以降低风险。

在打压建仓时，股价会快速下跌，而成交量也应该有所放大，这样主力才能达到吸筹的目的。当主力打压力度很大时，筹码会快速向低位聚集，最终在主力成本附近形成筹码密集区。

分析实例 世荣兆业（002016）——主力打压建仓

下图所示为世荣兆业2017年8月至2018年2月的日K线图。

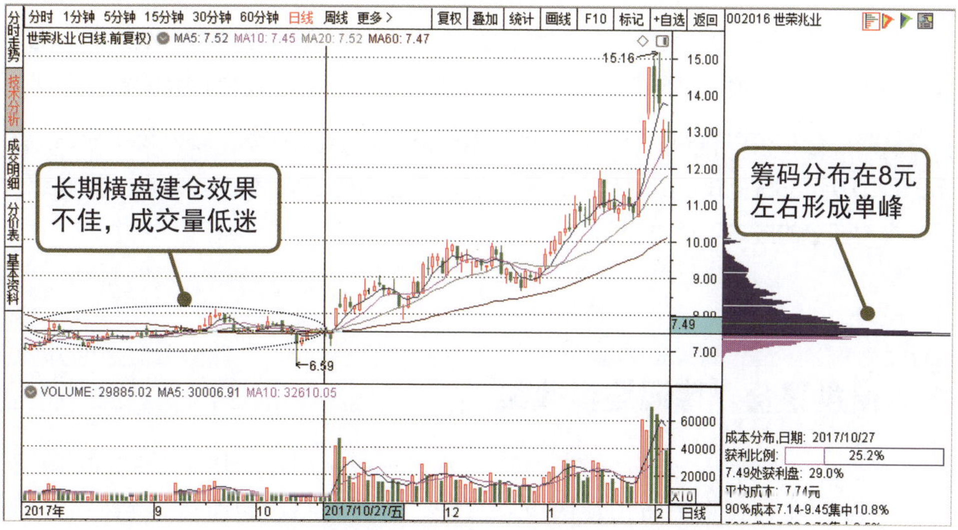

从上图中可以看到，世荣兆业的股价在2017年11月之前都处于8元左右的平台横向震荡过程中。在横向震荡过程中，成交量非常低迷，同时从筹码分布来看，在8元附近形成了明显的密集单峰，说明市场中主力资金的成本主要集中在8元左右。

但是成交量的持续低迷，意味着主力资金长时间耗下去也无法继续收集足够的筹码，只能在11月之后进行短期的拉升，股价从8元上涨到10元左右。当市场中多数筹码实现盈利之后，一旦股价下跌，那么卖出的意愿将变得非常强烈。

下图所示为世荣兆业2017年8月至2018年2月的日K线图，右侧为12月26日的筹码分布图。

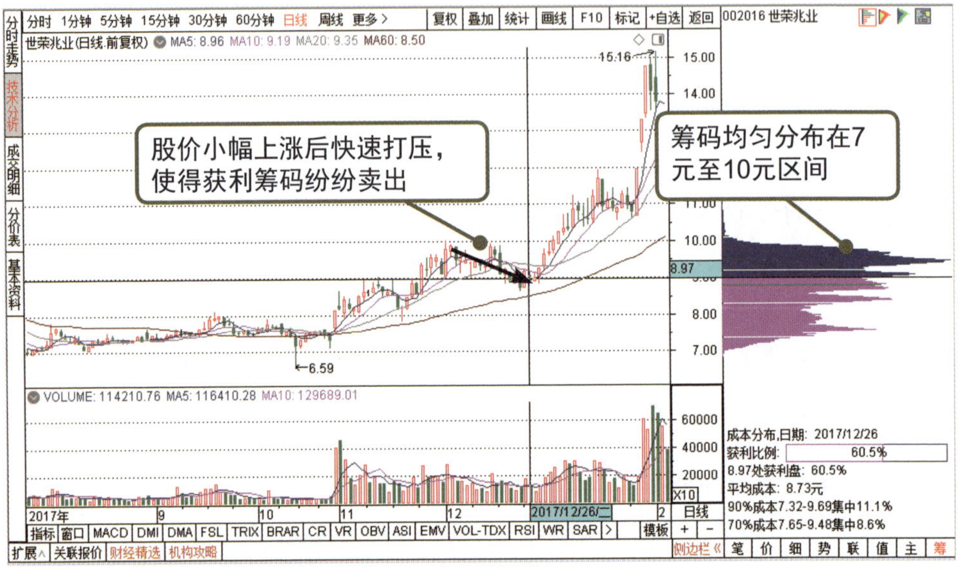

在12月26日前后，股价已从10元附近开始向9元左右进行调整，观察此时的筹码分布可以看到，筹码不再是密集单峰，而是均匀地分布在7元至10元的各个区间。

从筹码分布可以看到，8元左右的筹码已经逐步向高位转移，虽然筹码分布上显示9元和10元左右有较多的筹码，但考虑主力资金前期在8元有较多筹码，因此综合起来主力资金的成本稍稍高于8元。

6.3.2 主力横盘建仓，筹码逐步收集

横盘建仓是最常见的一种主力建仓方式，通常用在一段较长时间的下跌后，这种建仓方式主力所消耗的成本最低，并且控盘度也可以达到很高，但这种建仓手法比较隐蔽，不容易被发现。

如何才能发现主力在低位横盘建仓呢？通常主力在建仓时，成交量都会相应放大，也就伴随着换手率的高位运行。虽然可以从成交量和换手率来发现主力建仓，但更为直观地方式是查看筹码分布图。

主力横盘建仓的过程中，都会大量买入股票，体现在筹码分布图上，就

是筹码不断由发散状态向某一个价位聚集，这个过程可能会持续很长时间，最终形成一个低位筹码峰，而这个位置也基本上就是主力的持仓成本了。

TIPS *横盘建仓的跟庄方法*

遇到主力横盘建仓是一件非常头疼的事情，如果要跟庄，对投资者的耐性是一个非常大的考验。但投资者只要把握以下几个要点，横盘建仓的主力也是很容易跟进的。散户入手时，必须要等上方筹码消失殆尽后才出手，如果底部有单峰密集形态出现，当股价突破此密集峰时是最好的出手时机。

分析实例 国际医学（000516）——主力横盘建仓

下图所示为国际医学2017年12月至2018年6月的日K线图。从图中可以看到，国际医学在4月中旬开始低位反弹，4月17日当天直接一字板涨停，4月18日趁势高开但未能封住涨停，反而是冲高回落，收出大阴线，同时吸引大量追风资金买入，在筹码中显示为大量高位被套筹码。

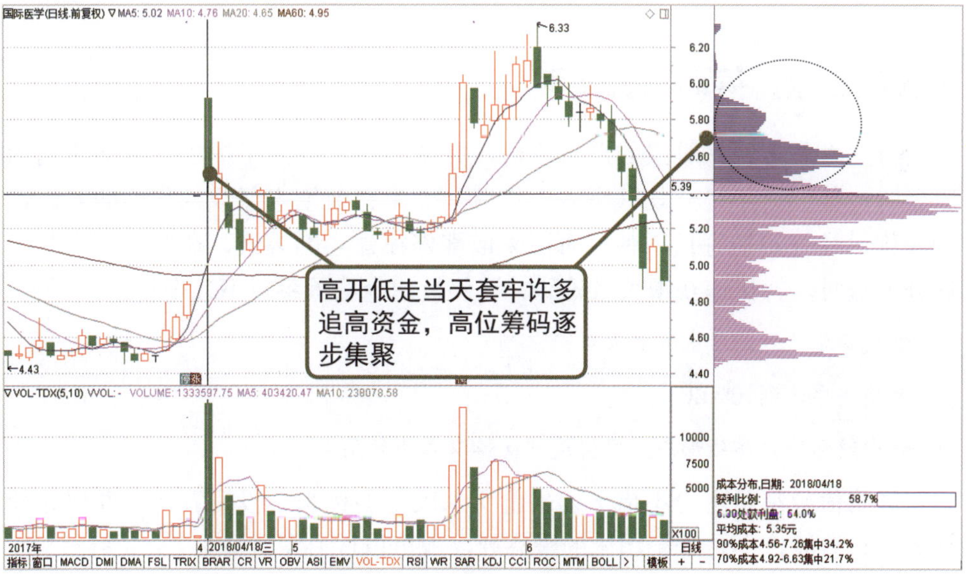

4月18日的高开低走大阴线直接将股价打压回落，随后在5.2元左右开始横向波动，同时成交量大幅度萎缩，市场交易似乎又重回冷清状态。

但是观察筹码分布的变化可以看出，在横向波动的后期，筹码逐步向5.4元集聚，在此形成筹码单峰，意味着有大量资金选择在5.4元左右进行买入建仓。

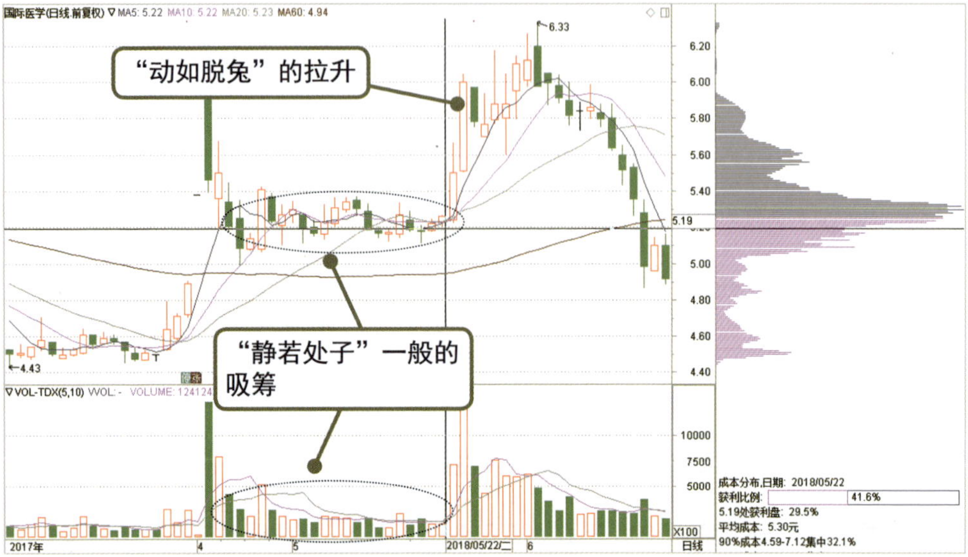

通过这个案例我们应该清楚地知道，主力建仓并不一定伴随着成交量的迅速放大，反而有不少主力资金偏好通过长时间的地量完成坚持，反而显示出这类资金的操盘风格，吸筹“静若处子”，拉升“动如脱兔”。

6.3.3

涨停板建仓，筹码高位换手

当主力非常看好股票的后市行情，并认为自己选择了投资价值非常高的股票时，他们会不惜一切代价入手该股。如果在前期未能吸入足够的筹码，当股价已经开始转好后，他们可能采取涨停板建仓的方式，在股价还未开始疯狂上涨时，就快速获得大量筹码。涨停板建仓应具备以下几个特征。

- 成交量达到前所未有的天量。
- 换手率达到10%以上。
- 出现涨停大阳线形态，股价达到反弹以来的新高度。

这些信号都是主力不惜一切代价买入股票的标志，投资者一旦发现这种标志，只要股价不是处于历史的最高峰，就可以放心跟进。

分析实例 柳工（000528）——涨停板快速建仓

下图所示为柳工2018年1月至8月的日K线图。从图中可以看出，该股在2018年3月之前一直都处于上涨中，进入3月之后，股价快速回调并创出7.76元的新低。

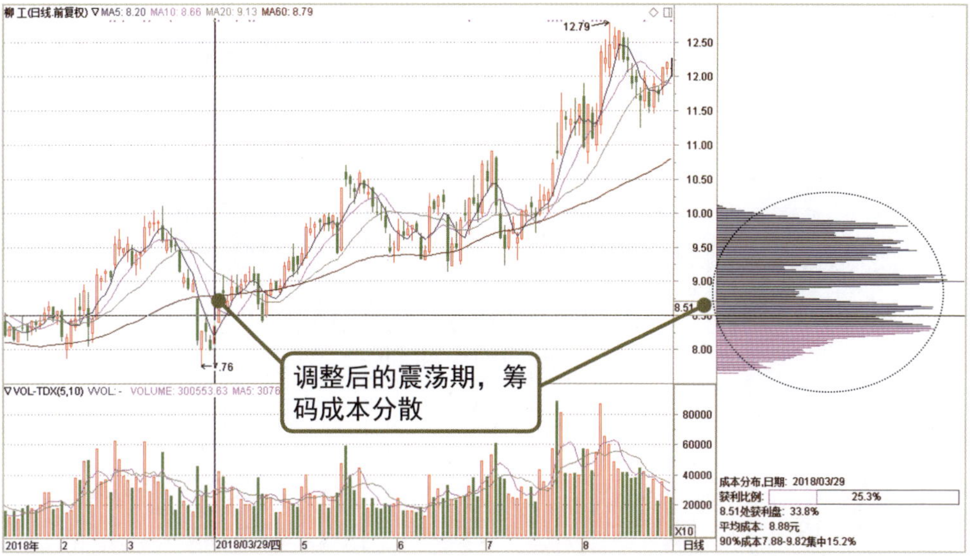

从股价创出新低之后的筹码分布来看，此时的许多高位筹码被套，且市场中所有筹码的成本分布较为分散。随着调整结束，柳工的股价在4月之后快速反弹，直到5月15日股价当天放量涨停，同时可以看到涨停当天在10元左右突然出现较明显的筹码峰，显示有资金在此积极建仓，如下图所示。

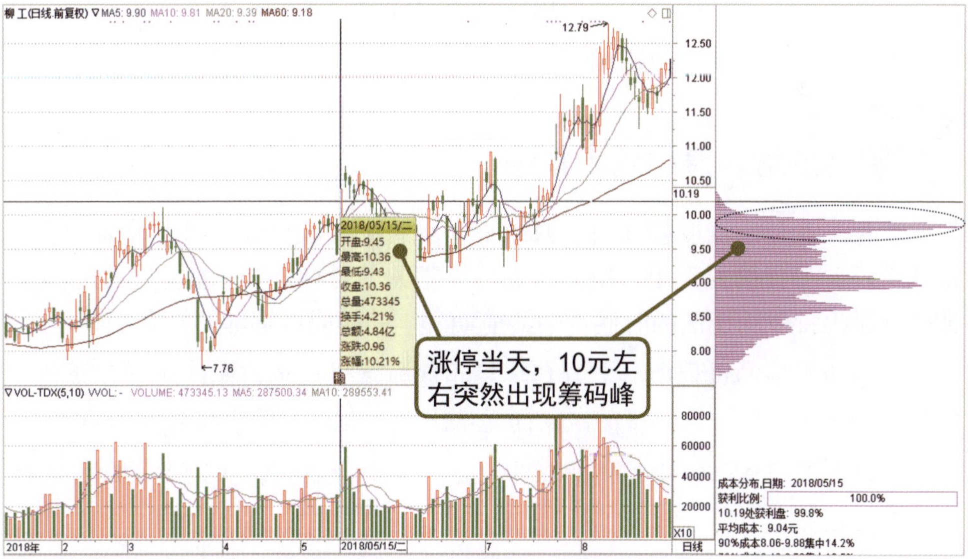

当发现主力涨停板建仓标志时，投资者应立即跟进。我们从该股后市的表现可以看出，当涨停板建仓完成时，筹码分布图在低位形成单峰密集状态。当股价突破此密集峰时，股价开始逐步走高。从后市的筹码分布来看，10元左右的筹码依然保持良好，显示大幅上涨后资金尚未出逃，如下图所示。

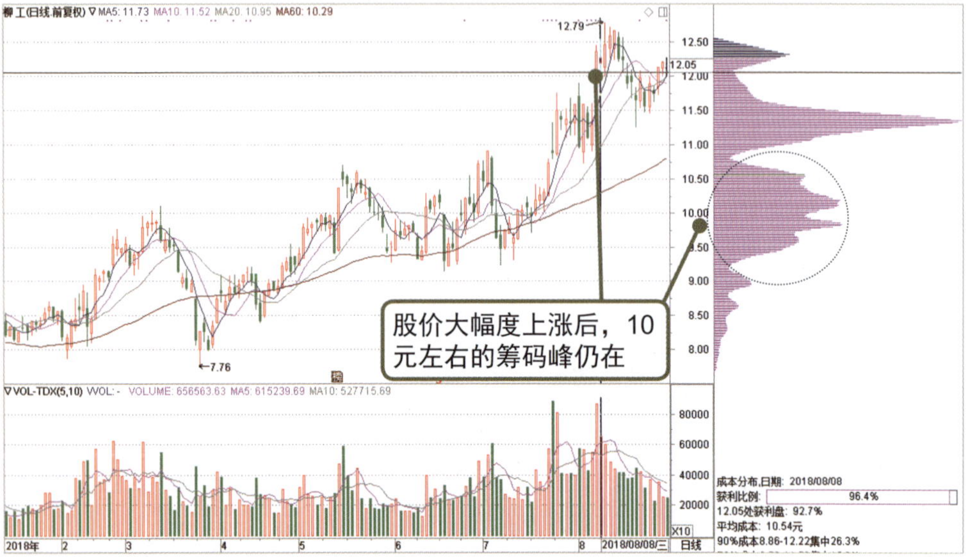

6.4 主力洗盘的筹码分布

主力在建仓完成后，为了减少后期拉升的压力，会主动进行洗盘操作，将一些意志不坚定的投资者清理出局。主力洗盘会采取多种不同的方式，但无论采用哪种洗盘方式，都可以在筹码分布图中找出一些端倪。

6.4.1 大幅震荡洗盘，筹码逐步集中

震荡洗盘是控盘度较高的主力经常采用的手段，在短时间内大幅上涨和快速下跌，使行情呈现出大幅震荡走势。下跌的时候，会给散户造成恐慌，致使其抛出持股；上涨的时候，会给前期套牢的筹码以解套的机会。

在不断震荡的过程中，上方套牢筹码逐渐减少直至消失，而下方获利筹码也可能因为频繁且大幅度的波动而无法承受，在有少量收益后就出局了。

在这样的行情下，上方筹码减少，下方筹码上移，大量的筹码向主力持仓成本附近靠近。

分析实例 福晶科技（002222）——主力震荡洗盘

下图所示为福晶科技2017年6月至10月的日K线图。从图中可以看到，该股受益于基本面的利好，主要是来源于业绩的不断超预期，其股价上涨拥有扎实的基础。

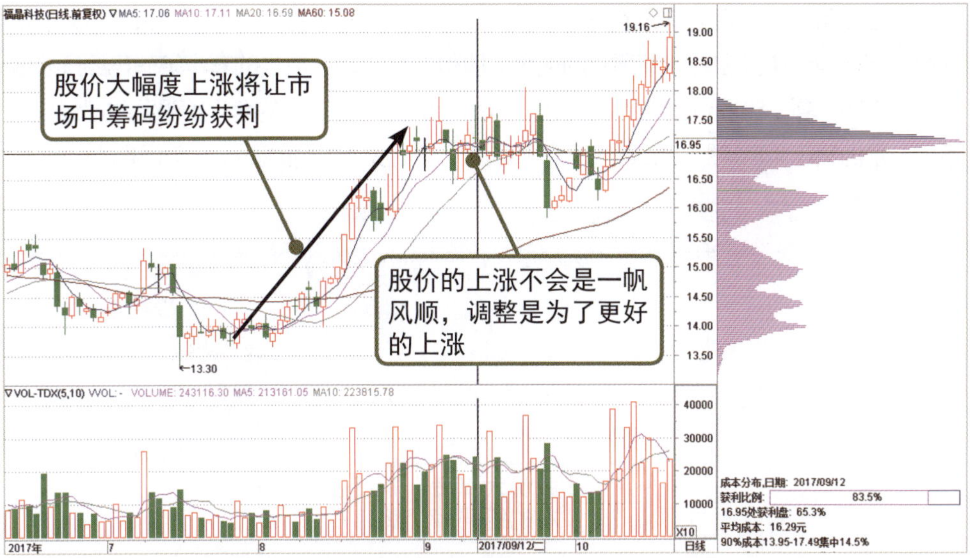

但是这类业绩改善驱动股价上涨往往伴随着股价的波动和震荡，主力也将借力震荡洗盘，将那些持股不坚定的投资者清理出局。

对于投资者而言，如何界定股价的调整是洗盘还是真正的见顶呢？从上图可以看到调整过程中套牢盘，即高位继续买入的筹码还较少。但是通过下图可以看到，在调整的末期，其高位筹码越来越多，对比股价可以发现调整的幅度并不大，因此这部分高位套牢筹码主要来自于高位的买入。对于高位震荡中仍在买入的情况，是见顶还是震荡，这自然很好判断了。

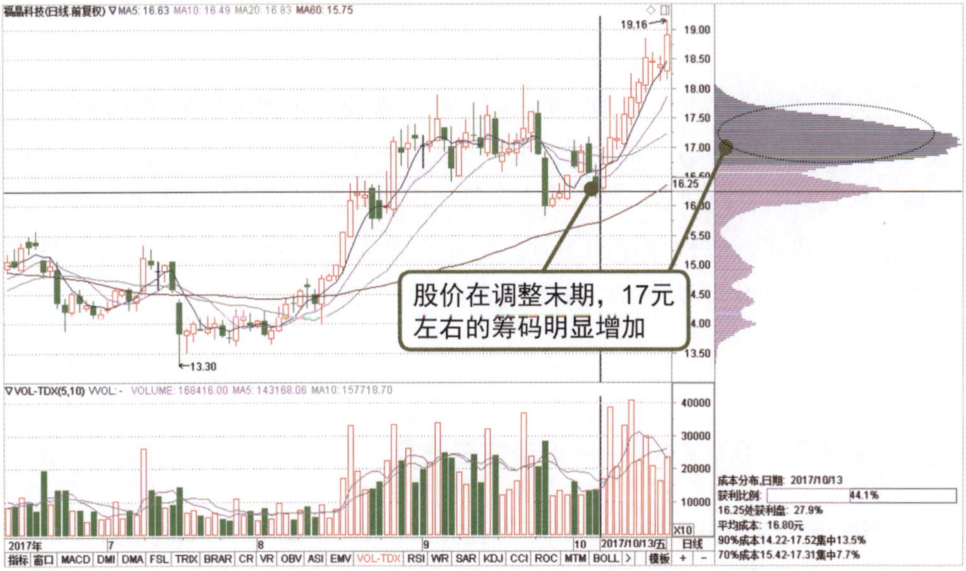

从上图可以看到套牢筹码的成本主要分布在17元左右，且成为市场中大部分筹码的情况，即已被套牢。但是随着调整的结束，股价继续上攻，过去的套牢筹码已经逐步获利。从下图来看，当股价上涨到24元上方以后，前期17元左右的套牢筹码此时已经获利不少，且仍然在坚定持股，主力在17元附近进行震荡洗盘的目的已经不言而喻。

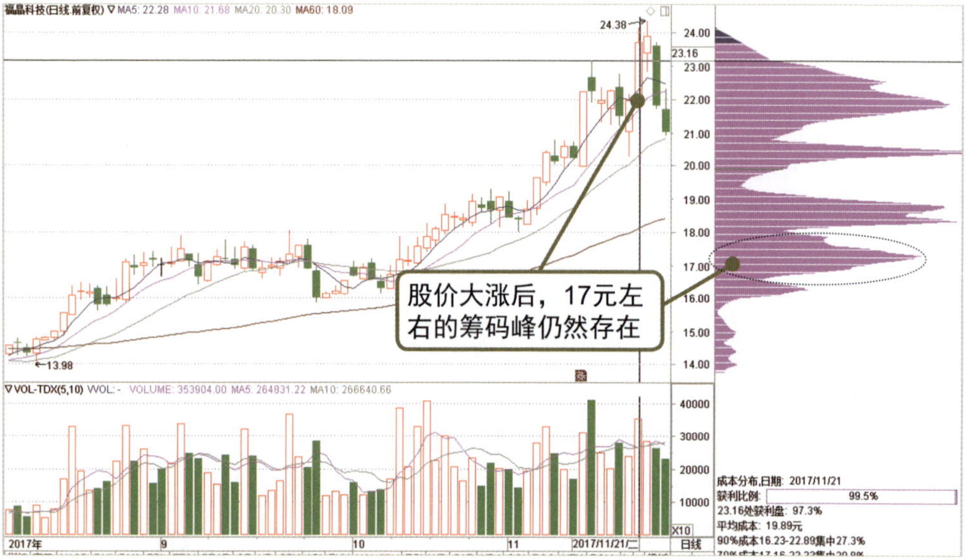

6.4.2

无量打压洗盘，筹码变化微小

无量打压洗盘是庄家常用的一种洗盘方式，这种洗盘方式所需的成本较小，但洗盘力度不够大，只能把一些心浮气躁的投资者赶出局。

主力通过挂大卖单，造成股价大幅下跌的现象，多数散户见到这种快速下跌的现象，不可能无动于衷，所以很容易把一些心志不坚定者震出局。要判断快速下跌是真的下跌到来，还是主力在打压洗盘，可以从成交量上来分析。

主力洗盘虽然有快速度的下跌，但不会有大的成交量，从筹码分布图上来看，筹码的变化非常小，大多数筹码仍然保持在开始的位置，不会大量向下转移。

分析实例 合兴包装（002228）——无量打压洗盘

下图所示为合兴包装2018年3月至7月的日K线图，从图中可以看到，其股价在4月之前就处于不错的上涨趋势中，涨幅稳健且伴随成交量的有序放大。

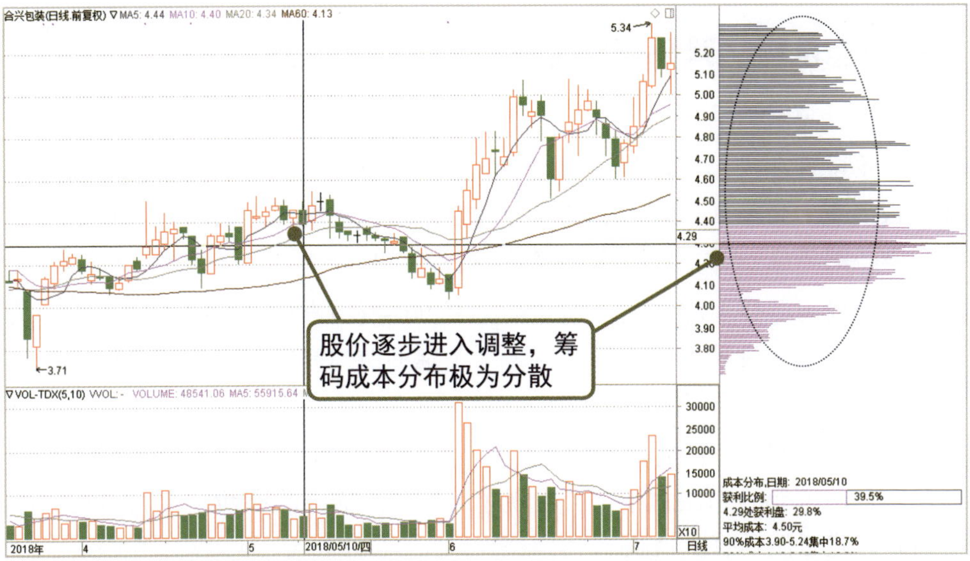

观察此时的筹码分布可以看到，该股的筹码分布十分分散，筹码的成本从3.8元至5.2元都有较为均匀的分布。

进入5月中旬之后，股价在前期稳健上涨的基础上开始出现调整，但是调整过程中成交量明显萎缩，且筹码分布从形态来看并没有太大变化，说明筹码波动极小。变化最为明显的是因为股价下跌而导致获利比例的变化，如下图所示。

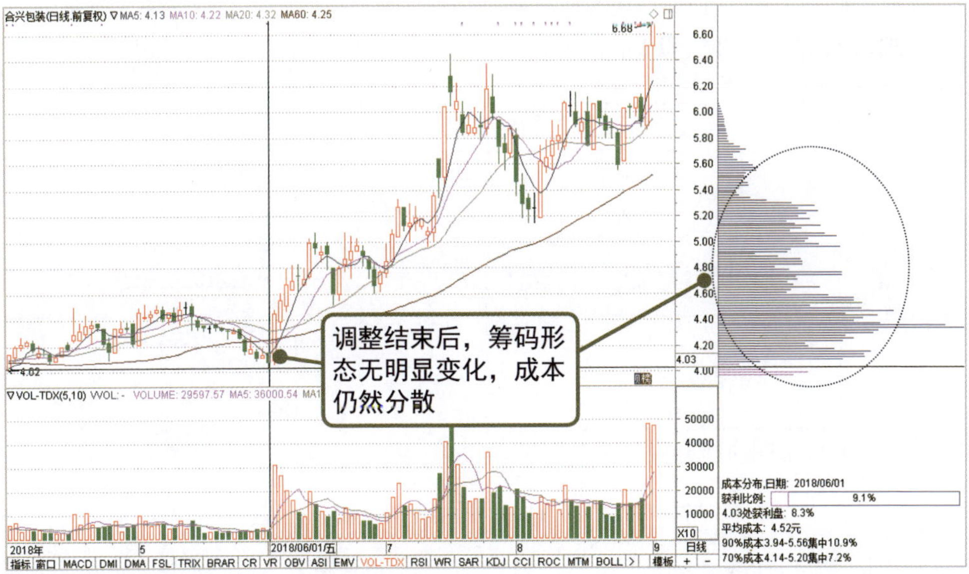

6.4.3
调整形态洗盘，筹码不断上移

股价在运行过程中常常会出现很多不同类型的调整形态，如三角形整理、矩形整理和楔形整理等，当这些形态出现时，股价一般都会出现滞涨行情。很多主力会利用调整形态的滞涨行情来达到清洗浮筹的目的，这是一种非常隐蔽的洗盘手法。

主力利用调整形态洗盘通常都是在牛市行情中进行的，在调整形态形成的过程中，主力会悄悄接收一些意志不坚定的散户抛出的筹码，总体筹码分布会向调整形态结束位置移动。

在调整形态结束的时候，也就是主力洗盘完成的时候，这是最好的跟进时机，此时筹码分布图上往往会出现单峰密集形态，当股价向上突破此密集峰时，跟进必然会有所收获。

分析实例 卫士通（002268）——调整形态洗盘

下图所示为卫士通2017年8月至2018年5月的日K线图。从图中可以看到，该股在2017年9月前后都处于快速上涨的趋势中，股价从14.37元上涨到24元左右，涨势惊人。随后，股价进入以26元为上轨，20.5元为下轨的箱体进行震荡。在震荡之初，筹码分布极为分散，获利比例较高。

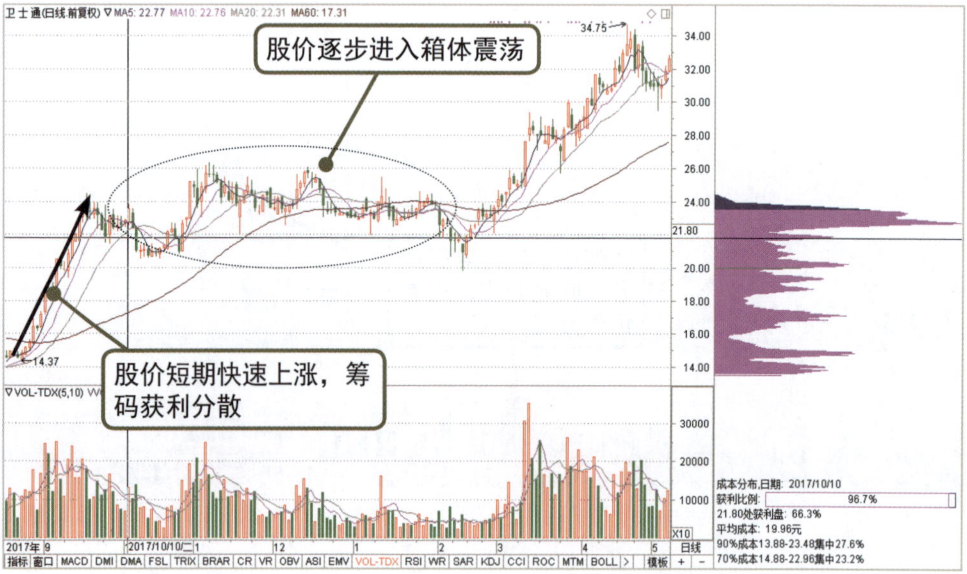

股价在经过长达4个月的箱体震荡之后，随着成交量的放大继续向上冲击箱体上轨，同时期的筹码已经从分散分布变化为集中到高位。随后股价突破箱体上轨的同时，突破筹码密集单峰，从此打开新一轮上涨周期，如下图所示。

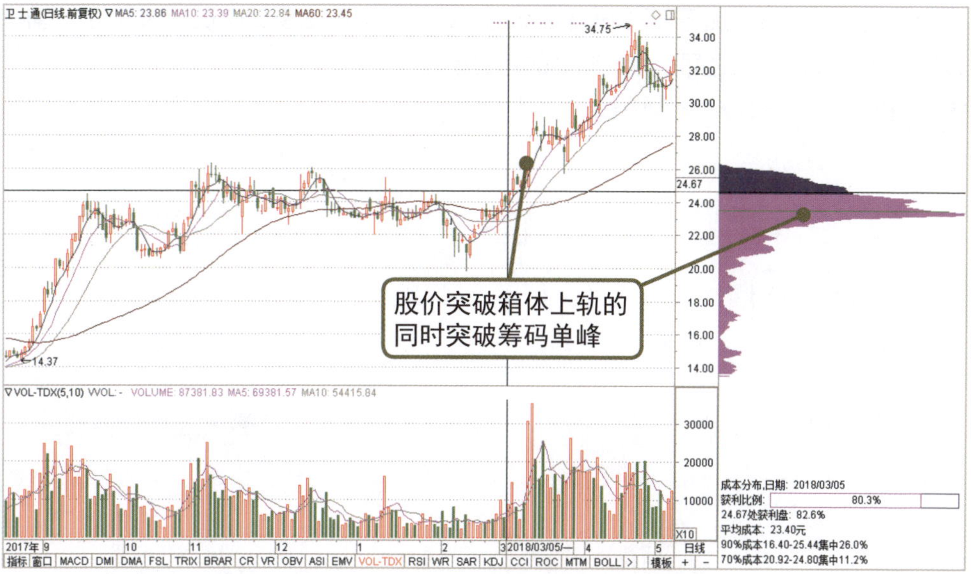

6.5 主力拉升的筹码分布

拉升是主力操控某只股票最主要的过程，经过洗盘后，将大部分浮动筹码清理出局，主力就要开始真正的拉升过程了，这个过程非常考验操作者的操作技术。

对于普通投资者来说，拉升过程也是最有可能获利的时机，能否把握住这个时机，还得从筹码分布图上来分析。

6.5.1 主力暴涨拉升，筹码跳跃上移

激进型的主力会借助市场向好的时机，大势拉升股价，使股价在短时间内出现放量上攻的暴涨行情。

采用这种拉升方式的主力，通常在建仓时吸收了足够的低价筹码，且在洗盘过程中将浮动筹码洗得较为干净。如果主力控盘度较高，且提升速度较快的话，筹码分布图上会出现跳跃式的上移现象。

分析实例 世联行（002285）——暴涨拉升行情

下图所示为世联行2017年5月至11月的日K线图，从该股的走势来看，其股价在6月至7月这个阶段内处于低位缓慢上涨的过程中，筹码主要集中在相对低位，筹码成本集中在7.5～8元之间，形成明显的筹码单峰。

随后世联行受到政策等多方面的利好，股价开始放量上涨，随着股价的上涨，筹码开始从集中变为分散，在7～13元的成本区间内形成了多个筹码单峰，如下图所示。

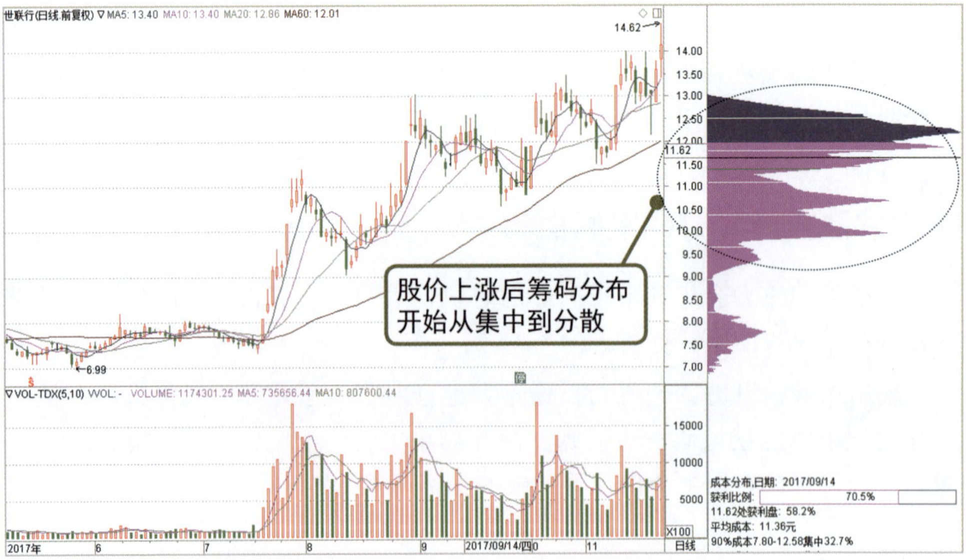

6.5.2 主力对倒拉升，筹码滚动上移

如果主力在建仓时没有吸收到足够的筹码，而又不愿意放弃牛市的大好行情，他们往往就会选择对倒的形式来逐步将股价拉高，这也是一些非重量型资金庄家惯用的拉升手法。

在对倒拉升的过程中，主力会运用较大的资金来买卖自己持有的股票，使得股价在更高的价位成交。从筹码分布图上来看，就是筹码一步步滚动上移。

主力对倒拉升股价的一个重要特征是，成交量保持放大状态，只要对倒拉升不停，成交量就不会出现萎缩。当然由于主力持有的筹码有限，也不会出现成交量突然放大的现象。

分析实例 农发种业（600313）——对倒拉升股价

下图所示为农发种业2014年12月至2015年5月的日K线图，从图中可以看出，在这段时期内，股价稳步上升，成交量也较为均衡，没有突然的放量或缩量情况，符合了滚动提升股价的成交量变化情况。

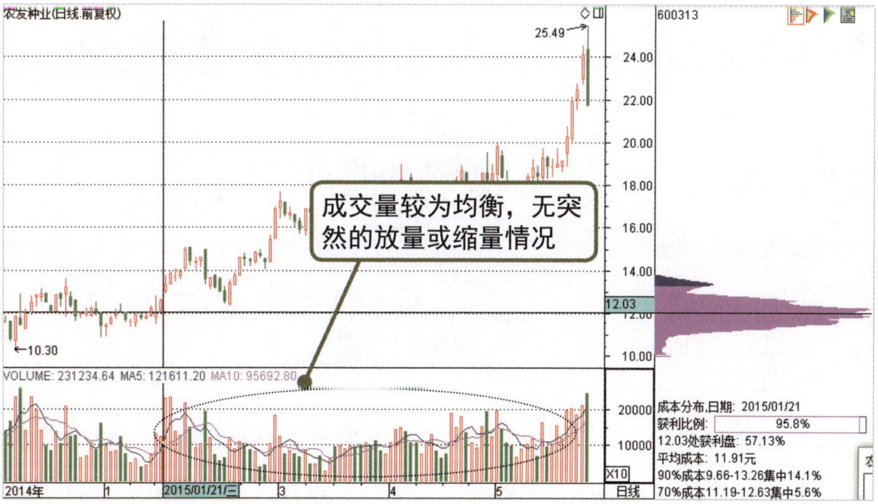

我们查看3月中旬的筹码分布图，如下图所示。从图中可以发现，15元以上的筹码出现了，10元附近的筹码有所减少。

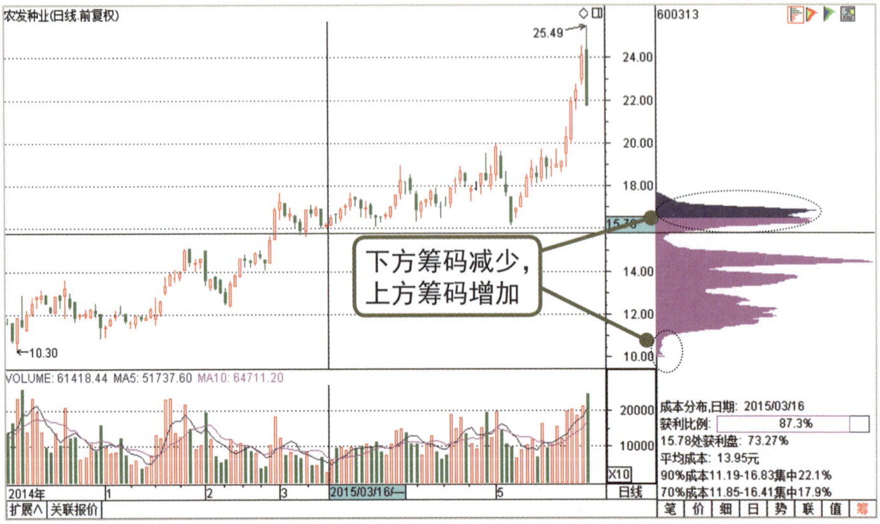

继续观察该股上涨后的筹码分布。下图所示为2015年5月初的筹码分布图，从图中可以看出，10元处的筹码已经消失，15元以下的筹码减少了，但16元以上的筹码明显增加了。

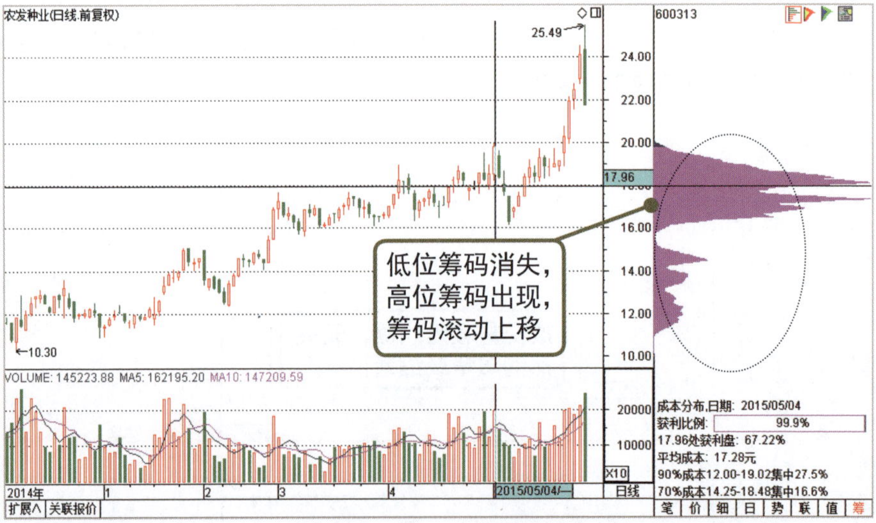

对比筹码的分布状态可以发现，下方的筹码在稳步减少，而上方的筹码在稳步增加，筹码滚动上移了。再加上这段时间内的成交量分布较为均衡，因此可以推断正有主力在采取对倒拉升的手法拉抬股价。

6.6 主力出货的筹码分布

无论主力采取什么样的手段或方式建仓、洗盘和拉升，其最终目的都是为了获利，而想要获利的关键就在于如何出货，这也是主力操作一只股票的最后一个步骤。

主力出货的手法也多种多样，可能在拉升过程中出货，也可能在高位震荡出货，还可能在达到顶点后立即打压出货。但无论主力采取何种出货方式，都可以在筹码分布图中发现他们出货的意图。

6.6.1 边拉边出，筹码快速上移

如果当前整个市场行情并不是非常乐观，主力预测到股价可能快要见顶，但自己获利还没有达到预期标准。主力会趁还没有太多的利空消息时，选择边拉升边出货的手法，尽量让自己的收益最大化，同时降低风险。

边拉边出的手法不多见，但这种手法是非常隐蔽的，一旦主力出货完毕，即股价达到一个理想的高度，就会快速下跌，下跌速度之快，幅度之深，会让散户们措手不及。

要找到主力是否在边拉边出的迹象，也需要从成交量上着手。通常如果主力在拉升过程中出货，成交量会比之前单纯拉高时大出很多，并且可能是持续一段时间的成交量放大。

而从筹码分布图上也可以看出一些端倪。因为主力在拉升过程中出货，筹码必然会向上转移，如果突然发现上方筹码增长速度过快，那么很有可能是主力已经在此位置出货了。

分析实例 华发股份（600325）——拉升过程中的出货

下图所示为华发股份2014年7月至2015年1月的日K线图，图中展示该股由缓慢上升到强势拉升再到快速下跌的过程。我们观察该股的强势拉升阶段可以发现，在拉升开始后，成交量快速放大，并且持续放大很长一段时间，这符合边拉边出手法的成交量状态。

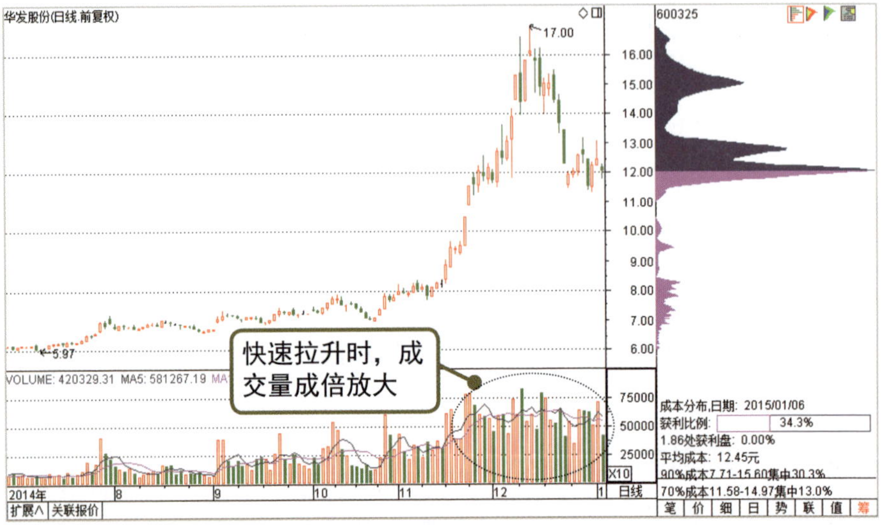

从筹码分布图上来看，当股价开始强势拉升以后，下方筹码还在等待时机，而上方已经聚集了很多筹码，并且筹码之间呈现出跳跃式的发展，新筹码出现的速度非常快，数量也非常多，如下图所示，这是庄家在边拉边出的重要表现。

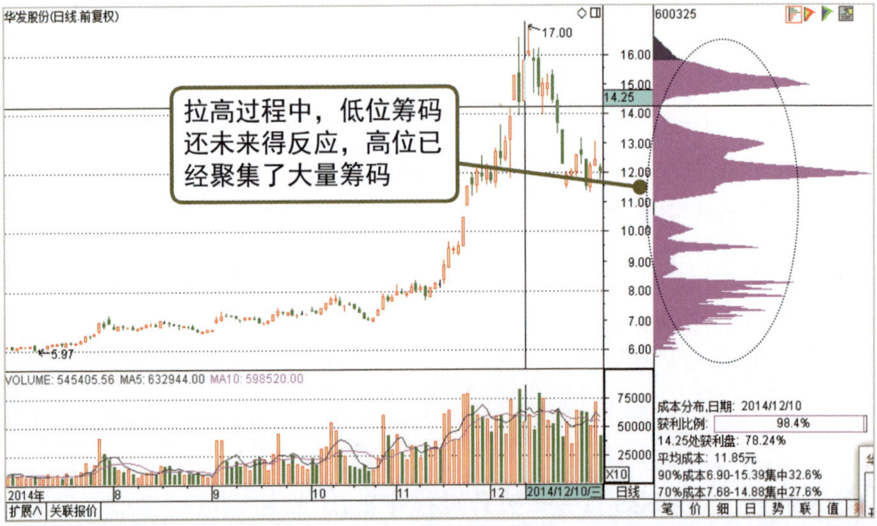

主力在边拉边出过程完成时，股价也走到了阶段性的顶峰，我们从上图可以发现，在股价顶端出现了一个典型的黄昏之星形态，这是股价见顶的重要信号，此后股价开始了大幅度的快速下跌。

6.6.2 高位震荡出货，筹码缓慢上移

高位震荡出货是最常见的一种主力出货手法。主力为了达到最大的收益，在将股价拉升到一个高度后，会在高位维持一段时间，而这段时间内，他们会把股价控制在一个较小的范围内波动，使自己能以尽可能高的价格卖出筹码。

这种出货方式很容易识别，其最大的特征就是股价在高位的较小范围内波动，同时成交量会有明显放大。

从筹码分布图上来看，高位震荡出货时，筹码会缓慢向上移动，并有可能形成高位单峰形态。如果高位单峰形态形成，那么股价后市的下跌将是非常惊人的。

分析实例 信立泰（002294）——高位震荡出货

下图所示为信立泰2017年11月至2018年6月的日K线图。

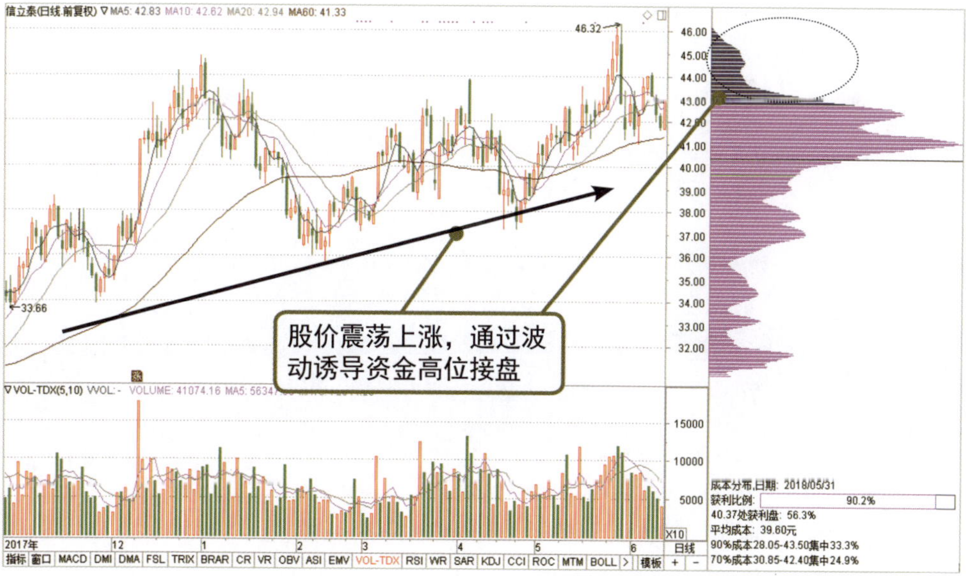

从图中可以看出，从2017年12月以来，其股价大趋势就处于上涨中，虽然上涨过程中充满波折，股价波动非常明显。但从筹码分布来看，高位买入的筹码仍不在少数。

进入6月之后，随着股价创出46.32元的新高之后，股价开始出现滞涨，但与前期调整形态并无明显区别，给人以一种股价调整后仍会继续走高的“错觉”，但其实不然，主力资金早已借助震荡完成出货，随后股价进入长时间的下跌之中，如下图所示。

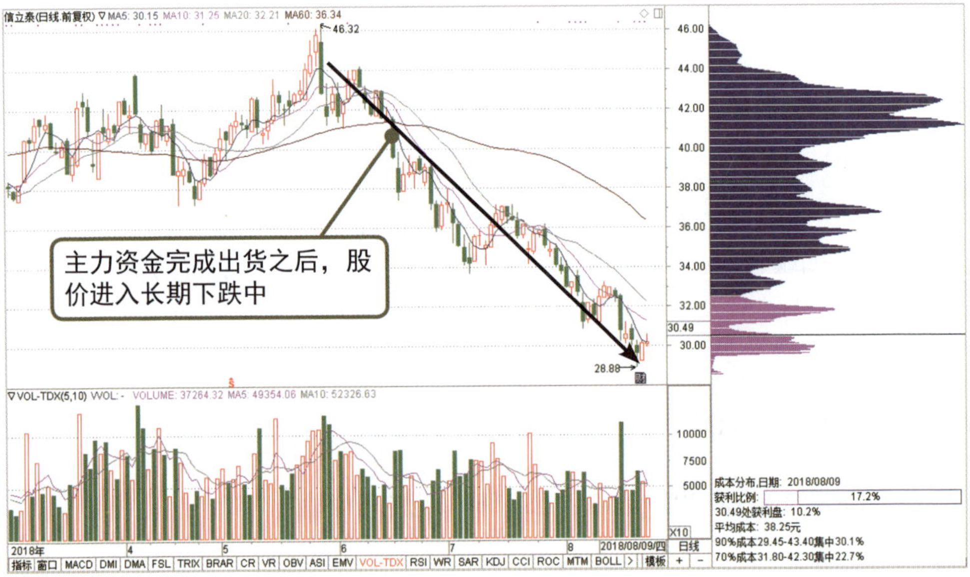

大盘和个股的筹码分布移动分析

通过筹码分布在实战中分析大盘强弱走势有两种方法：一是直接从指数着手，分析其筹码分布形态；二是从市值较大的个股着手，进行筹码分布强弱判断。这样有利于投资者更好地掌握大盘与个股强弱状态形成过程中筹码分布形态的变化。

7.1 大盘筹码分布的移动分析

前面讲解的大盘不同强弱状态时的筹码分布图多数是属于静态的，因此投资者对大盘不同强弱状态下的筹码分布图的形成过程了解甚少。

“牛市重仓，熊市空仓”这一规则的关键在于买卖点的把握，即对大盘的分析。

7.1.1 大盘强势的筹码分布移动分析

大盘强势时，上证指数、深证指数与沪深300指数等都处于强势上涨运行状态中，下面以上证指数为例，对大盘强势时的筹码分布移动分析进行实战讲解。

分析实例 上证指数（999999）——大盘强势的筹码移动分析

下图所示为上证指数2016年6月至12月的日K线图。从图中可以看到上证指数在2016年6月之前均处于缓慢上涨趋势中，但在6月中下旬有所调整，指数创出2 807点的新低，随后第二个交易日迅速大阳线收复失地，指数表现异常强势。

观察此时的筹码分布可以看到，3 000点上方仍然有许多被套牢无法动弹的筹码，而3 000点下方的浮筹则主要集中在2 820点与2 900点两处。

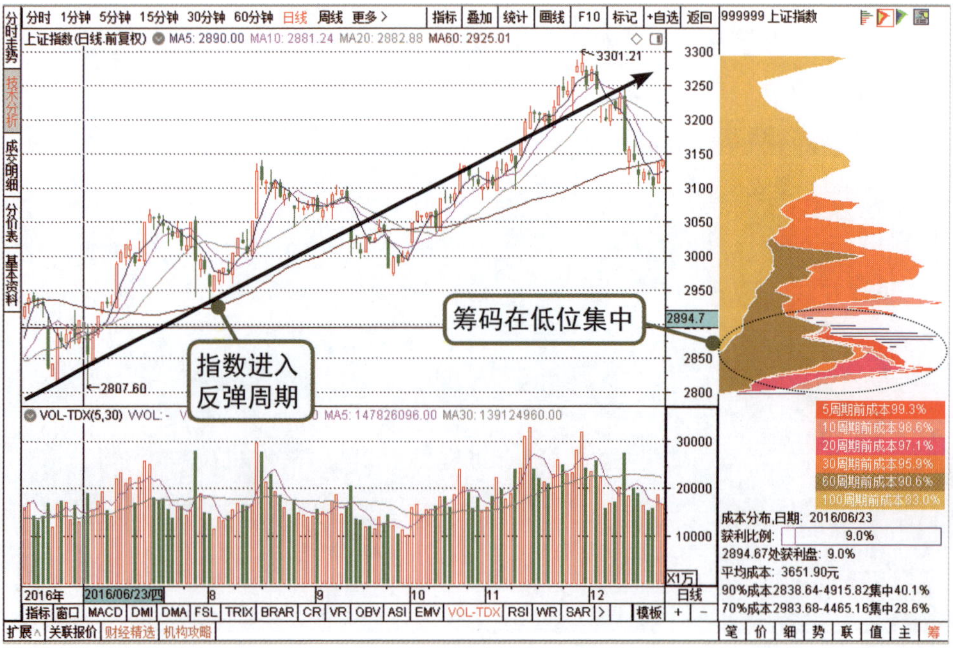

指数在强势收回2 807点的新低之后继续放量上涨，并多个交易日连续收出阳线，指数迅速冲破3 000点压力。

在经过短期大涨之后，指数在7月之后迎来短期调整，最终指数回踩至60日均线并短期跌破，而后继续放量收回，推动指数重回上涨趋势，一鼓作气反弹300点，指数从3 000点反弹至最高3 301点，具体如下图所示。

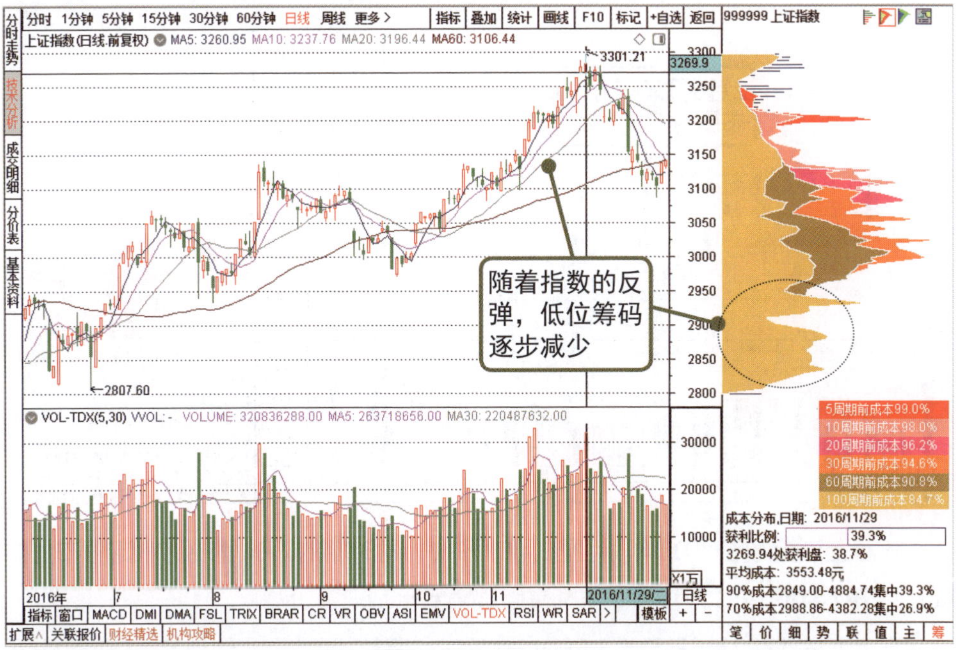

观察上图中指数的筹码分布可以明显地看到，原来低位在2 820点与2 900点集中的筹码已经在迅速减少，这说明市场资金对于行情并不乐观，认为指数反弹的空间比较有限，所以在有盈利的情况下都选择了及时落袋为安，只剩下那些有投资刚需的资金仍在持有。

做出这种判断主要是根据整个指数和国内经济环境进行综合判断的，这对于投资者在经济和投资领域的综合素质要求较高。

TIPS *抓住大盘强势时机*

大盘指数出现强势形态特征，从日K线的层次上进行分析，一年之内出现的机会并不多，这也告诉投资者，当大盘呈现出强势的特征时，是重仓买入的绝佳时机，不可放过。

分析实例 上证指数（999999）——不同价格区域的筹码变化分析

下图所示为上证指数2014年12月至2015年4月的K线图，此时的筹码分布图是上证指数处于下跌过程中的图示，即2月6日的筹码分布图。

随着上证指数在2015年1月至2月的下跌，同时期的筹码呈现出宽泛分布的特征。其中在3 300点上方形成了单峰筹码密集分布。

当上证指数在2月6日跌至3 000点附近时，原3 300点上方的单峰筹码密集分布保持不动，同时又在3 250点、3 150点附近形成了半峰或小半峰的密集分布。这些具有一定峰值的筹码密集分布表明，在上证指数下跌过程中，3 100～3 300点区间的套盘均呈现锁定状态。

上证指数在2015年2月初迎来回升，从上证指数在2月6日的筹码分布图来看，指数要想放量回升，必须在3 200～3 350点的区间或更窄的区间形成筹码密集分布，且经过反复整理有效后，才会开始正式地上涨走势。

在3 200～3 350点之外的区间对应的半峰或小半峰峰值的密集分布，都应该呈现出不同程度的缩减，即这些点位筹码分布的峰值会减小。

而3 200～3 350点这个区间内，筹码分布则会叠加，意味着其他点位的筹码会向这个区间转移，从而形成了新的筹码密集分布。

下图所示为上证指数在2015年3月9日的筹码分布图。此时上证指数已经摆脱底部，处于上涨过程中。

上证指数在2015年2月初开始回升之后，在3月初再次小幅回调，指数回落至3 200点得到支撑，并在3月9日大幅上涨。

在3月9日的筹码分布图中，可以较为清晰地看到筹码聚拢的特征。筹码在3 200～3 350点的区间内形成了密集分布，该筹码密集分布区分撒在两个峰值，即3 200～3 280点与3 300～3 400点。其中，3 300～3 400点为满峰峰值筹码分布，3 200～3 280点为半峰峰值筹码分布。

由于在3 400点下方对应的筹码密集分布为单峰满峰形态，所以3 400点是整个大盘强弱走势的临界点。

在3 400点下方，上证指数走势均衡或偏弱，一旦指数突破上方，大盘行情将转为强势。

观察同时期的成交量可以发现，在3月9日指数大涨时，成交量较前期并未明显放大。如果上证指数试图继续上攻，则需要更大的成交量与之配合。

下图所示为上证指数2015年3月18日的筹码分布图。在3月9日指数大涨之后后，成交量持续放大，指数呈现有效上攻。

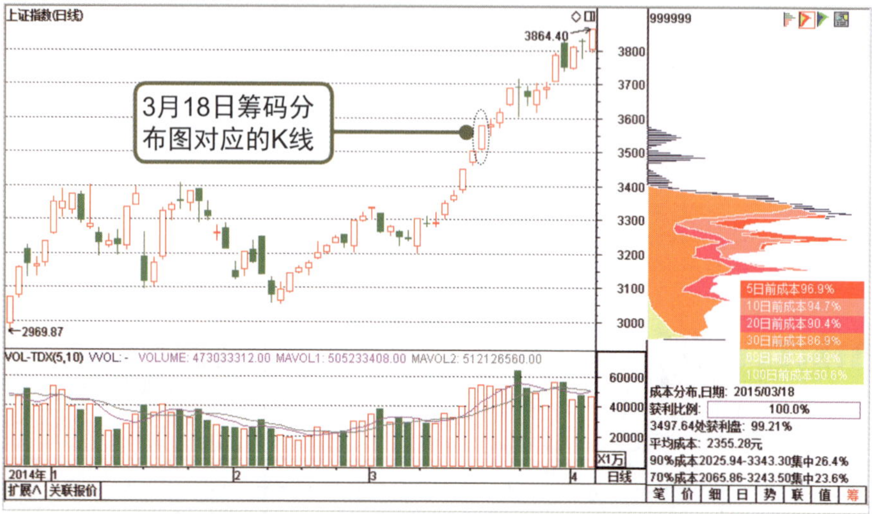

经过上证指数在3 200点的整理蓄势，其对应的单峰筹码密集分布形态更为清晰，且在3 200～3 500点之外的点位的筹码分布峰值得到全面缩减，从形态上来看更为平坦。这也表明在3 400点附近形成了强有力的支撑，指数继续上攻的压力减小。

此时的市场呈现出典型的多方力量偏强的状态，也是投资者进行重仓买入的绝佳时机，是所有投资者都应抓住的买点。

观察上证指数同时期的成交量可以发现，在3月18日，股价突破前期3 400点之后，成交量在当天呈现出明显放量的趋势，且放大程度明显超过3月9日的放量。

对于短线持仓的投资者而言，利用60分钟K线对应的筹码分布图进行分析是寻找短线机会的不错方法。

短周期的筹码分布移动分析，是在日K线筹码分布移动分析的基础上，更加精确地确定大盘强弱状态。将不同时间段的支撑位、压力位、买卖点更加的具体细化。

下面同样以上证指数为例对60分钟K线对应的筹码分布移动分析进行实战讲解。

分析实例 上证指数（999999）——60分钟K线图的筹码分布移动分析

下图所示为上证指数2017年12月12日至2018年1月29日的60分钟K线图。从图中的走势来看，上证指数在2017年反弹后便重新进入调整周期，2017年12月18日盘中创出3 254点的新低。随后指数在低位缩量震荡，均线由分散开始集中，为后市指数选择方向蓄势。

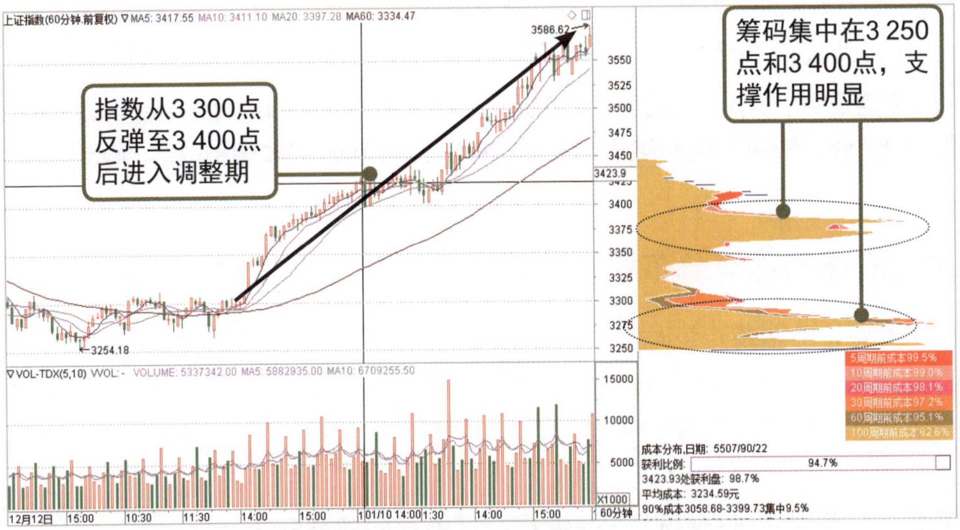

进入2018年1月之后，上证指数正式开始反弹，均线开始向上发散，同时成交量不断反弹，指数从3 300点附近冲到3 400点，随后进入整理区间。

观察此时的筹码分布来看，在指数反弹100点后，低位3 250点左右的筹码仍然集中，形成单峰。同时在3 400点附近仍有许多前期被套的筹码，在解套之后也未选择出逃。在低位筹码坚定持有，解套筹码也坚定持有的双重支撑下，指数在1月底冲上3 500点。

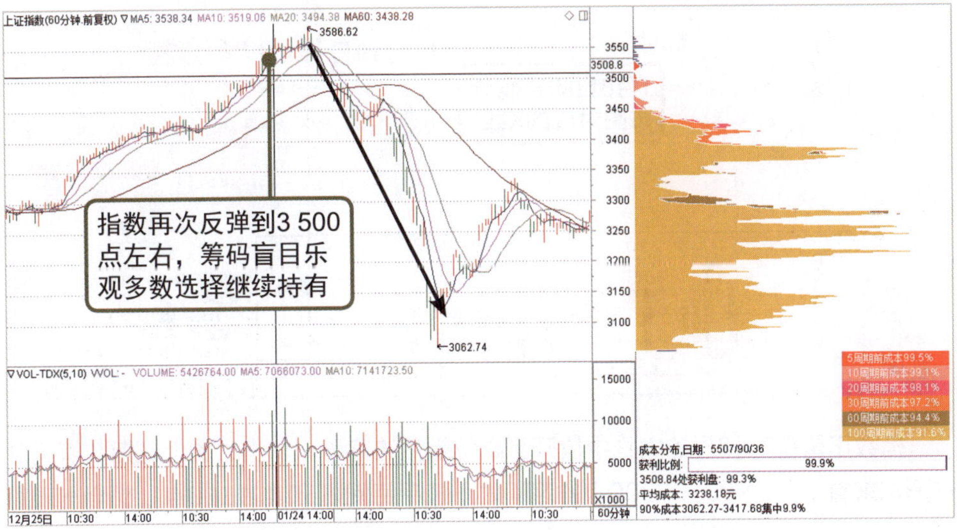

从指数在3 500点附近的筹码分布来看，3 250点左右的低位筹码有明显的减少，但3 400点左右的筹码仍然以单峰形态存在，由此看来市场资金对行情和指数反弹的空间比较乐观。但是从后期的走势来看，在1个月多的时间里，指数迅速从3 500点上方最低跌至3 062点，跌幅将近500点，前期坚定持有的筹码再次全部被套。

事实证明，当行情低落时，即使是这个市场最为聪明的资金也难逃一劫，这也告诉投资者，任何时候都不能盲目乐观，都应该对市场保持谨慎和敬畏之心。

7.1.2

大盘震荡的筹码分布移动分析

大盘处于震荡走势时是投资者需要重点关注的阶段，因为此时大盘走势不明，未来充满了未知数。投资者应该逢高减仓、逢低建仓或继续持有，都需要在震荡时进行筹码分布移动分析之后再做出决定。

分析实例 上证指数（999999）——大盘震荡的筹码移动分析

下图所示为上证指数2014年12月至2015年2月的日K线图，筹码分布图对应的时间为2015年1月8日。指数经过前期的上涨，已经逼近3 400点的高位，随后在高位开始震荡运行。

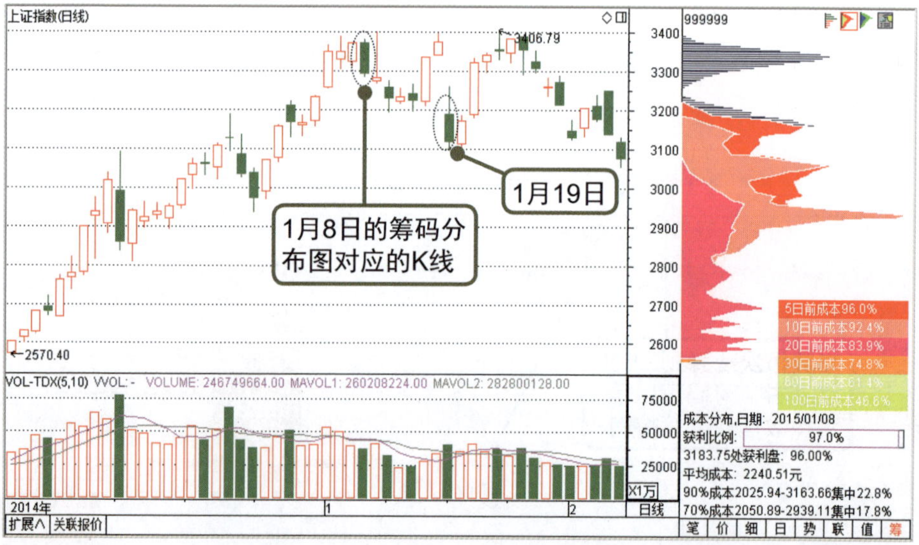

指数正是在1月8日的大跌中拉开了高位震荡的序幕，从当时的上证指数筹码分布形态来看，在2 900～3 200点的区间内，几乎每间隔50点或100点，都会出现筹

码单峰密集分布。因此无法确定上证指数具体的支撑位。

当大盘处于上涨之后的高位，筹码出现多个单峰密集分布，压力位与支撑位都无法明确，表明大盘处于震荡运行中。

指数在1月8日开始下跌，随后一路跌至3 100点附近，1月19日，指数终于在3 100点处得到支撑开始回升。当指数回升至3 400点附近时，再次被打压，指数再一次深度回调，甚至一度跌破3 100点的支撑位，从长期来看，指数在高位呈现出继续震荡运行的走势。

下图所示为上证指数2015年1月27日K线图对应的筹码分布图。此时的指数经过1月8日的下跌后再次回升至3 400点附近。

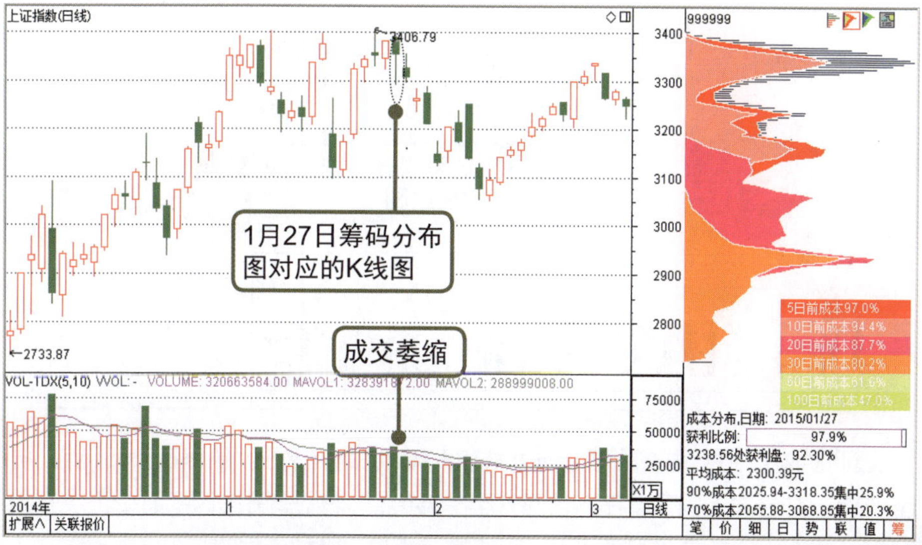

在1月23日，指数冲高回落，盘中创出新高3 406.79点。在1月27日，指数在高位收出带长下影线的阴线，有震荡下行的风险。

在筹码分布图中，在3 300～3 400点的区间内，形成筹码密集分布的单峰形态，且较1月8日指数仍在3 400点附近时的峰值有明显增高，表明在前期的回升过程中，筹码不断地向3 300～3 400点的区间聚拢。

观察同时期的成交量发现，在1月27日，筹码不断地向3 300～3 400点聚拢时，成交量呈现出萎缩的状态，表明高位震荡行情仍将继续。此时指数已经触及压力位，对于投资者而言，此时逢高卖出是较为明智的选择。

TIPS *判断大盘处于震荡中*

判断大盘处于震荡形态的依据主要有3点：一是指数K线处于筹码宽幅分布区间，区间内不同点位存在不同峰值分布；二是指数K线处于筹码密集分布区间，始终未能突破该筹码密集分布区间；三是指数K线处于筹码空缺区间。

下图所示为上证指数2015年3月6日筹码分布图对应的K线图。此时指数经过多次震荡，已经处于震荡行情的末期，未来行情走势还需进一步判断。

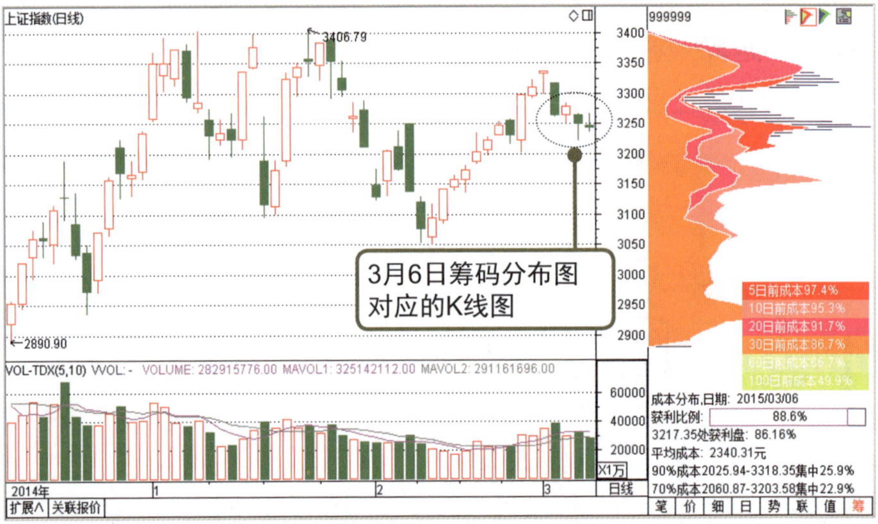

上证指数在2月初再次回落，一度跌破3 100点的支撑位，最终在3 050点处再次得到支撑，开始向上回升。在指数回升至3 350点筹码密集分布区间时，再次开始小幅震荡，震荡幅度较前期明显减小，表明震荡行情已经接近尾声。

观察此时的筹码分布图发现，上证指数在3 250～3 300点的震荡之后，在此区间形成了更为清晰的单峰筹码密集分布形态。但上证指数长时间地震荡整理，都无法突破3 350点附近的单峰筹码密集分布，显示行情走势仍未明确。

前期上证指数在3 150点附近对应的单峰筹码密集分布峰值，在3月6日已经缩减为半峰状态，且有两次支撑。随着3 150点下方的筹码不断向3 250点聚拢，指数却上攻无力，没有走出明显的上扬趋势，行情震荡格局明显。另一方面，越是临近震荡行情尾声，越是买卖点凸显的机会。

观察同时期上证指数的成交量可以发现，当指数在2月初开始触底回升时，成交量呈现微弱放大趋势，在临近3月6日时，更是出现缩量。没有成交量的保证，指数在短期内无法继续创出新高。

TIPS 筹码宽泛分布的要求

筹码宽泛分布的形态需要如下要求：需要K线在某个较窄的价位区间震荡聚拢，从而形成较为清晰的筹码密集形态，同时其他点位的筹码峰值缩减。这类形态对应的筹码分布，是典型的大盘震荡筹码分布特征。

下图所示为上证指数2015年4月至5月的K线图，图中筹码分布图对应的时间为5月15日。此时大盘处于快速拉升之后的回调阶段。

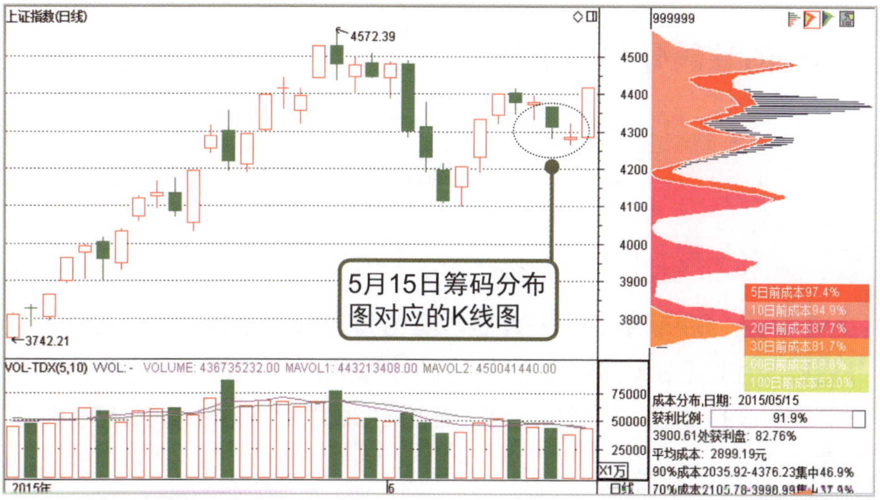

上证指数在2015年4月集中爆发，在不到一个月的时间里，大盘指数从3 700多点上涨至4 500点附近，涨幅达21%。随后在4月底，行情出现变盘，并跌破4 350点附近的筹码密集分布区域，使得此区域内的筹码密集分布对下方形成压制，同时在4 350点形成单峰筹码密集分布压制。

5月15日对应的大盘指数为4 300点，该区域内的筹码分布较为宽泛，峰值并不清晰，同时又受到上方密集筹码的压制。在筹码分布图中，3 800～3 900点，4 000～4 100点两个区间都存在筹码空缺，表明前期指数快速拉升过程中，在两个区间停留的时间偏短，没有形成有效的筹码转移，预示着在这些筹码空缺的区域有一定的可能会回补。

从另一方面来看，筹码分布图又显示出，在前期上涨过程中，3 700～3 800点，3 900～4 000点，4 100～4 200点这3个区间内都形成了单峰密集，且呈现锁定状态，表明指数在这些点位支撑明显。因而可以判断，上证指数在5月15日的行情走势是偏强的震荡格局。

从后市的走势来看，指数并未回补下方筹码空缺的区间，表明下方支撑力度大于回补愿望，指数继续上攻的意愿强烈。

TIPS *大盘震荡的典型特征*

当K线在某一个密集区间内波动，且密集区间下方也存在某个高峰值或半峰值筹码密集分布区间，这些区间对指数形成潜在支撑，这类形态也是大盘处于震荡行情中的典型特征。

7.1.3

大盘弱势的筹码分布移动分析

当大盘处于弱势时，对于长线持仓的投资者而言需要做到逢高减仓甚至清仓；而对于短线持仓的投资者而言则是需要果断平仓，耐心寻找弱势市场中的短线机会。

分析实例 上证指数（999999）——大盘弱势的筹码移动分析

下图所示为上证指数2014年1月至5月的K线图，此时指数仍处于下跌行情中。筹码分布图对应的K线为2月25日，当天的上证指数以2.05%的跌幅收盘，大盘走弱趋势明显。

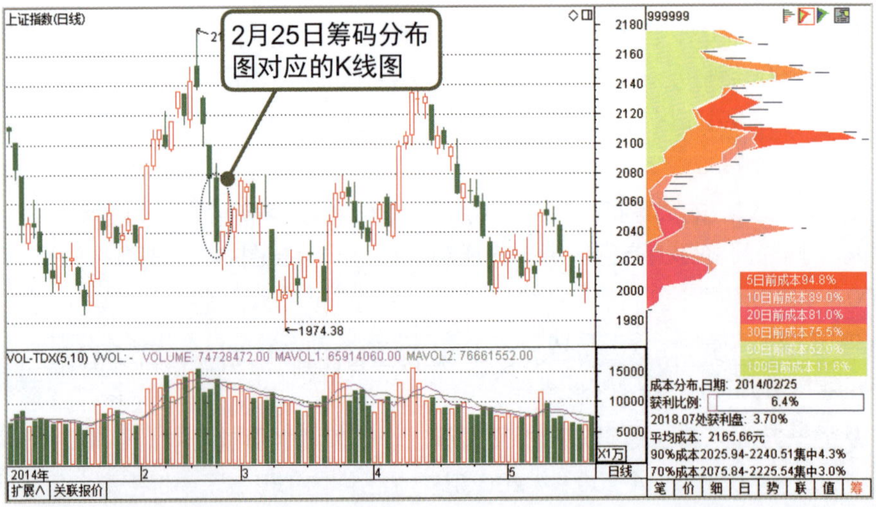

上证指数在2014年2月之前，由2 200点附近开始下跌，随后在1 900点上方形成底部，并在底部宽幅震荡，指数在震荡中持续保持偏弱的走势。在震荡过程中，指数的量能以缩量为主。

从此时的筹码分布图来看，上证指数在2 100点附近形成了单峰筹码密集分布。在2月25日，指数已经跌破了2 100点附近的单峰筹码密集分布区域，呈现出破位下跌的状态。

同时在2 100点下方，筹码分布较为宽泛，没有明显地单峰筹码密集分布，显示出目前市场中的支撑力较弱，支撑位尚未明确，整体行情趋弱。

下图所示为上证指数2014年2月至5月的K线图。右侧的筹码分布图对应的是4月11日的K线。此时大盘指数在触底之后迎来一轮反弹，后市行情似乎一片看好。我们则应用筹码分布移动分析进行更深入的判断，以便对后市行情有更准确地预测。

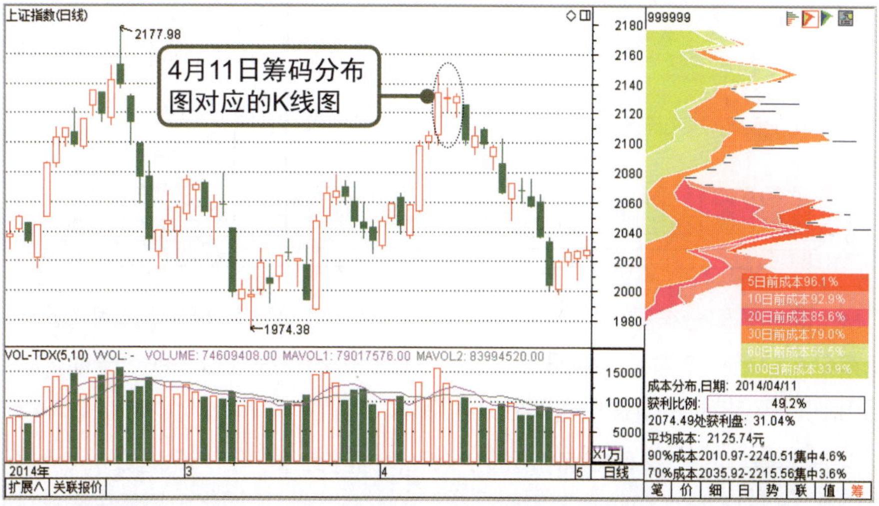

上证指数在2月破位下跌后，在1 900点上方得到支撑，相对于前期高点的2 177.98点，跌幅将近10%。在得到支撑后，指数便开始缓慢回升。在回升过程中，成交量有所放大，但放大幅度偏小。显示出市场中的交投愿望不强烈，在此影响下，4月11日前后，指数在反弹后的高位收出十字星。

从此时的筹码分布图来看，在2 140～2 160点的区间内有不少前期2月份的持仓成本，这些成本在此区间内形成了单峰筹码密集分布。当指数在4月11日达到新高时，仍处于该单峰筹码密集分布的下方，始终受其压制，不利于指数的继续上攻。

在2 000～2 100点较窄的区间内，筹码分布存在空缺，且分布宽泛，没有明确清晰的单峰存在，因此难以确定下方支撑的位置。从而形成了指数上攻受到压制，下方无明显支撑的弱势行情。

从总体格局来看，上证指数在2014年3月开始反弹上行，试图攻破2 140～2 160点区间内的单峰筹码密集分布，但指数上涨至2 140点便止步不前，压力明显，随后指数缩量下跌，2 100点上方的筹码密集分布都转化为压力位，指数受制明显。

下图所示为上证指数2014年2月至7月的K线图，右侧为4月11日之后快速杀跌，指数再次接近底部的筹码分布图。

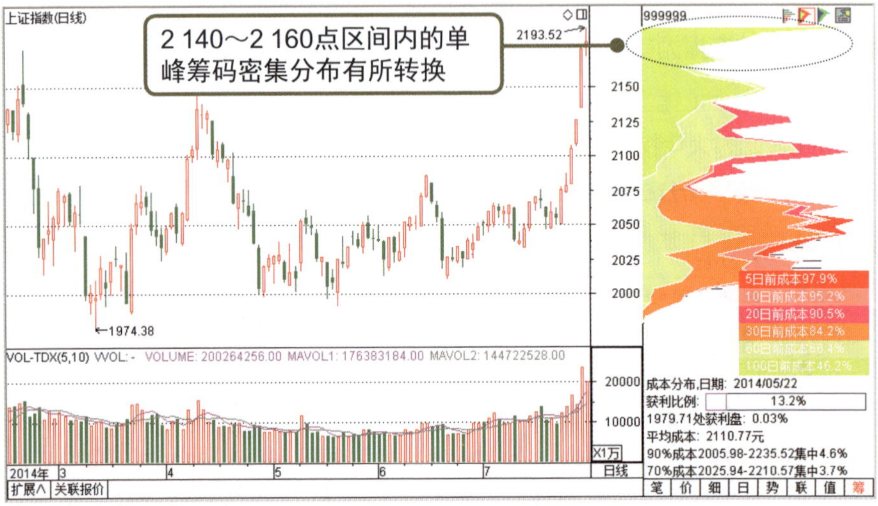

从上面的筹码分布图可以清楚地看到，前期在2 140～2 160点区间内的单峰筹码密集分布已经转换为半峰筹码密集分布，但峰值仍较高，且多数处于锁定状态，显示出前期高位持仓的套盘仍有部分继续持有。

当指数再次杀跌至2 000点附近时，得到有力的支撑，在2 000～2 050点区间内反复震荡，同时观察筹码分布图发现，在2 100点附近，形成了单峰筹码密集分布，对指数上扬形成压力。同时在指数低位反复整理期间，成交量始终保持低迷状态，整体行情仍然较弱，对于普通投资者而言，此时只适合继续观望，而对于实力雄厚的主力而言正是左侧建仓的时机。

7.1.4 左侧建仓与右侧建仓

在期货投资中，建仓分为左侧建仓与右侧建仓，这一理论同样适用于股票投资。从理论上而言，左侧建仓更符合价值投资理念，市场中的价值投资者希望以更低的价格买进股票，因此他们很少会在上涨过程即右侧买入。在左侧建仓，需要对行情趋势有更大地把握；出现浮动亏损时，需要更强大的承受能力。

总而言之，左侧建仓就是以更长的时间周期，以更低的价格买入股票，实现更多的投资收益。因其建仓成本低，所以受到了多数主力资金的青睐。

相对于左侧建仓而言，右侧建仓是在行情出现最低点之后买入，预期损失可能性小，心理压力小，对行情趋势的把握要求也更低。因此，普通投资者在实战中多选择右侧建仓。

分析实例 中小板指（399005）——根据指数左侧建仓

下图所示为中小板指2017年11月至2018年4月的日K线图。从图中可以看到整个时间段内中小板指都处于下跌趋势中，60日均线在2017年12月之后开始掉头向下，大趋势已经走坏。但是在指数不乐观的情况下，我们也可以根据指数的演变寻找一些短期交易机会。

根据下图中的筹码分布来看，此时的指数刚刚从8 164点下跌了一个台阶，低位筹码已经大幅度获利的情况下丝毫未动，高位开始出现套牢筹码，但整个市场的筹码仍以低位获利筹码为主。

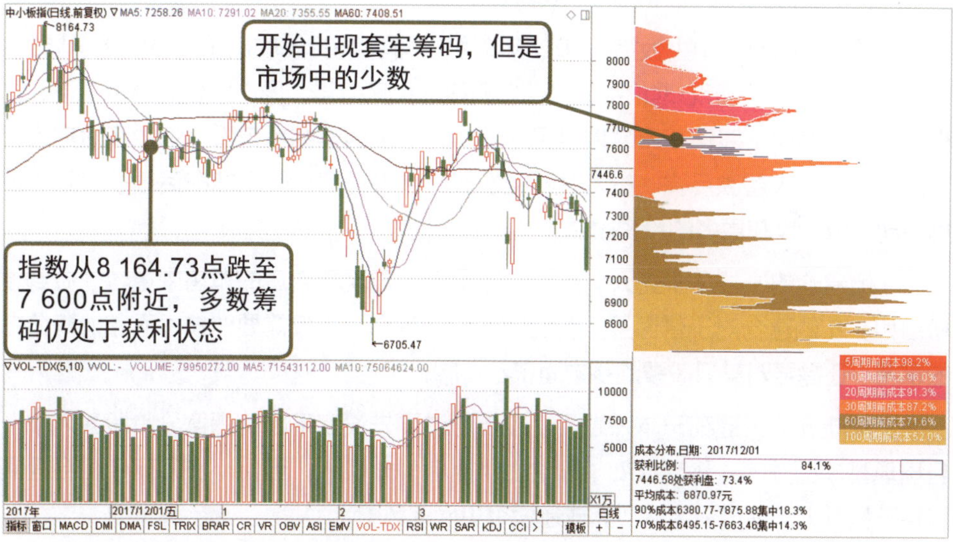

中小板指在经过2017年12月之后将近两个月的高位震荡之后，在1月中下旬再次向下突破，指数从7 600点最低跌至6 705点，跌势惨烈。在下跌过程中，我们根据其筹码分布可以看到两个方面的变化，一个是低位获利筹码的松动，即不断减少；另一个则是高位套牢筹码的增多，具体如下图所示。

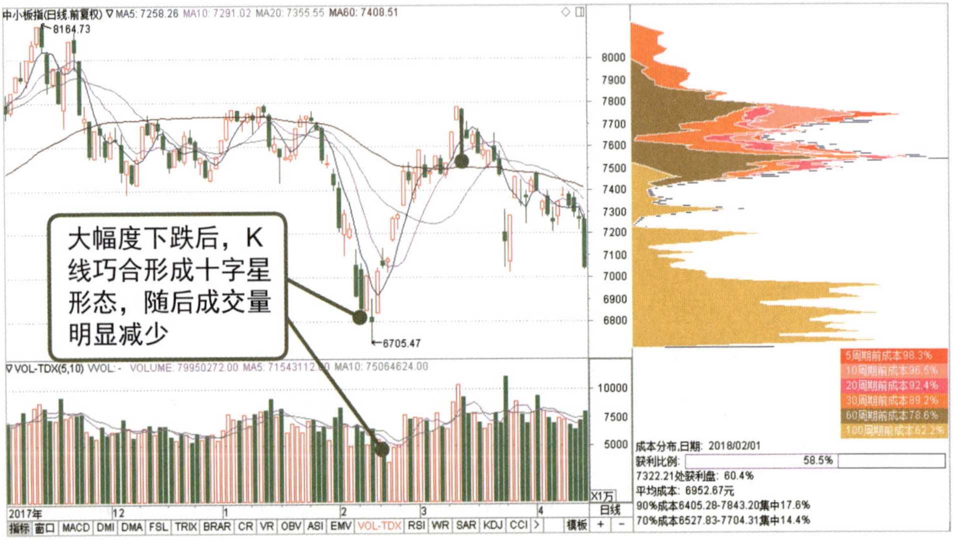

当指数在大幅度下跌之后，筹码分布上开始出现高位与低位两个筹码密集单峰时，即有机会衍变为我们常说的“双峰填谷”。

值得注意的是，中小板指在2018年2月9日非常巧合的收出了一根阴十字星的K线形态，这也是K线形态理论中最为简单直接的见底信号。同时配合成交量在下跌过程中的不断减少，股语有云“地量见地价”。多个因素综合来看，指数在短期大幅下跌后有望迎来超跌反弹，投资者若能把握机会进行建仓，则能在后续的反弹中占据主动地位，收获更多的投资收益。

左侧建仓的好处在于先人一步，占据主动，在获利之后的抛售中更容易做到轻松自如。左侧建仓对于普通投资者而言要求非常高，不仅需要对技术面和筹码分布的掌握，还需要对某只股票的基本面了若指掌。

左侧建仓的关键在于越跌越买，主要通过事先设定下跌的幅度分阶段买入，一旦出现基本面好转，预期改变，股价上涨则会停止买入。当然，左侧建仓也会遇到股价跌幅过大，造成资金购买完成还没有见底的风险。

因此，左侧建仓适合那些资金规模大，投资经验非常丰富，对基本面熟悉的投资者。

分析实例 上证指数（999999）——大盘弱势时筹码密集分布支撑失效

下图所示为上证指数2014年4月至7月的K线图。从图中可知，上证指数在4月15日破位下跌1.4%。右侧为当天大跌时对应的筹码分布图。

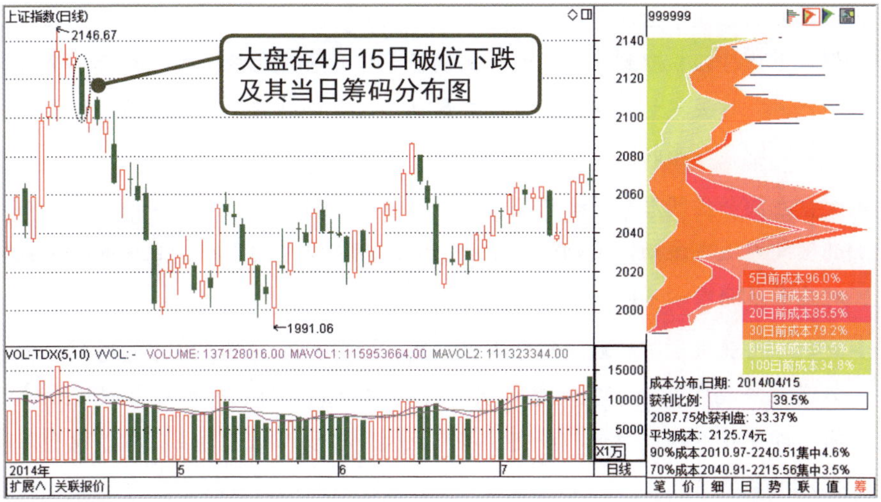

4月15日是上证指数破位下跌的开始，观察同时期的筹码分布图发现，当时在2 020～2 080点区间内形成的筹码密集分布对指数并没有形成有效支撑，大盘指数在空方的打压下快速下跌，跌速极快。

因此前期未能有效支撑指数继续上扬的筹码密集分布，在指数跌至2 000点下方后转换为压力位。

在下跌过程及下跌后的底部震荡中，市场中的成交量都保持在较低的水平，表明前期套盘惜售手中的筹码，而市场外的投资者则保持继续观望。

当指数跌至1 991.06点的新低附近时，试图向上变盘回升，其面临的压力来自于2 020～2 080点区间以及2 100点附近的筹码密集分布。面对如此大的上涨压力，大盘需要足够多的时间去逐个攻破。

可以看出，当大盘处于弱势时，筹码密集分布的支撑作用失效，其代表的支撑位将转化为指数上涨的压力位。这也意味着大盘指数需要更长的时间震荡整理，这段时间内，投资者应以观望为主。

当大盘出现破位下跌形态时，最初的下跌阶段即破位之后的跌幅一般较大。对于普通投资者而言，资金量较小，持仓股票种类、数量都较少，因此在破位下跌后可以灵活采取策略；而对于主力资金或资金量大的投资者而言，一旦大盘呈现出趋弱的走势，就应提前操作，逢高减仓，避免在大盘破位下跌过程中买盘稀少，无法出逃的情况发生。

判断大盘是否处于弱势行情中，在借鉴之前的案例之外，还可以从以下3个方面进行分析。

◆ 大盘在高位某个区间内反复震荡，该区间对应的筹码分布较为密集，且大盘指数在上攻过程中感到压力。经过回调后，指数再度上攻，但始终无法突破前期高点。同时成交量出现萎缩，这类情况是大盘逐渐转弱，指数随时可能破位跌穿筹码密集分布的表现。

◆ 大盘在某个区间形成了峰值较高的筹码密集分布，指数在该筹码密集分布对应的区间内上下波动，波动过程中的上涨没有成交量的支撑。且该筹码密集分布对应的区间重心不断下移，成交量萎缩。

◆ 大盘在出现破位下跌后，继续下跌不止。指数如此弱势，对应的筹码分布表现为高位筹码密集分布呈现锁定状态，下方的低点为没有形成筹码满峰峰值分布。即使在下跌过程中，成交量偶有放大，但多以阴量为主，对于投资者而言仍以观望为主。

7.2 个股筹码分布移动分析

在利用筹码分布移动分析对大盘处于强势、震荡或弱势行情中有所了解之后，就应在其基础上对个股进行筹码分布移动分析。

在分析中主要针对个股盈利与止损进行讲解。在大盘处于不同行情中又可细分为大盘强势、大盘震荡、大盘弱势形态中筹码分布移动分析个股盈利；以及如何利用筹码分布移动分析个股止损。

7.2.1 通过筹码分布移动分析个股盈利

在利用筹码分布移动分析个股盈利之前，应先确定当前大盘处于什么样的行情之中。不同的行情有不同的分析方法，下面首先在大盘强势行情中的筹码分布移动来分析个股盈利。

1. 大盘强势行情时，利用筹码分布移动分析个股盈利

大盘在强势行情时，指数不断创出新高，个股中各板块轮动上涨，是投资者重仓布局的绝佳机会。

分析实例 东方财富（300059）——大盘强势时，筹码分布移动分析个股盈利

下图所示为创业板指数2018年1月至4月的日K线图，从图中创业板指数的均线可以看出，60日均线长期仍然向下运行，意味着指数近期均处于下行趋势中。但进入2月底，指数成交量一度萎缩至352亿的地量，随后成交量逐步放大，指数进入短期反弹的周期。

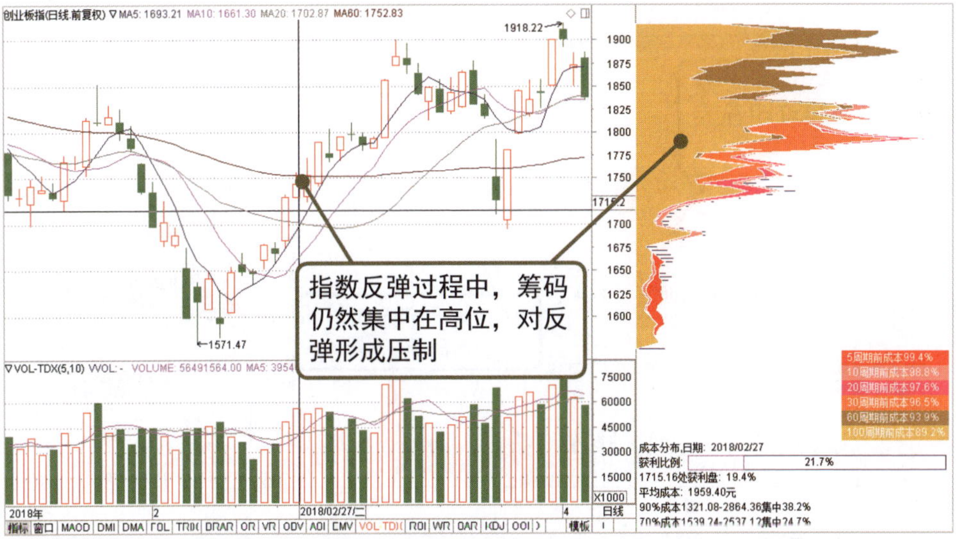

事实上，从筹码分布形态来看，指数反弹的空间并不乐观，市场中多数筹码均处于高位被套牢的状态，对于指数反弹形成了重重压力。除了上方套牢盘压制的利空以外，投资者主要还是对于全球经济复苏能否持续的担忧，以及美国新任总统特朗普对华政策的影响。

从特朗普长期以来的表态和竞选口号，市场普遍认为特朗普总统力图把制造业带回美国，改善国内的就业机会。

特朗普将在执政期间特别注重美国的经济利益，他需要让美国老百姓感觉他当总统对经济有好处，所以从长期来看，美国可能会跟中国这个世界第二大经济体在包含贸易在内的多个领域发生更多摩擦。

特朗普自竞选时便极力鼓吹“美国优先”，在这一政策导向下，未来一年，美国政府将更加积极吸引全球高端制造业资源和科技资源。2018年，美国对中资企业赴美并购的审查将更加严格，这甚至蔓延至中资并购其他国家企业。

从种种迹象来看，中美贸易战不断升级，不断增加的关税对双方的经济都将造

成不同程度的不利影响，这对于脆弱的A股市场而言是“毁灭性”的打击，所以资金的谨慎是正常的。但对于创业板的股票而言，一旦指数有一定幅度的反弹，若能擒住反弹龙头个股也能收获不错的短期投资收益。

如何在一轮反弹中抓住龙头个股？这需要根据当时炒作的热点题材来进行判断。以2018年2月开始的反弹而言，创业板各个热门题材并没有明显的异动情况，在这种情况下，我们主要关注那些创业板股性活跃、最容易被资金关注的龙头股，例如同花顺、东方财富、暴风集团等，其中东方财富最为适合，如下图所示。

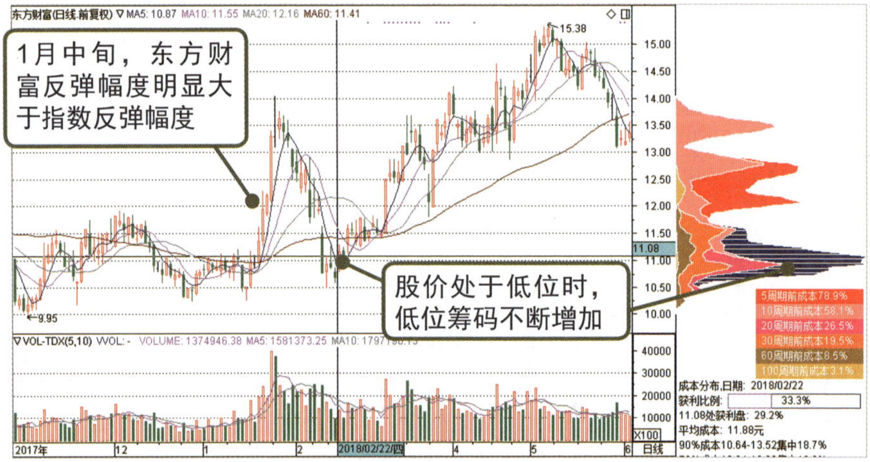

从上图可以看出，东方财富早在1月中旬创业板指数小幅度反弹时就已经开始大幅度反弹，其股性活跃的特点展现得淋漓尽致，也显示了市场资金愿意在创业板指数反弹时再度炒作它的股价。

随后在2月前后，东方财富的股价也随着开始调整，且调整幅度非常大，主力资金操盘的风格可以说是“杀气凛冽”，但是观察股价大幅度下跌后的筹码分布可以发现，筹码在股价跌至低位后仍在增加，意味着资金在低位持续买入。

筹码在11元左右形成低位筹码单峰，市场资金在大环境不那么乐观的情况下似乎更愿意在少数个股中“抱团取暖”，而东方财富作为创业板市值居前的个股，可以容纳更多的资金。

11元左右的低位筹码单峰在不断积聚的同时，我们也看到筹码在12～14元区间内也存在许多高位筹码单峰，意味着仍有许多高位套牢的资金，限制了股价反弹的速度与空间。

从股价反弹的形态来看，成交量参差不齐，并未持续放大，同时反弹过程充满波折并不是一帆风顺，多种因素限制了东方财富的反弹。但总体来说，若能在指数反弹初期买入东方财富这只龙头股，依然能在羸弱的大势下收获不菲的投资收益。

2. 大盘震荡行情时，筹码分布移动分析个股盈利

大盘处于震荡行情时，板块之间以及个股的涨跌趋势呈现两极分化。在多数情况下，热门板块会出现上涨，而个别板块则会出现背离下跌。因此在震荡行情中，需要着重把握板块的轮动效应。

指数处于震荡之中，只有极少数热门概念板块能连续收涨。其中蓝筹权重板块，如银行、地产和券商等，很难在震荡行情中连续收涨。因为这些板块与大盘指数的紧密性较高，通常出现同涨同跌的情况。

大盘震荡时，市场资金在各个板块之间轮动，且轮动周期短，即板块轮动后的上涨，往往无法长时间地保持。待投资者发现某个板块蓄势上涨进行买入布局后，板块在后期的涨幅并没有达到意料之中，随着资金撤离该板块，投资者的获利非常有限。

因此，投资者在大盘震荡中进行投资时，需要注意以下两点。

- ◆ 尽量寻找蓄势充分、有可能受到资金关注，且前期有所建仓迹象的板块。从该板块内寻找蓄势待涨的个股。在个股有不错的涨幅后，应注意逢高减仓，及时了结获利。
- ◆ 寻找有清楚的持续整理蓄势形态的板块，在筹码分布图中，显示为筹码单峰、双峰或多峰分析形态清晰，多日前的持仓成本较为稳固。这类型的板块将会在后期保持不错的涨幅。

分析实例 青岛啤酒（600600）——大盘震荡时，筹码分布移动分析个股盈利

下图所示为上证指数2017年10月至2018年2月的日K线图。从图中上证指数的60日均线走势来看，近期的指数处于一个缓慢上涨的趋势中。

上涨的势头在2017年11月中旬突然中断，指数在2017年11月23日突然收出大阴线，随后股价快速调整到3 300点附近展开震荡。

震荡过程中的K线形态和成交量非常配合，成交量低迷，市场人气清淡，一切似乎又重回谷底。但观察筹码分布可以看出，一方面是3 375点左右形成了非常密集的筹码单峰，并未因指数回调而下移，意味着高位套牢筹码没有着急抛售出场。另一方面是低位3 275点左右形成的低位密集单峰在不断聚集。

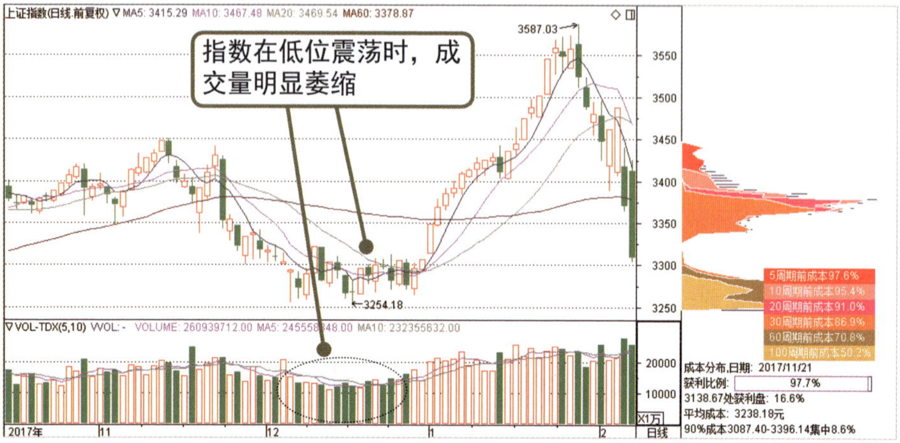

投资者在大盘震荡时的最优操作策略仍是选择涨幅超过大盘的热门板块，在板块内部精选个股进行买入持有。当个股对应的筹码分布形态呈现出蓄势突破形态时，有阶段性走强的可能，投资者买入之后应坚定持有，直到从筹码分布的移动中出现筹码高位密集换手，此时就是投资者清仓卖出的时机。

震荡时期如何选股？我们知道市值越大的股票受指数的影响越大，反之亦然。当指数陷入震荡时，说明市场中大市值的股票大部分都以震荡走势为主，所以这部分个股难以成为震荡期的投资选择。

因此，指数在震荡期时，投资者应该尽量选择中小盘白马股，一方面是中小盘弹性足，股性更为活跃；另一方面则是白马股更有业绩保证，在指数震荡时更容易得到避险资金的青睐。

如下图所示为青岛啤酒2017年10月至2018年3月的日K线图。从图中可以看到，在上证指数处于震荡的时间阶段内，青岛啤酒的股价从最低的30.18元上涨至最高的45.8元，涨幅超过50%。

青岛啤酒为什么能够异军突起？首先是经过了2013年~2016年全行业下滑，大多中小企业经营举步维艰，行业竞争愈发激烈。自2016年下半年之后，啤酒行业销量转为正增长，但是此时包装材料（纸箱、玻璃）较前两年提升明显，对于中小企业而言，无疑是雪上加霜。中小企业的加速退出，有利于行业集中度的提升，对于青岛啤酒这类行业龙头而言将具备更多话语权。

另一方面是需求还有很大的增长空间，中国接近14亿人口，人均可支配收入持续上升，消费升级成为大趋势，决定了消费品是个好行业；啤酒已经经历了2013年～2016年的下滑，后期下滑空间有限，大概率进入存量博弈阶段，集中度提高将是不可阻挡的趋势，中国啤酒单价很低，今后价格方面还有很大的提升空间。

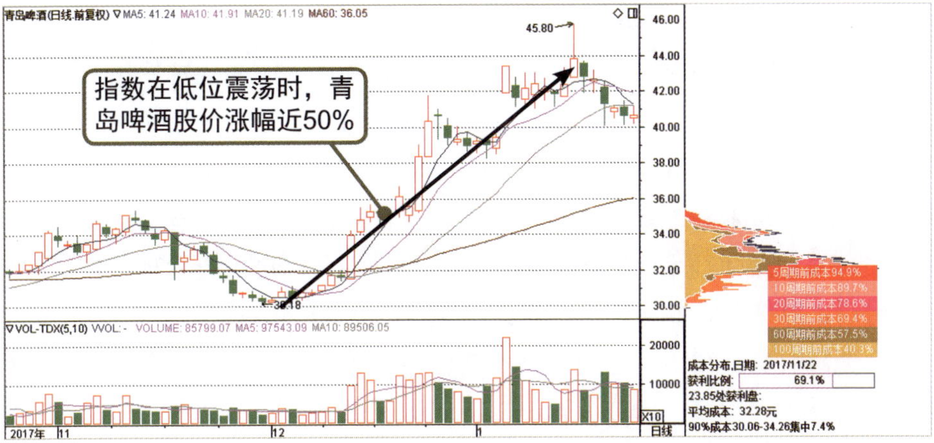

总而言之，投资者在利用筹码分布移动分析确定大盘行情处于震荡时，应从个股出发，选择那些板块内权重大的个股进行强弱分析，从而确定该板块的强弱走势。再根据板块内筹码分布，对那些有筹码密集分布作支撑的个股进行买入布局。

下图所示为市北高新（600604）2017年10月至2018年2月的日K线图。右侧为上证指数2017年12月前后处于震荡时市北高新的筹码分布图。市北高新是典型的上海国资改革概念股，其营业收入和利润数据长期表现不佳，且其作为一家房地产企业，在2017年下半年至2018年初受到的政策遏制极为明显，因此在指数震荡时，其表现也难有亮眼的表现。

除去上海国资改革概念以外，该股也没有出现吸引投资者眼球的热点题材，因此也无法得到市场资金的青睐，所以在一轮牛市中表现平平，是投资者应当放弃的股票。

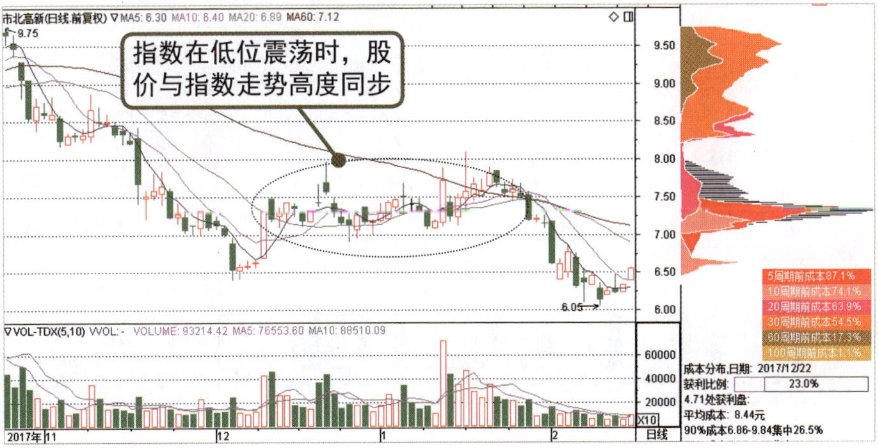

3. 大盘弱势行情时，筹码分布移动分析个股盈利

大盘指数处于弱势之中，市场中的多数板块及个股都会处于下跌之中，要想获利，难度比大盘震荡时更大。不过股票市场总是风险与机会并存，即使大盘指数下跌，仍然存在上涨的个股。

在大盘指数不断下跌过程中，许多技术指标都会出现失真的现象。投资者如果一味地跟随技术指标提供的买卖点进行操作，可能会发现在明显的买入信号后，股价并未如期上涨，甚至出现反转下跌的情况。

在大盘弱势行情中，如果只从个股的角度去分析，筹码分布移动分析的正确率可能不会很高。即使明显筑底，筹码在低位密集分布的个股，在后市走出小幅上涨的行情，但大盘始终保持下跌，个股的股价仍会在筹码密集分布区间内波动，甚至无视筹码密集分布的支撑作用，出现破位下跌。

这种情况下，在确定大盘走势偏弱后，利用筹码分布去分析某个板块或概念的指数，一旦确定一个板块的筹码分布特征处于强势之中，便可以在其中精选个股进行轻仓买入。

分析实例 桂东电力（600310）——大盘弱势时，筹码分布移动分析个股盈利

下图所示为上证指数2015年3月至5月的日K线图。右侧为指数在5月5日快速下跌过程中的筹码分布图。

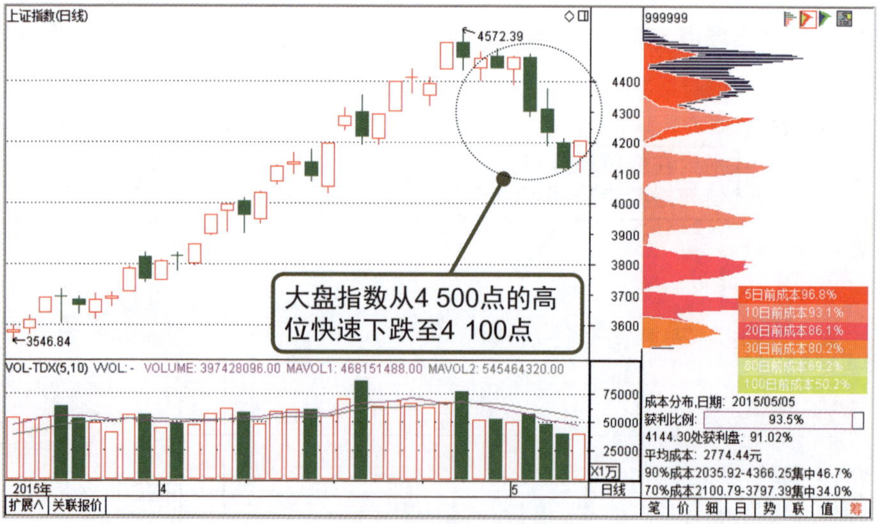

从K线图中可以清楚地看到，在经历了2015年4月的迅猛上涨之后，大盘在4 500点的高位迎来考验。从筹码分布图中看到，在4 500点下方多个区间内形成筹码密集分布，且都以单峰为主。但在多个单峰筹码密集分布存在的同时，也存在多个筹码空缺区间，在牛市行情中，这些空缺区间的回补意愿强烈，这也使得大盘在高位加速下跌。

在大盘处于下跌行情时，依靠投资拉动增长的周期性行业，诸如地产、建筑装饰、有色冶炼等会呈现出与大盘同步下跌的走势；另外，诸如信息、白酒、医疗、电力等防御性板块则会表现出较强的抗跌性。下图所示为电力板块指数在2015年4月至6月的日K线图。右侧为大盘迅猛下跌时电力板块指数的筹码分布图。

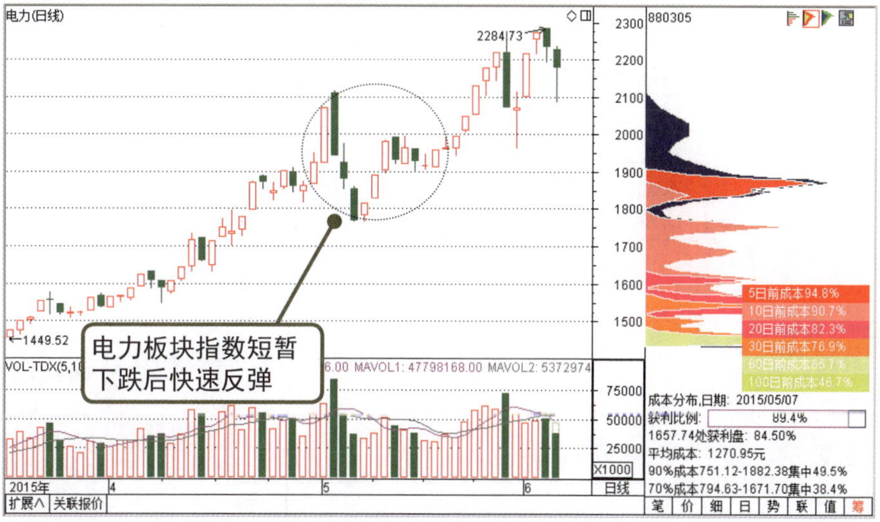

由上图中可知，电力板块在大盘迅猛下跌中，跌幅小于指数的跌幅。并且电力板块在短暂下跌之后便快速反弹走高。

观察筹码分布图发现，电力指数在1 900点附近形成了明显的单峰筹码密集分布，且下方筹码分布宽泛，没有明显的筹码空缺区间，为指数反弹走高提供了强大的支撑。

从K线形态上分析，电力指数在3个交易日内均为跳空低开，形成两个缺口。且第三个交易日收出的阴线并没有呈现出破位下跌的形态。从而预料，后市电力指数回补缺口的可能性较大。

即使电力指数跌破1 900点附近的筹码密集分布区间，也会受到下方筹码密集分布的支撑，而在电力指数反弹的过程中，在1 900点附近受到阻碍，从而横盘发展几个交易日，但板块强势行情已经无法阻挡。

TIPS *缺口理论简介*

缺口分为普通缺口、持续性缺口、突破缺口和消耗性缺口。通常而言，缺口都会在后期回补。如果在一次上涨或下跌过程中，缺口的数量越多，表明当前趋势即将终结。

下图所示为桂东电力2015年3月至5月的日K线图。由图中可知，大盘指数与电力指数在5月初迎来大跌时，桂东电力走势平稳，在大盘弱势时，其股价表现可以称为强势。虽然流通市值不大，但股价在电力板块内排名前列，更加容易受到市场投资者的关注。

另外，电力改革概念在5月再度兴起，相关的改革制度与试点在如火如荼地开展中，电力行业在当期也成为市场追捧的板块。

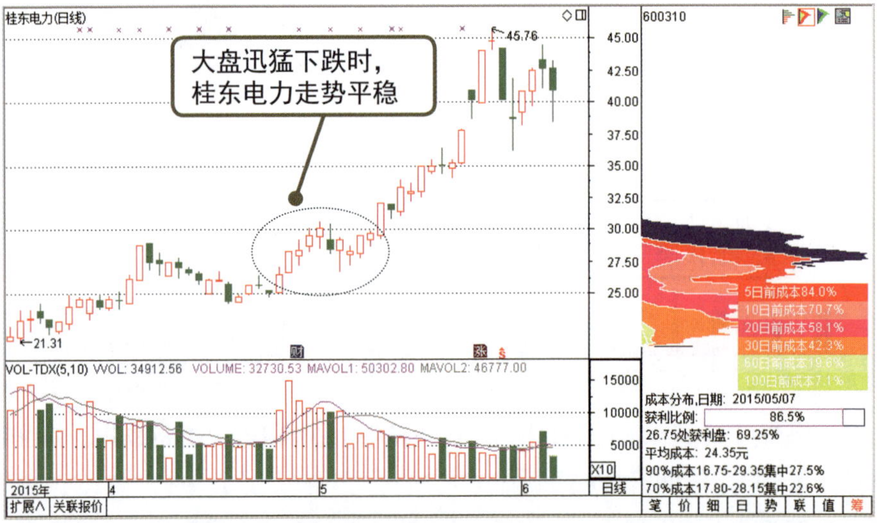

由上图可知，桂东电力在4月份大盘迅猛上涨时，股价表现不尽如人意，从29元的高点缓慢回调至25元附近。在回调过程中，成交量并未呈现放量的状态，而是快速萎缩。从筹码分布图上来看，当股价跌破27.5元附近的筹码密集分布后，明显得到下方的支撑，开始短暂横盘。

4月底，大盘指数处于高位横盘整理期间，多空双方矛盾激化，在4 500点附近反复斗争。而同时桂东电力却结束了横盘期，开始快速反弹上涨，逆市特征初显。

当大盘指数与电力指数在5月初暴跌时，桂东电力延续前期逆市走势，没有跟随大盘和板块一同下跌，而是平稳地顺势整理。

再看桂东电力4月份的疲软走势，很明显是主力资金故意洗盘而为之，目的是为了在后市更轻松地拉升股价。

从后市的K线图来看，桂东电力在脱离了25元的低位后，一路上扬至45元附近才停止脚步，在高位出现整理形态。

当大盘处于弱势中，进行投资操作的投资者应随时警惕风险。即使寻找到如同电力板块一样走势偏强的板块，在买入布局个股时也应注意控制仓位。初次建仓以三成左右的仓位为最稳妥。因为某个板块表现再过强势，也无法抵挡大盘下跌的大势，由于大盘指数的底部难以判定，一旦指数冲击底部时，定将加速下跌，前期表现强势的板块会首当其冲受其影响，如果投资者在前期重仓买入，来不及获利就将面临损失。

7.2.2 通过筹码分布移动分析个股止损

与其他技术指标相比，筹码分布在分析具体的压力位与支撑位方面具有明显的优势。因为筹码分布可以横向、客观地反映出不同价格区间持仓筹码的多少，以及这些持仓筹码是否具有某种规律性的特征。

分析实例 华胜天成（600410）——通过筹码分布移动分析个股止损

下图所示为上证指数2018年4月至9月的日K线图，从图中可以清楚地看到，该阶段内指数处于单边下跌行情中，指数受到60日均线的压制十分明显，曾在5月中旬试图冲击60日均线但未能站稳，随后快速跌到60日均线下方，指数加速下跌。

从上证指数9月11日的筹码分布来看，获利比例已经低至0.1%，且筹码集中在高位，都属于长期套牢筹码，低位活跃筹码数量极少，意味着市场交易人气已经逐步进入极端低迷化。很多投资者在这个时候往往认为行情会“物极必反”，指数有望迎来反弹。但是从下图中华胜天成的股价走势来看并不乐观。

如下图所示为华胜天成2018年4月至9月的日K线图。从图中可以看到华胜天成前期还有一段上涨趋势，其60日均线在2018年6月前还处于向上趋势中。但随着股价跌破60日均线并一去不复返之后，投资者需要考虑的就是何时止损。

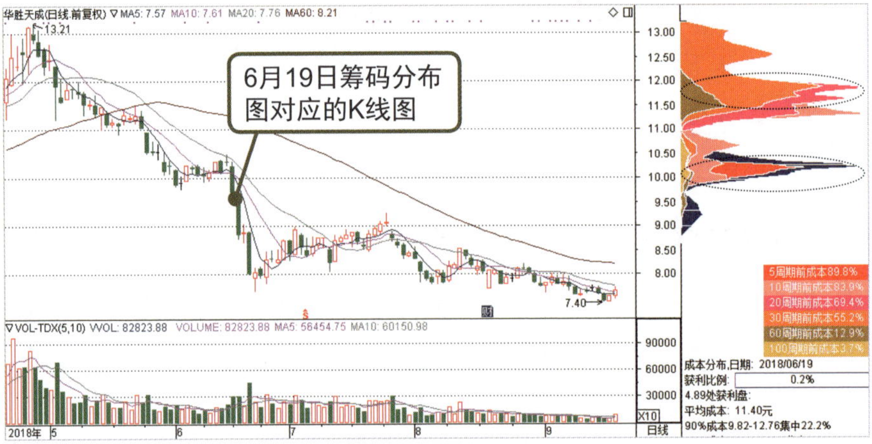

从华胜天成在6月19日的筹码分布来看，其在11.5元至12元区间、10元附近形成了两个筹码单峰。6月19日当天股价大跌超过9%，从K线来看展现为一根跳空大阴线直接跌破10元筹码峰，过去的支撑作用瞬间转换为压力作用。

在华胜天成不断下跌的过程中，成交量不断萎缩，表明市场中的买盘稀少，交投氛围清淡，股价在跌破9.5元发出止损信号后继续下跌。纵观整个下跌过程，可以清楚地看见，股价不断地跌破筹码分布图中的单峰筹码密集分布，将原本的支撑位转化为后期反弹回升的压力位，其中每次股价跌破筹码密集分布都是止损信号。

慧眼识破筹码分布的各种陷阱

筹码分布和其他技术指标相同，在实战中会产生各种陷阱，而这些陷阱主要是主力资金为了达到某种目的而特意为之。投资者需要做的就是识破陷阱，让主力资金的算盘落空，这样才能在实战中获取更多的投资收益。

8.1 筹码假套牢陷阱

从筹码分布上来看，当股价在短期内出现上涨或下跌时，持仓筹码会出现被套牢或盈利加大的情况，但这并不意味着股价就此形成长期趋势。前期处于亏损的筹码，在股价突破上涨后，亏损程度迅速降低，但股价也不一定会顺势继续上涨；当股价破位下跌后，前期持仓筹码出现深度套牢，但仍不能说明行情就此转为熊市。当持仓筹码由盈利转为亏损时，会出现哪些筹码假套牢的陷阱呢？

通常情况下，持仓筹码只有在以下情况下，才会由盈利状态转化为亏损状态，具体内容如图8-1所示。

1 主力资金并未参与股票交易活动，股价快速下跌。

2 主力资金出货完成，个股中暂无新的主力介入，股票交易不活跃，股价开始下跌。

图8-1 筹码由盈利转为亏损

当股价处于调整阶段中，大量持仓筹码短时间内被套牢，很可能是主力资金的洗盘操作而造成的。而这部分被套牢的筹码多数是普通投资者的持仓筹码，而不是主力资金的筹码。

因此，当股价跌破单峰或双峰筹码密集分布时，很有可能是主力资金在进行洗盘。洗盘结束之后，短时间内可能会出现快速反弹，前期被套牢的筹码终于解套，而这部分筹码在解套时可能会选择卖出，这也是主力资金一边拉升股价一边洗盘的陷阱。当调整行情真正结束，才是股价爆发性上涨行情的开始。

投资者可通过股价所处的位置，前期的上涨幅度以及K线的运行趋势，来判断股票是否处于调整行情中。当股价跌破筹码密集分布，则是主力资金因为洗盘而故意为之，投资者应坚定持股，等待调整行情的结束。

当股价处于上涨行情中，仍然会出现筹码被迅速套牢的情况。因为普通投资者都会选择在股价上涨过程中买入，随着股价的上涨，前期在更低价位甚至底部买入的筹码就形成盈利盘，在上涨过程中有卖出了结获利的动机，从而造成了股价在短期内的回调。

对于投资者而言，在上涨过程中被迅速套牢不是卖出的理由，而是应该继续持有甚至加仓。因为在上涨过程中被套牢的筹码只占极少部分，主力资金仍有实力继续拉升股价。

分析实例 合肥城建（002208）——连续涨停后的筹码假套牢陷阱

下图所示为合肥城建2018年3月前后的日K线图。右侧为合肥城建在3月9日股价处于相对高位震荡时的筹码分布图。

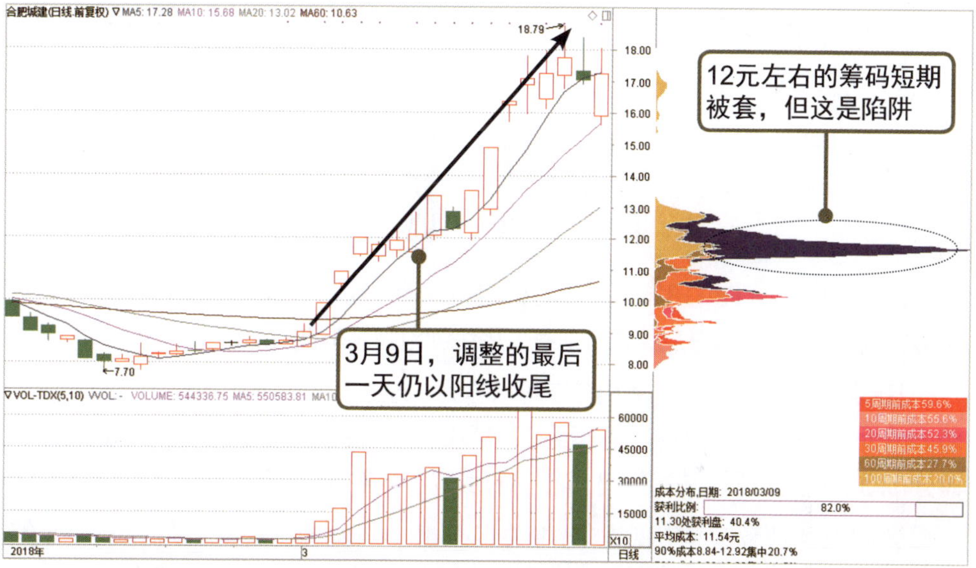

从合肥城建在3月前后的走势可以清楚地看到，股价在3月1日之前都处于低位缩量震荡的阶段，每个交易日的成交量都保持在1 000万左右，可以说是交易极为清淡，属于无人问津的股票。但是在3月1日当天，成交量突然放大到3 000万以上，股价上涨超过3%，下一个交易日股价直接放量涨停，由此打开短期快速拉升的第一波，3月2日至3月6日连续3个交易日收出涨停，且成交量持续放大。

在连续涨停后，股价于3月7日开始高位震荡阶段，但K线仍以阳线为主，连续3个交易日小幅缩量整理。从整理的最后一个交易日，即3月9日的筹码分布来看，低位筹码数量非常少，市场中的筹码主要集中在12元左右的高位。而此时的股价是低于12元的，这意味着市场中有许多高位追进买入的资金都被套牢了。

如果前期底部持有或者追涨投资者在此时选择卖出，就正好中了主力资金的筹码假套牢陷阱。果不其然，3月9日股价再次调整之后，3月12日股价再次放量涨停，开启短期炒作的第二波。股价经过调整之后从12元一鼓作气上涨到19元左右，短期涨幅超过50%，如下图所示。

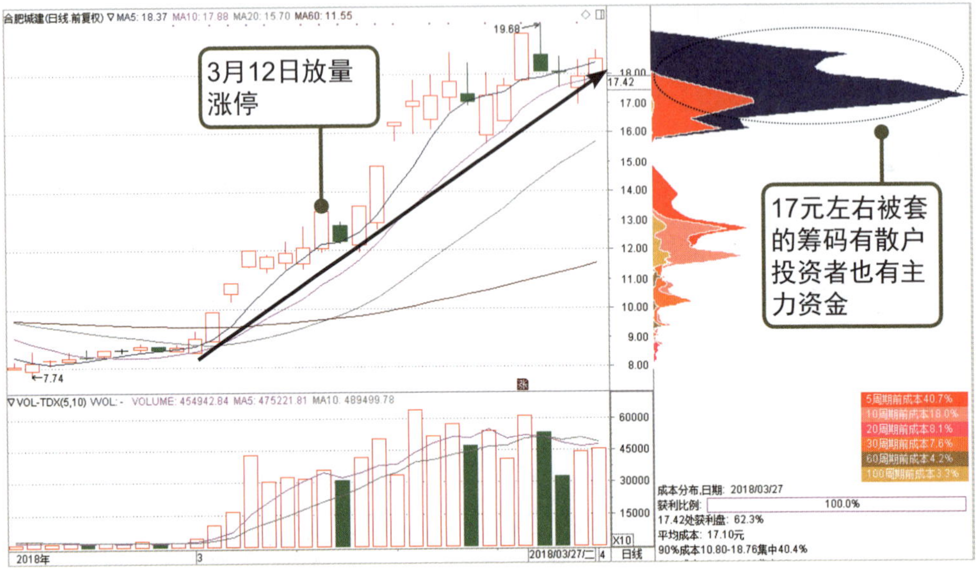

从上图合肥城建2018年3月至4月的走势来看，股价经过3个交易日的调整后，用3月12日的放量涨停开启第二波上涨，最终创出19.68元的新高。

但是观察股价在高位的筹码分布可以看到，过去12元左右的筹码密集单峰已经明显减少，这意味着主力资金都已经获利离场，而在高位追入的资金也就是右侧筹码分布图中17元左右的单峰筹码，则将在后市的调整中遭受损失。

识破连续涨停后的假套牢陷阱关键在于，高位追涨的资金规模是否足够大，连续涨停前的持仓筹码是否转换到高位。只要追涨资金量够大，前期低位的持仓筹码没有明显转换到高位，那么股价在后市仍有上涨空间。

投资者应该有一个概念，即市场中的主力资金并不是只有一家，而是许多家，他们互相之间也是竞争关系，所以一方主力资金在操盘某只股票时总是会处心积虑吸引散户资金和主力资金不断追高买入为他接盘，所以高位被套的不仅仅有散户投资者，也有实力较弱的主力资金。

分析实例 南洋股份（002212）——连续上涨后的筹码假套牢陷阱

下图所示为南洋股份2017年8月至10月的日K线图，右侧为股价处于高位回调中的筹码分布，截至2017年10月17日，股价已跌破17.5元左右的高位筹码密集单峰。

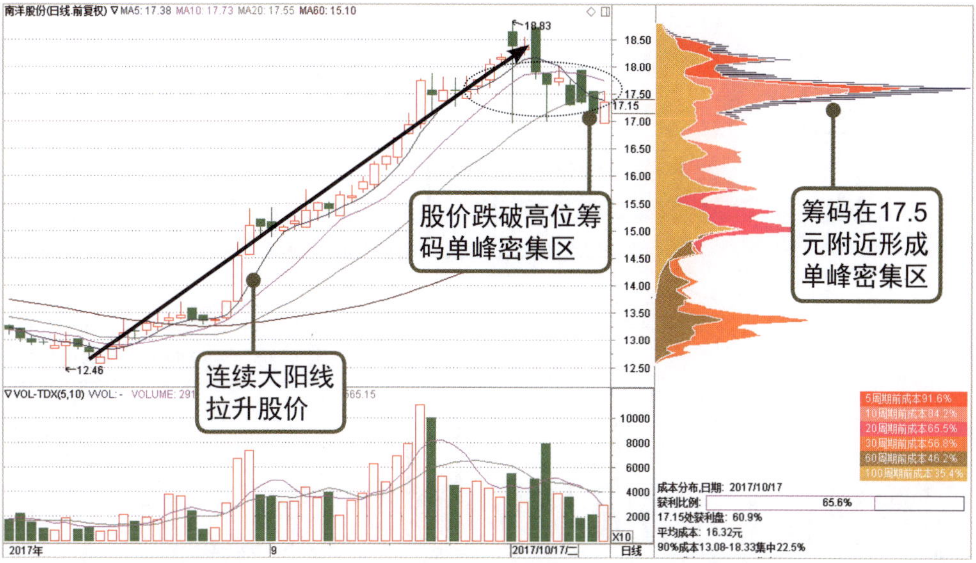

从上图中南洋股份的走势可以清楚地看到，在2017年9月之前，其股价处于一个缓慢下跌趋势中，60日、20日和10日均线均处于下跌趋势中，股价在8月8日创出12.46元的新低。

不久之后，股价进入低位反弹阶段，成交量配合有序放大，8月28日至8月30日连续3个交易日的放量大阳线将股价拉升到更高的台阶。

随后，股价换了一个更为缓慢但更扎实的上涨形态，9月4日至9月20日的13个交易日里收出了12根阳线，股价以连续小阳线的形态持续上涨，将股价拉升到17.5元左右。

股价在到达17.5元后继续保持缓慢上涨的态势，最终创出18.83元的新高，随后股价快速回调，6个交易日里收出5根阴线，股价快速回调到17元左右，17.5元左右的筹码单峰全部被套。

从此时的筹码分布图中可以看到，经过长期上涨后，低位获利筹码数量庞大，筹码抛售压力巨大，股价又跌破17.5元的高位筹码密集区，行情似乎已经发生趋势性变化。

但从下图南洋股份2017年10月至12月的日K线走势来看，股价在跌破17.5元的筹码单峰之后迅速收回，股价快速反弹一鼓作气冲上了23元左右，具体如下图所示。

南洋股份股价在12月1日创出23.31元新高的当天，K线收出了长长的上影线，与10月9日股价创出的18.83元新高的K线形态形成了鲜明的对比。

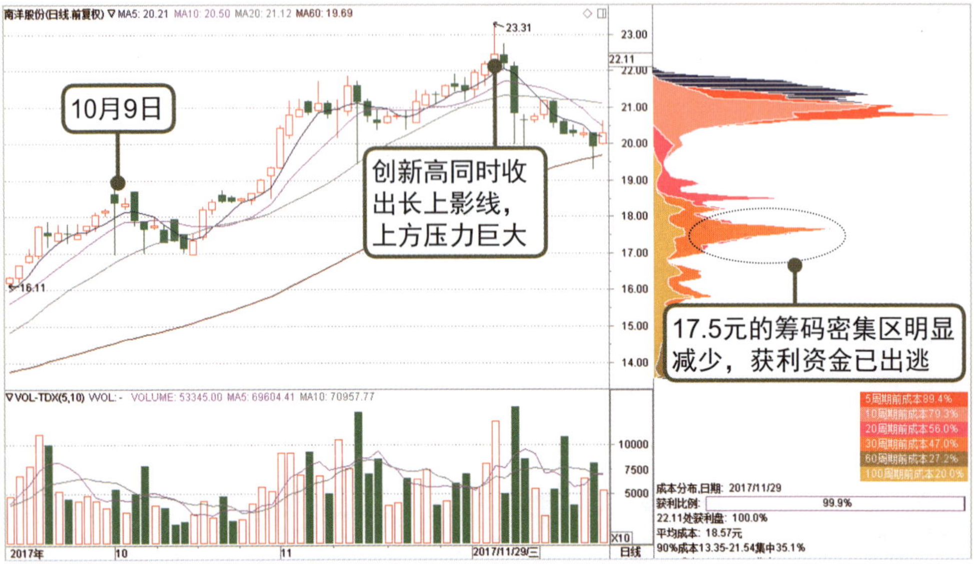

10月9日股价在盘中遭遇巨大做空压力，盘中跌幅巨大，但做多资金顶住压力将股价收回部分，最终K线收出长长的下影线，显示下方支撑强烈。

而12月1日当天，股价盘中继续冲高却遭遇强大的做空压力，股价冲高回落收出长上影线，显示上方压力巨大，最终股价见顶，进入新一轮的调整阶段。

此时的筹码分布显示，在21元附近形成的筹码单峰虽然均处于获利状态，但获利不多，也很难在后市全身而退，或多或少都将面临损失。而前期17.5元附近的筹码密集区明显减少，说明资金已经获利出逃。

8.2 突破前的高浮筹陷阱

股价在调整行情中，通常呈现出上下波动的走势。一旦股价的调整临近尾声，筹码就会形成峰值较大的密集分布。单一筹码峰形态的出现，表明股价调整行情的结束。

主力资金在通过调整阶段的洗盘后，不会立即拉升股价。通常会选择试盘，即在短时间内突然拉升股价进行试探性上攻。这样的操作表现在筹码分布图中为浮筹大增。

在利用浮筹指标ASR预测股价走势时，投资者应注意，高浮筹时会出现假突破的陷阱。浮筹调整到高位后，如果后市出现下跌，主要可以分为以下几种情况。

8.2.1
股价短线见顶时

股价在短期回升的过程中，浮筹指标会在回升过程中调整到高位。一旦股价回升幅度过大，浮筹指标达到很高的程度后，股价就会出现见顶回落的走势。

当浮筹已经调整到高位时，投资者不能轻易地选择追涨，因为见顶回落的走势出现在高浮筹时的可能性非常大。

分析实例 合力泰（002217）——高浮筹后股价见顶回落

下图所示为合力泰2018年3月至6月的日K线图，从图中可以清楚地看到，合力泰在这段时间内经历了一次完整的见顶回落走势。

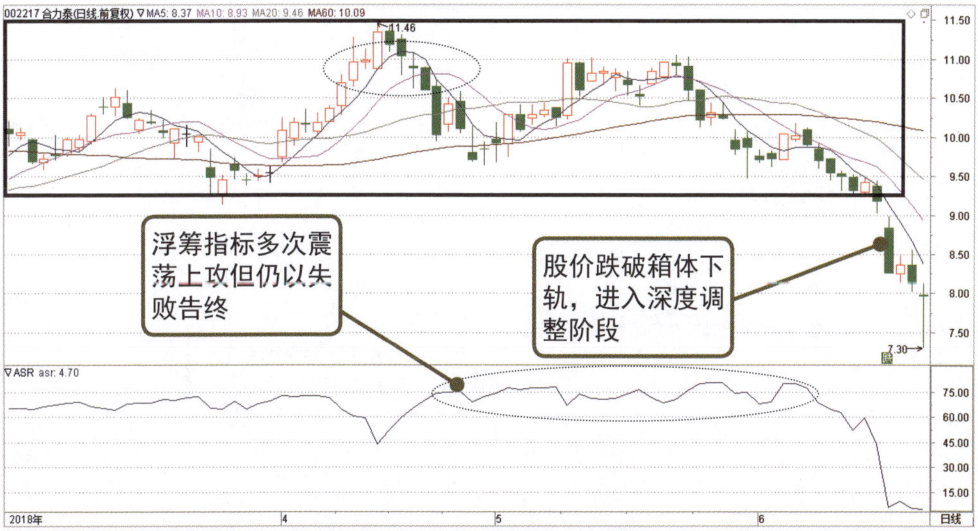

从上图中可以看到，合力泰在2018年4月之前都处于一个震荡上涨的过程，股价在9.5～11元的箱体区间中震荡，浮筹指标也随着股价回升上扬至高位。当浮筹指标达到75上方后，上涨趋势开始减缓，股价也在高位开始震荡，看似是蓄势整理，试图突破新高。当股价突破上涨失败，开始迅速回落时，浮筹指标仍在高位缓慢运行，因此当浮筹指标达到高位，投资者不应选择追涨买入，承受过高的风险。

进入5月底之后，股价再次回调到箱体下轨，即9.5元左右，但是股价未能在此继续获得支撑反弹，而是跌破箱体下轨，进入深度调整阶段。

8.2.2
股价大幅上涨后见顶

当股价已经大幅上涨至高位后，投资者就应注意投资风险。浮筹指标处于高位不排除是主力出货的结果，因此股价在主力出货后，只能面临下跌。高浮筹说明筹码密集分布在股价附近的区域内，但背后有主力和散户不断逢高减仓的可能。

随着主力和散户在高位选择出货，股价见顶回落已成必然，投资者若能把握见顶的大趋势，就能免遭损失。

分析实例 恩华药业（002262）——股价大幅上涨后见顶

下图所示为恩华药业2018年2月至6月的日K线图。从图中可以看到，在3月至6月这4个月的时间，股价顺利从12元左右上涨到21元附近，涨幅超过70%。

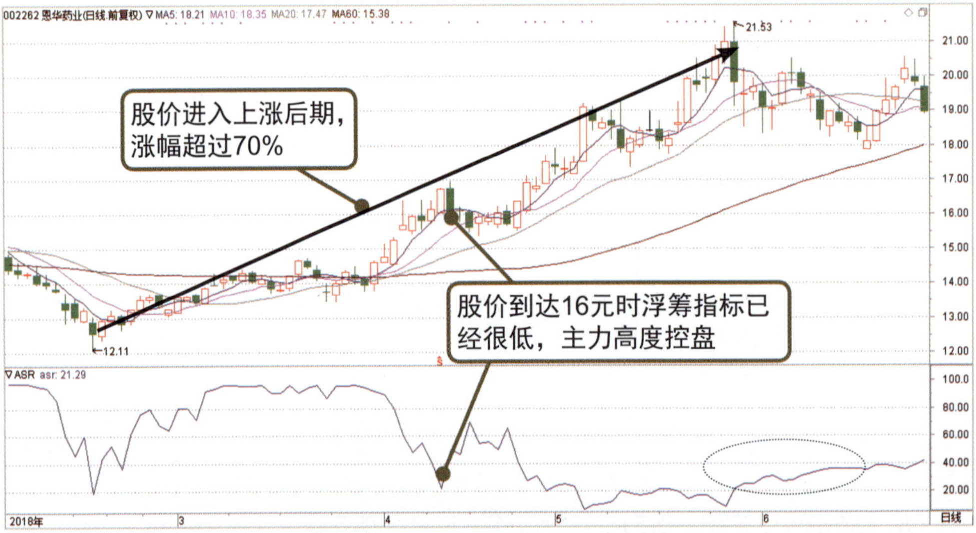

观察上涨过程中浮筹指标的变化可以发现，在4月中旬，股价上涨到16元附近时，浮筹指标就已经下降到低位的20左右，表明此时市场中的浮筹数量非常少，主力资金已经实现高度控盘，意味着后市还有上涨空间。果不其然，股价在16元附近整理一段时间后继续上攻到最高的21.53元才见顶。

如下图所示为恩华药业后续在6月至9月的K线走势和浮筹指标，当股价在5月29日创出21.53元的新高时，浮筹指标的数值为20左右，这是一个很低的数值。

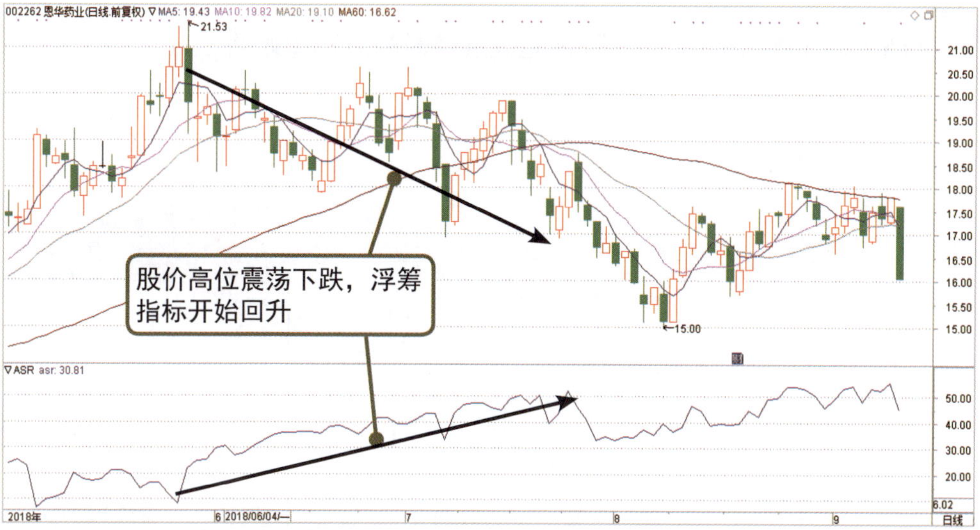

当股价在高位开始震荡时，主力资金不断出货，散户投资者开始买入，浮筹指标开始回升，代表着市场中的浮筹开始增多，获利筹码逐步退出，当浮筹指标回到50左右时，股价开始加速下跌，最终进入调整周期。

TIPS *利用浮筹指标如何判断股价运行趋势*

当股价在高位长期横盘整理时，浮筹指标从底部开始回升至75上方，这个过程是筹码向股价顶部的转移，这也是股价回落的信号。

判断长线个股的上涨趋势时，投资者可以通过查看浮筹大小来准确判断。浮筹指标虽然波动较大，但仍存在一定的大趋势。只需要把握住浮筹指标运行的大趋势，就能把握股价的买卖点。

8.2.3 股价短线反弹时

股价在短线反弹的过程中，前期被套牢的筹码都密集分布在股价上方。一旦股价反弹至筹码密集分布的区域后，就会形成单峰筹码密集分布。

受到前期套牢盘解套时的抛压影响，股价出现见顶回落已成必然。投资者只有把握住股价短线的高位浮筹的减仓信号，才能避免错过反弹高点。

分析实例 新华都（002264）——股价短线反弹时的高浮筹陷阱

下图所示为新华都2018年4月至7月的日K线图。

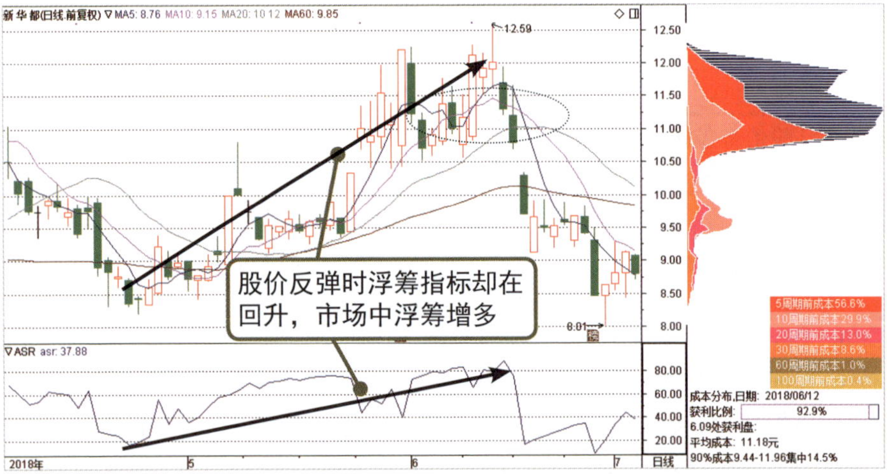

从图中可以看到，股价在5月之前都处于下跌之中，在进入5月之后股价开始反弹，从8.5元左右反弹至12元上方。

值得注意的是，此时的浮筹指标在股价反弹中却在不断走高，与股价走出同步趋势，意味着股价不断反弹，市场中的浮动筹码却在不断增加，主力资金并未在反弹中持续吃进筹码，而是在卖出。

浮筹不断增大，表明股价附近的筹码开始变多。因此在前期下跌过程中形成的套牢盘逐渐解套，形成抛压，当浮筹达到前期高点的位置，就是反弹行情见顶回落的时候。

股价短线反弹至高位，套牢盘出现抛压时，正好是浮筹指标回升至较高水平时。前期套牢盘在股价回升的过程中一定会出现减仓行为，因此也让浮筹继续增加，以更快的速度达到前期高点，从而见顶回落。

从筹码分布图中来看，股价在5月24日涨停突破10元附近的筹码密集分布，看似是由压力位转化为支撑位，有利于股价在后市继续上攻。

但观察高位筹码分布可发现，前期套牢盘有向股价下方转移的趋势，且股价上方的套牢盘已经大幅缩减，表明盘中抛压较大，股价难以继续上攻。

下图所示为新华都2018年4月至9月的日K线图。

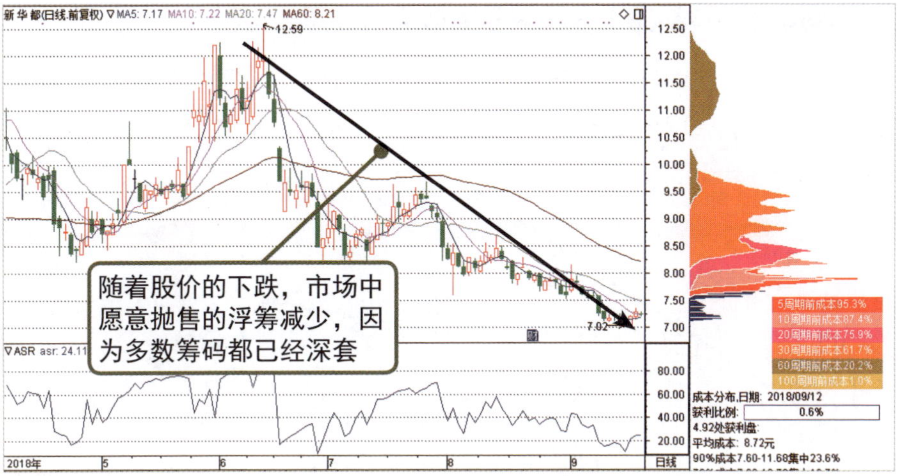

从上图可以看出，股价在6月13日见顶之后再次深幅下跌，随着股价的下跌，浮筹先是在高位震荡发展，然后随着股价跳空低开，浮筹指标降低到最低水平。从筹码分布图来看，当股价跌至7～8元的区间时，套牢盘达99.4%。前期未抓住反弹见顶的机会出场的投资者将陷入深度套牢中。

8.2.4
股价调整完毕后

股价在经历长时间的震荡调整之后，多空双方的博弈分出胜负，当空方占据优势之后，股价会出现见顶回落的走势。

即使在调整过程中，浮筹多次震荡之后已经处于高位，同时带来的是在震荡中不断增加的套牢盘。如果股价的震荡幅度较大，那么浮筹指标处于高位的个股并不一定会出现单峰筹码密集分布。

TIPS *股价高位震荡后破位下跌开启熊市行情*

从K线形态上来看，股价触顶在高位震荡之后，一旦调整完成就会出现破位下跌。尤其是筹码在高位密集分布且套牢严重的情况下，股价可能长时间维持在高位运行。随着成交量的萎缩，股价的破位下跌将拉开长时间熊市行情的序幕。

分析实例 中利集团（002309）——调整完毕后的高浮筹陷阱

下图所示为中利集团2017年6月至12月的日K线图，从图中可以看到，股价从7月初就开始上涨，从12元左右一路缓慢上涨到15元左右，涨幅将近30%。

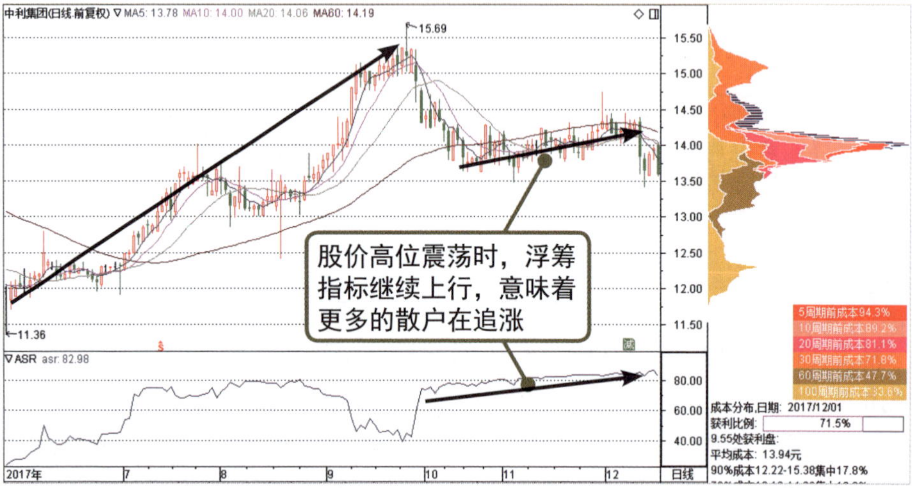

在创出15.69元的新高后股价快速调整，下跌至14元左右的平台，并有形成U形底的趋势，11月30日股价盘中冲高回落，当天收出长长上影线同时股价站上60日均线，股价有再次上攻彻底形成U形底的趋势。但是观察此时的浮筹指标却发现，指数在股价调整时一直处于高位震荡的形态，意味着市场中仍有大量的浮筹仍然对后市抱有期望。

从筹码分布图来看，前期低位的持仓筹码不断向高位转移，市场中的浮筹不断增加，这是明显的见顶减仓信号。

下图所示为中利集团2017年9月至2018年9月的日K线图。

从中利集团后续的股价走势来看，K线图确实有在高位形成U形底的趋势，但在12月之后的股价反弹中，浮筹指标并未下降，反而是继续上行达到90左右的数值，意味着反弹中更多散户资金选择追涨。

随着股价的下跌，ASR浮筹指标也呈现出震荡下行的趋势。同期的筹码分布图也显示出，高位的密集筹码不断出货止损，导致筹码向股价下方转移，市场中的抛压越来越大，因此股价跌势不止。前期在高位双顶震荡时期未能及时出货的投资者将面临深度套牢。

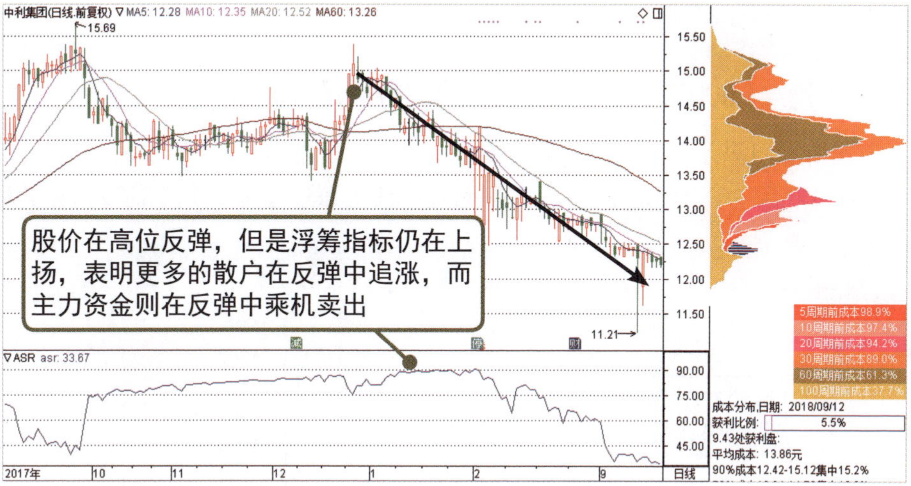

8.3 对敲造成筹码虚增陷阱

在股价拉升过程中，会出现主力资金进行对敲操作的现象，由此带动股价不断上攻，同时伴随着大量的筹码出现。同时期的成交量不断放大，在筹码分布图中，通常显示为筹码迅速发生转移。从表面上看，股价的上涨是由主力资金对敲操作带来的，而实际上是筹码不断向上转移的结果。

投资者要想把握住主力对敲操作带来的股价上涨阶段，可以重点关注成交量的变化。当主力资金不断地对敲，成交量一定会有规律地放大，当成交量开始萎缩时，可能就是主力对敲操作的尾声。主力无法继续拉升股价，后市可能向下变盘。

而在对敲过程中，成交量不断放大，筹码也会快速向上转移。筹码转移的过程也是股价上涨的过程，两者紧密相关。只有筹码真实地出现转移，股价才会上涨，而筹码虚增或虚减，是不会对股价产生影响的。

筹码虚增是投资者在股价到达高位后争相出货而造成的筹码上移。筹码在极短的时间内聚集到股价上方，而股价却呈现滞涨走势，是较为明显的卖点。

判断筹码虚增，可以通过成交量和换手率来分析。如果成交量一直保持较高的水平，换手率也未出现明显降低，那么此时的筹码转换只是短期行为；如果成交量和换手率较前期有明显降低，股价的筹码转换速度明显增加，反映出的是股价见顶的信号，是高位卖点。

分析实例 深赤湾A（000022）——对敲造成的筹码虚增陷阱

下图所示为深赤湾A在2014年5月至11月的K线图。从图中可以清楚地看到股价在6月触底后，开始迅速回升。右侧为股价在上涨过程中11月13日对应的筹码分布图。

由上图可知，股价在2014年6月见底之后开始快速回升，在回升过程中，成交量呈现有序地放大。从K线形态上来看，在股价回升过程中，以大阳线为主，很显然在拉升过程中，主力资金使用了对敲操作的手法。后市在主力对敲的推动下，股价不断创出新高。

从这段时间内的成交量形态来看，成交量未能长期保持在较高的水平，而是选择在某个交易日突然放大，其他时间保持均衡的成交量。表明主力资金手中的筹码并不充足，在拉升过程中保持吸筹的操作。这也意味着，股价在后市仍有上涨空间，因为主力资金获利还不多。

TIPS 量能萎缩时减少仓位

投资者如果判断股价回升是主力资金对敲操作带来的，那么在出现成交量萎缩的高位，就应该果断减少仓位，及时了结获利。下跌的趋势肯定会出现在量能萎缩的过程中。

下图所示为深赤湾A在2014年11月至2015年3月的K线图。由图中可知，深赤湾A在2014年12月股价拉升至高位后，在高位走出震荡下跌的整理形态。右侧为震荡行情尾声2015年3月5日对应的筹码分布图。

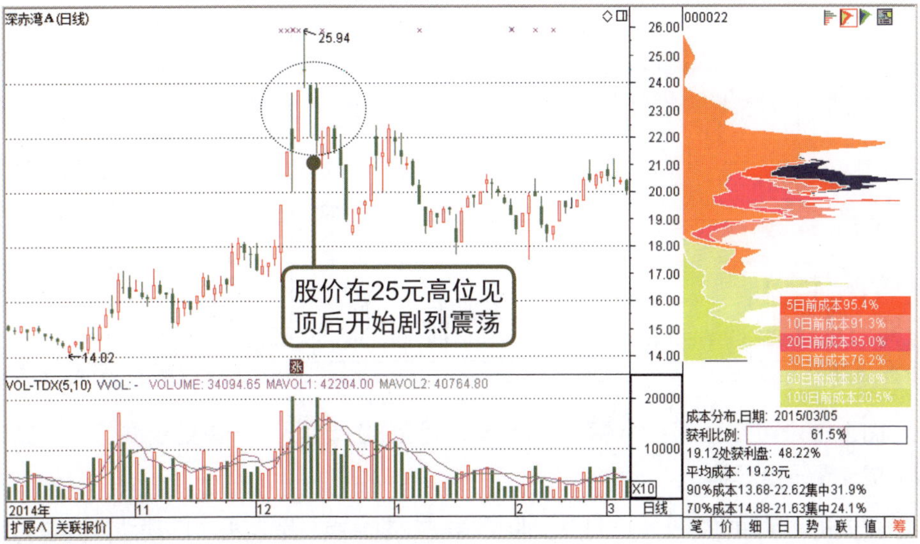

由上图可知，股价在上涨至25.94元高点后快速回落，在高位展开巨幅震荡。股价始终保持在18～22元的区间内上下波动。

从成交量来看，在震荡调整过程中，成交量快速萎缩，表明后市还有放量的空间。如果在后市出现放量，并达到前期主力对敲拉升时的水平，说明股价会在主力的推动下继续拉升。

此时的筹码分布图显示，前期上涨过程中的低位筹码开始向高位转移，而成交量却出现萎缩，表明市场中的抛压不大，反而有新资金买入进场。而高位的筹码在20元附近形成密集分布，市场中浮筹开始迅速增加。

如果投资者仅以此来判断股价的走势为见顶回落，那么就正好中了主力对敲造成的筹码虚增陷阱。在高位不断增加的筹码，是主力资金将前期获利筹码通过对敲的方式进行换手。

这样的操作，既能了结一部分获利，又能吸收到更多的筹码，主要是为了达到在后市更轻松拉升股价的目的。

下图所示为深赤湾A在2014年12月至2015年6月的K线图。

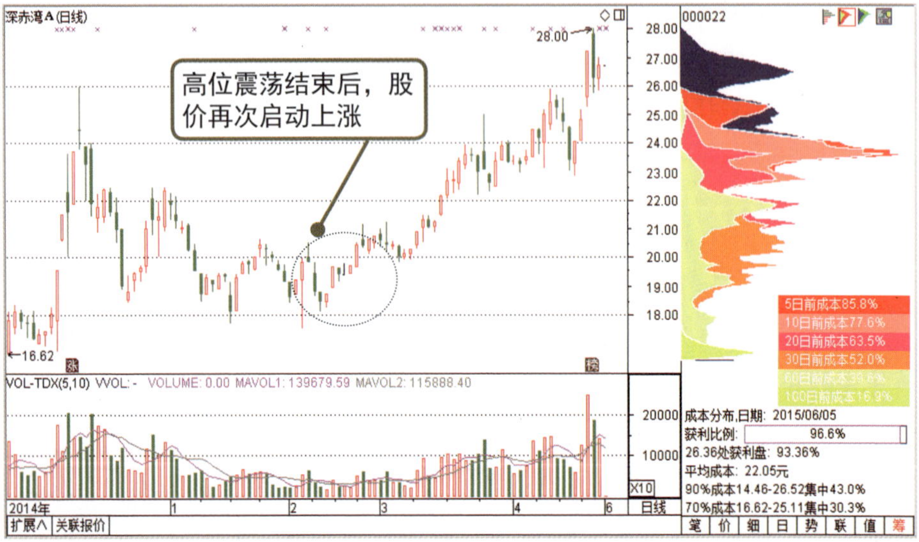

由上图中可知，深赤湾A在2014年12月至2015年3月一直处于高位震荡整理期，成交量一度萎缩。

进入3月后，成交量开始回升，股价突破前期高点，呈现再次启动拉升的走势。从筹码分布图来看，低位筹码向高位转移的速度加快，表明追涨买入的投资者不在少数，成交量在拉升的后期也出现连续放量。

股价在回升至24元附近时，再次展开调整，筹码加速转移。此次调整的幅度较小，时间也较短，不到一个星期之后，股价便再次放量拉升，并创出28元的新高。

如果投资者在前期第一次高位整理时，便误中对敲造成的筹码虚增陷阱而选择卖出的话，将损失不少的收益。

识破对敲造成的筹码虚增陷阱，主要是通过判断拉升行情是否为主力对敲造成的。一旦确定股价上涨是对敲造成的，当股价在高位震荡时，成交量并未放量下跌，且筹码继续向上转移，则表明后市仍有上涨空间。

分析实例 太极股份（002368）——对敲造成的筹码虚增陷阱

下图所示为太极股份2017年12月至2018年5月的日K线图，从图中可以看到在2018年2月之前，太极股份的股价都处于下跌趋势中，5日、10日、20日和60日均线保持向下运行，并在2月初创出了19.07元的新低。

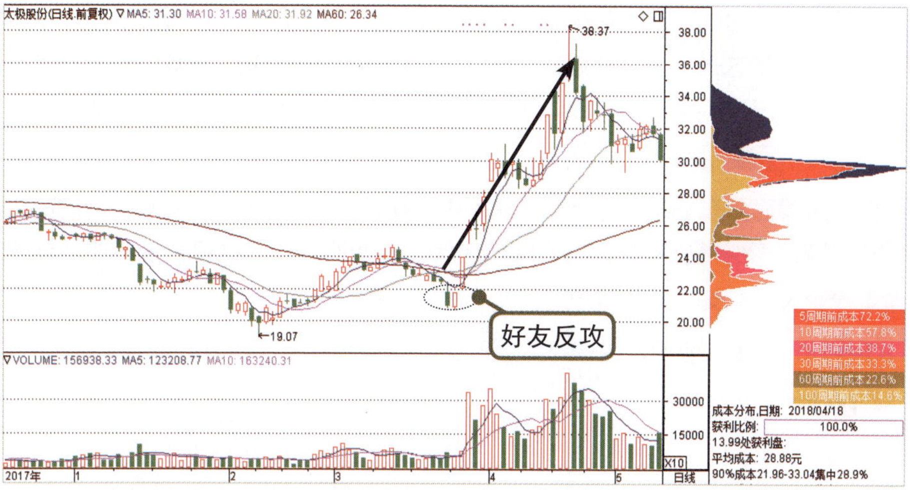

股价在创出新低后进入缓慢反弹期，股价在反弹到24元左右再次调整，且调整的力度和深度都不小，股价在10个交易日里就跌至20元左右，跌幅巨大。

当K线在调整末期收出好友反攻的K线形态时，意味着股价调整的结束以及反弹的展开。随后股价一鼓作气从20元左右反弹至最高的38.37元，股价在反弹的过程中伴随着成交量的巨幅放大，表明主力资金筹码充裕，在拉升时，对敲操作频繁，股价也因此快速上涨。主力资金的充裕筹码主要来源于前期，当股价长期处于低位横盘时，主力资金在低位吸收了足够的筹码。在此类上涨中，股价涨幅超过100%，资金获利丰富。

下图所示为太极股份2018年2月至6月的日K线图。

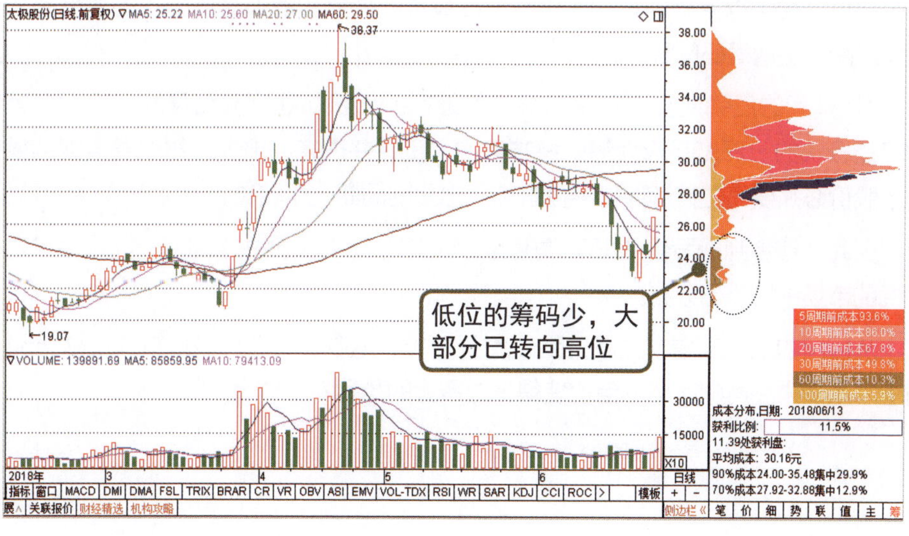

股价在创出38.37元的新高后迅速展开回调，从38元上方迅速回调到24元左右，几乎回到了这一轮上涨的起点，市场中的获利筹码比例迅速减少到11.5%，此时的股价走势已经完全使得投资者陷入绝望，多数投资者在被深度套牢的情况下丝毫不得动弹，只能期待股价反弹。

但是从筹码分布图来看，低位的筹码只剩余很小一部分，其余的已经向高位转移，且在高位形成筹码密集分布，峰值较大。说明追涨买入的投资者不少，新进资金量规模较大，成交量尚有回升的空间，对后市看好。

下图所示为太极股份2018年3月至9月的日K线图。

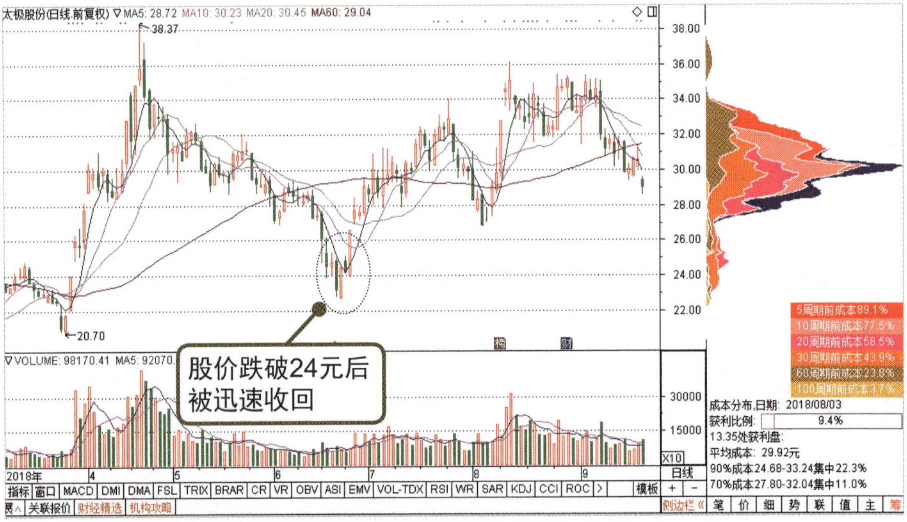

通过上图可以完整地看到太极股份在高位的调整和反弹，看到主力资金是如何通过对敲和虚增筹码的套路。

4月前后的反弹成交量水平极高，但随后的调整却是明显缩量的，同时调整的速度是极快的，深度是极大的，意味着主力资金并未完成出逃。如果要实现缩量出货，股价必须要高位持续保持横盘震荡，出货的周期一般较长。

因此，综合判断股价从38元调整至24元时，主力资金并未出货，而是通过对敲在扰乱市场中的筹码分布。

从后续的走势来看，当股价跌破24元后被迅速收回，随后股价持续反弹至34元附近，虽然未能再创新高，但也使得主力资金的盈利不断扩大。

8.4 假突破和假破位陷阱

股价真正意义上的突破在筹码分布上的反映是，股价站上一个筹码密集分布区域，且该筹码密集分布区域呈现出清晰的聚拢特征，例如单峰、双峰甚至多峰筹码密集分布，股价站上该筹码密集分布区域后继续上扬；筹码分布破位是指股价跌破某价位区间的筹码密集分布，随后继续下跌，开始一轮长期的下跌行情。

而在实战中，经常出现假突破和假破位的陷阱。下面分别对这两类筹码分布陷阱进行讲解。

8.4.1 筹码分布的假突破形态及应对策略

筹码分布的假突破是指当筹码分布呈现出突破形态时，股价在后市的运行趋势没有按照预料中的突破后继续上涨的方向发展，而是再次回落至筹码密集分布区间。

当大盘行情处于强势时，出现筹码分布假突破的可能性较小。因为在牛市中，主力拉升股价的成本较小，股价一旦突破某个筹码密集分布区域，就意味着主力开始拉升股价。

即使主力处在出货阶段，也不会在一两个交易日内就完成出货，因为在牛市中，主力资金通常会一边拉升股价一边出货，获取尽可能大的收益。因此，筹码分布的假突破出现在大盘震荡行情中的可能性较大。

投资者在大盘行情处于震荡走势中，切记不要追涨杀跌。以此来规避筹码分布假突破时买入股票带来的亏损。

分析实例 深天马A（000050）——筹码分布的假突破

下图所示为深天马A在2014年6月至9月的日K线图。从图中可以清楚地看到，深天马A在2014年8月之前一直处于低位横盘状态，股价围绕12元小幅波动，成交量长期保持在较低的水平。

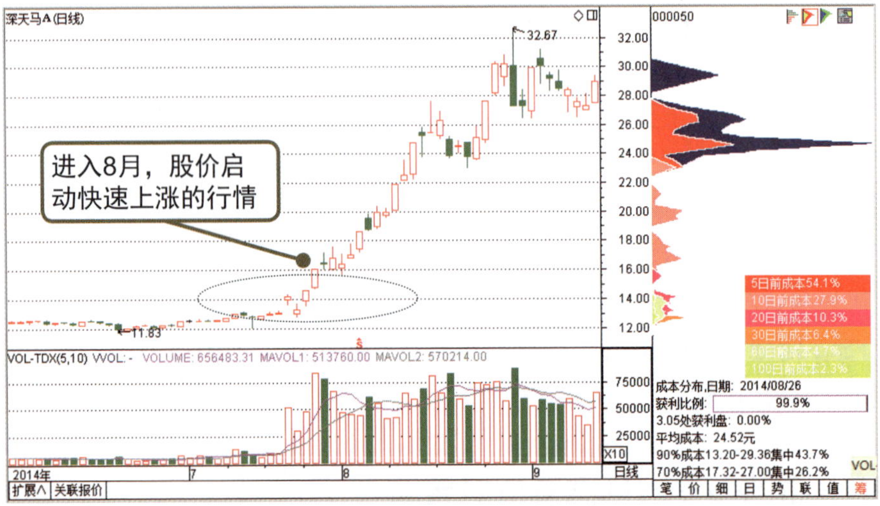

进入8月之后，成交量快速放大，推动着股价迅速攀升至高位。在股价上涨过程中，成交量始终保持较高的水平。

在一个月左右的时间里，股价就从12元附近上涨至30元上方，涨幅惊人。当股价在8月下旬突破24元时，遭遇阻力。因为从筹码分布图可以明确地看到，24元附近存在着单峰筹码密集分布，对股价上攻形成阻力。

但股价并未在24元的区间内过久停留，而是在几个交易日后便强势突破，将股价拉升至30元上方，并创出32.67元的新高。观察筹码分布图发现，在30元上方仍存在不少继续追涨的投资者。他们认为股价在突破24元的筹码密集分布后得到支撑，将进一步打开上涨空间。

但观察成交量发现，当股价上涨至高位开始震荡调整时，成交量仍保持在较高的水平，这一方面说明追涨买入的投资者不少，另一方面也说明前期获利盘进行抛售的压力较大。

面对此类假突破陷阱，投资者应保持清醒，在已经盈利的情况下，一旦股价在高位开始震荡就应该逐渐减仓，当K线收出长上影线后，就应该加快减仓的步伐。

下图所示为深证成指2014年7月至12月的日K线图。从图中来看，深证成指在8月至11月的这段时间内，总体趋势呈现向上运行的走势，但盘中震荡整理趋势明显。当深天马A在8月下旬到达高位，追涨的投资者应结合大盘行情进行综合考虑，切记不要在大盘震荡时追涨。

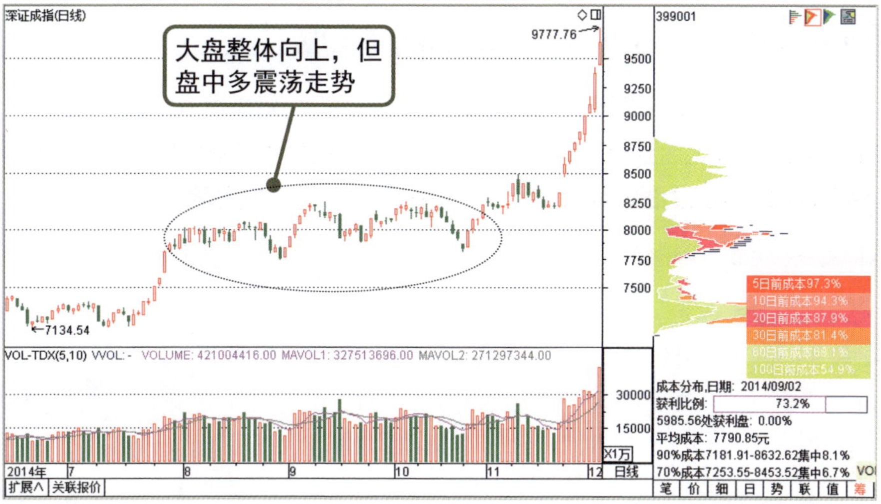

从深证成指的K线图可以发现，在2014年11月之后，大盘便结束震荡行情，再次启动向上攀升的走势。在不到一个月的时间里，指数从8 000点上涨至9 500点上方。下面回头看深天马A的K线走势，下图所示为深天马A在2014年9月至2015年1月的日K线图。

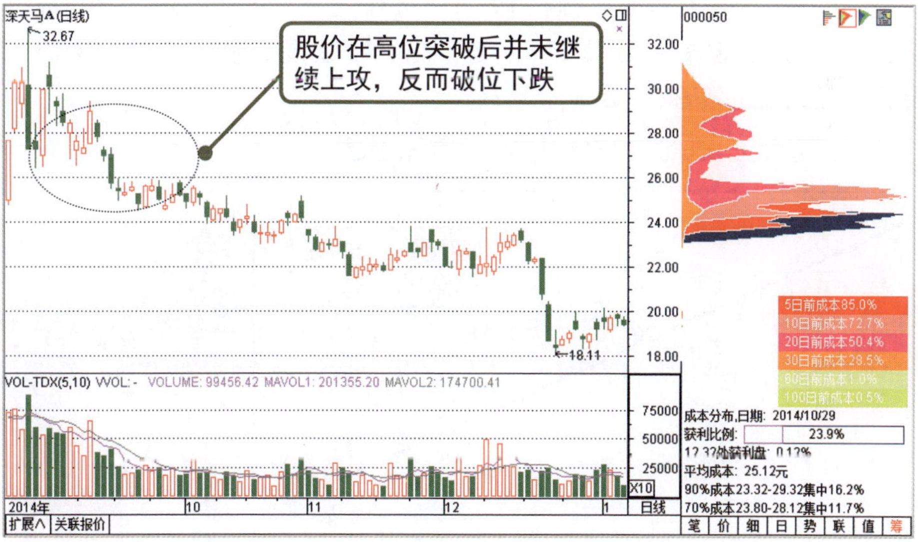

从图上来看，深天马A在2014年9月突破24元筹码密集分布区域后，并未如预料中开始上涨，而是出现破位下跌。进入11月后，大盘开始反弹回升，深天马A却仍处于下跌走势中，与大盘出现背离走势。

分析实例 中远海科（002401）——筹码分布的假突破

下图所示为中远海科2018年1月至5月的日K线图。从图中可以看到，股价经过2月中旬之前的下跌之后到达了9元下方，随后股价快速反弹至前期高点，即12.5元附近，受到前期高点压力的影响，股价在3月中旬以后开始震荡调整。

在经过一个月左右的调整之后，股价在5月3日当天突然放量涨停，股价成功突破右侧筹码分布的密集单峰，即12元。随后股价继续上扬，创出14.43元的新高，逐步远离12元左右的筹码密集区域。

下图所示为上证指数2018年2月至7月的日K线图。

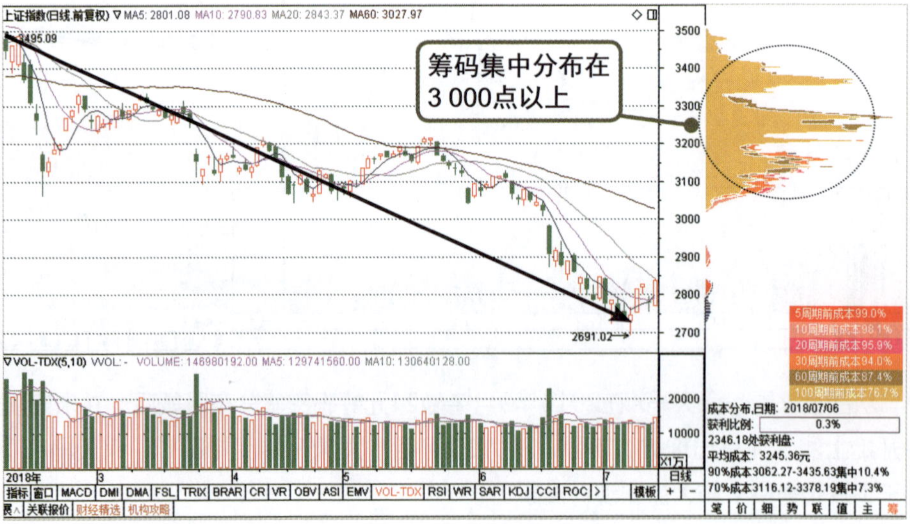

从上证指数这一段时间内的走势来看，指数处于一个单边下跌的趋势中，60日均线长期向下，在5个月的时间里指数从3 500点左右跌至2 700点附近，整整跌去了将近800点，整个A股市场投资机会极少。

这样的大盘走势反映在个股中定然是板块波动大，涨跌分化严重。因此投资者在此阶段同样不应积极追涨。同时观察指数大跌之后的筹码分布可以看到，市场中的多数筹码都处于3 000点上方，属于被套牢的状态，低位活跃筹码极为少数。在这样的大环境下，投资者很难获得长期稳定的投资收益，更加适合短线获利，即快进快出的操作。

下图所示为中远海科2018年4月至9月的日K线图。

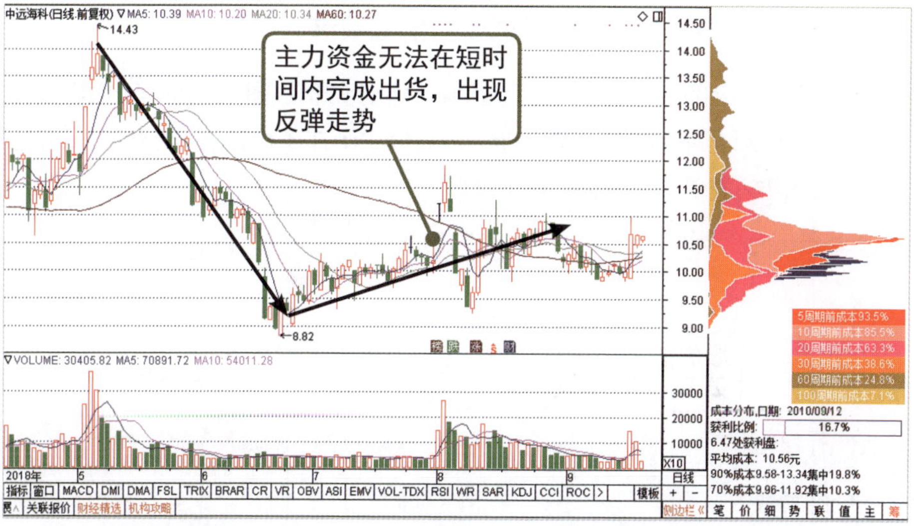

从中远海科后续的走势来看，与上证指数的走势呈现高度的相关性，股价在创出14.43元的新高后快速下跌，在一个月左右的时间里跌至最低的8.82元。

虽然从成交量来看，下跌过程中成交量迅速减少，主力资金无法在短时间内完成出货，因此也出现了在8月前后股价短期反弹的走势，在主力资金没有完成出货的情况下必然需要通过偶尔反弹来实现高位出货。

事实证明，市场中的多数个股都无法脱离指数走出独立行情，当大盘指数进入极端行情时，再牛的牛股也会被拖下水，因此，投资者在进行个股投资时，一定要熟知大盘的走势。

总而言之，识别筹码高位假突破主要借助于成交量、K线形态等其他技术指标。而投资者在面对筹码假突破时，应果断选择清仓离场，不要过多的犹豫。

8.4.2
筹码分布的假破位形态及应对策略

筹码分布的假破位与筹码分布的破位意义相反，即股价跌破某个筹码密集分布区间后，并未继续下跌，而是在一定时间内再度恢复到该筹码密集分布区间，甚至会出现继续反弹向上突破的走势。筹码分布的假破位形态，在大盘行情走势平稳或走势偏强时较为常见。

筹码分布的假破位形态通常被主力用来洗盘，结合大盘的短暂回落顺势打压股价，从而达到吸筹的目的。

分析实例 沙河股份（000014）——筹码分布的假破位

下图所示为沙河股份2014年11月至2015年4月的K线图。从图中可以看到，沙河股份在2015年1月中旬之前一直处于下跌行情中，并在1月19日创出12.31元的新低。随后股价进入快速上升通道，涨势良好。

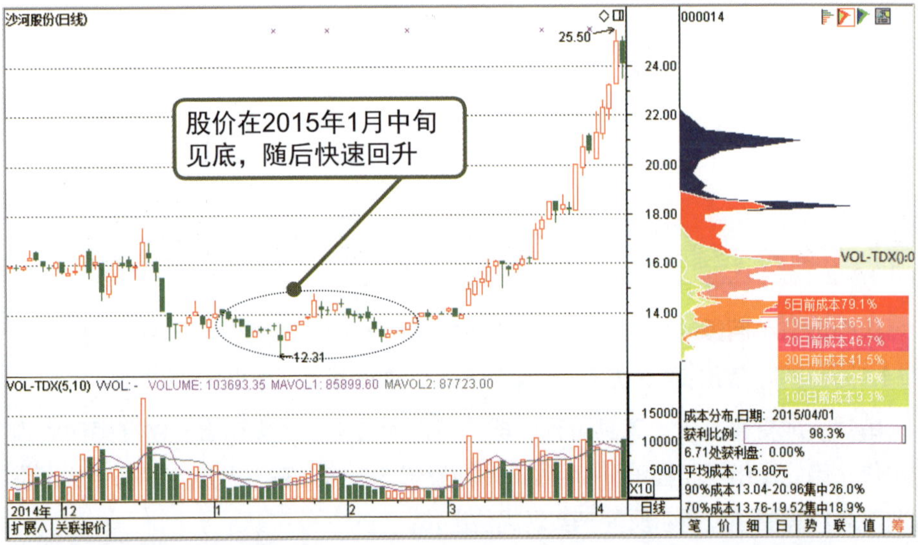

上图中右侧为沙河股份2015年4月1日处于快速上涨途中所对应的筹码分布图。从沙河股份的成交量形态上来看，阳线成交量明显多于阴线成交量，表明该股在上涨过程中得到了成交量的支撑。

该股在低位，即14元附近分布着多日之前的筹码密集分布，其中30日之前的成本密集分布占41.5%。在随后的上涨过程中，股价快速拉升至24元附近，并在16元附近形成新的单峰筹码密集分布。同时在16元下方的筹码密集分布呈现良好的锁定状态，显示多日前主力持仓逐渐稳定。而在16元附近形成新的单峰筹码密集分布，极有可能是主力在股价上升过程中继续吸筹的表现。

下图所示为沙河股份2014年12月至2015年5月的日K线图。

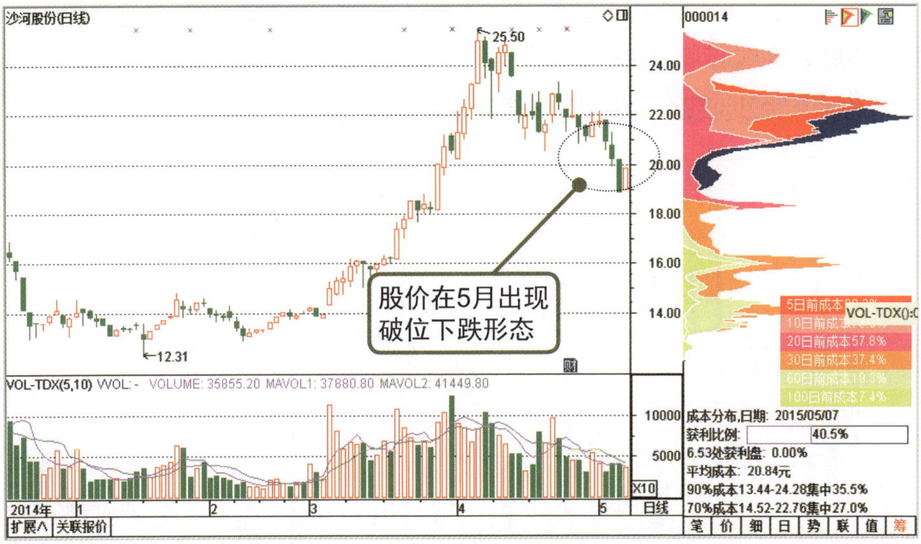

由上图中可知，沙河股份在2015年4月创出了25.5元的新高，但股价未能在高位持续运行，反而开始快速下跌，股价出现破位下跌形态。如果仅从个股K线来分析的话，股价破位下跌表明长期下跌行情的开始，投资者应及时清仓离场。但在实战中，我们应结合大盘行情进行分析。

下图所示为上证指数2015年3月至6月的日K线图。

由上图可知，上证指数在5月之前经历一轮回调，并在5月初开始反弹回升。因此，沙河股份在5月初连续下跌并没有想象中的巨大杀伤力，因为大盘行情在未来的走势始终保持平稳。

从沙河股份的K线图中可以看出，在5月5日至7日的连续3个交易日收阴之后，股价在5月8日的低位收出大阳线，止住跌势，后市有无限可能。

下图所示为沙河股份2015年3月至6月的日K线图。

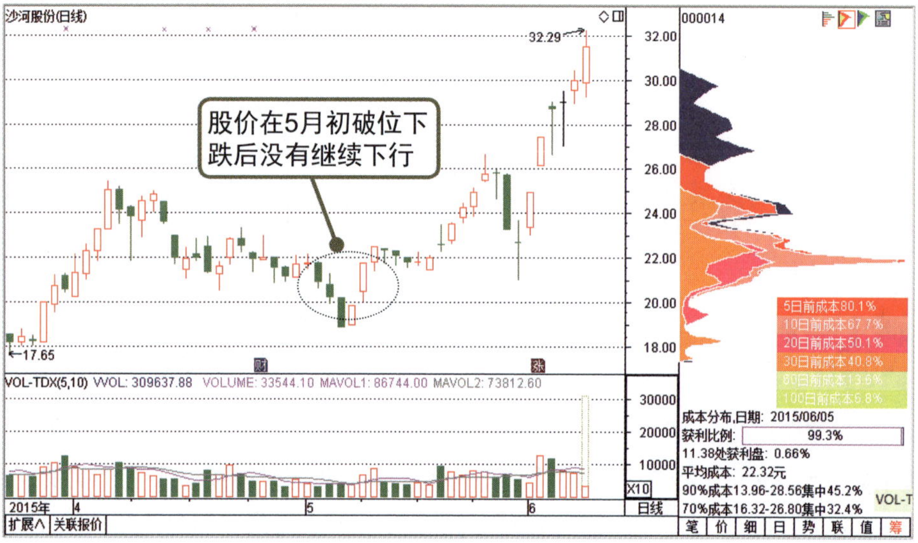

由上图中可知，沙河股份在5月破位下跌后，并未继续下跌，而是受大盘影响开始回升。在回升过程中逐渐突破22元附近的筹码密集分布区间，股价在后市呈现出良好的走势。

总而言之，筹码分布的破位如果出现在大盘行情处于强势、平稳，且该股没有重大的利空消息，则此时的破位可能为筹码分布的假破位。

筹码分布的假破位对于投资者而言，是不错的建仓机会，因为股价开始破位，必定经过一定的跌幅，投资者可以在低位逐渐建仓，持股待涨。

巧用筹码分布挑选强势股和大牛股

如何在实战中选出强势股或大牛股是多数投资者关心的问题。筹码分布图可以在实战中有效地帮助投资者挑选出强势股和大牛股，投资者需要做的就是在投资过程中灵活运用筹码分布图，并掌握一定的技巧。

9.1　根据筹码分布图选择强势股

所谓的强势股即在同行业板块内部具有很强的号召力，在实战交易中经常表现为板块内领涨的状态。强势股不仅是主力资金喜欢介入的对象，更是多数投资者追逐的目标。在了解了筹码分布原理之后，不难发现筹码分布与强势股之间存在着许多规律，只要掌握一定的筹码分布图分析技巧，就一定能选择出强势股。

9.1.1 中级底部强势股

通常情况下，强势股不仅在牛市中表现抢眼，在熊市中也能逆市上涨。但强势股不会长时期地保持上涨，通常只在某一个时间段表现出领头羊的姿态。

强势股对板块和大盘行情的影响是不言而喻的，但普通投资者应该如何发现这些强势股呢？

在行情不佳时，大量资金绵绵不断，不计成本地吸筹，是强势股较为明显的特征之一。

分析实例　*ST川化（000155）——中级底部强势股

下图所示为上证指数2013年10月至2014年5月的日K线图。

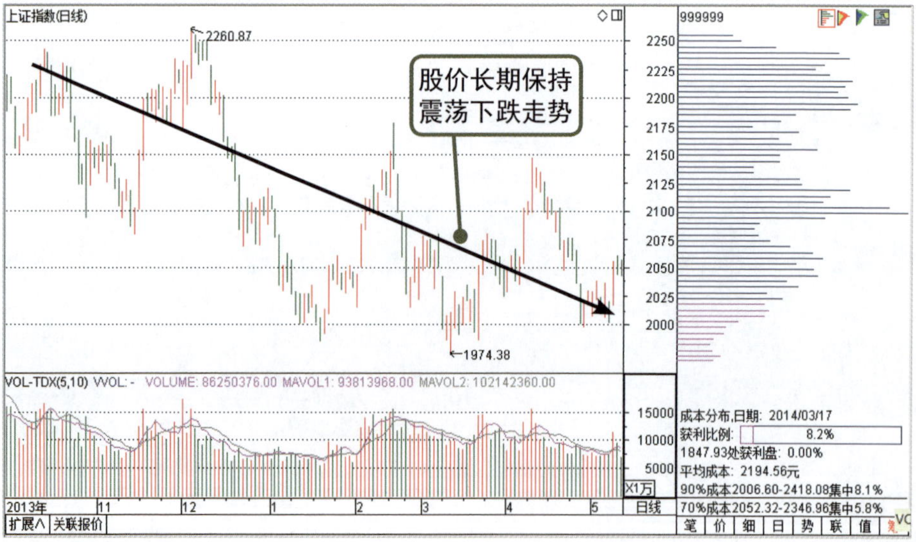

如上图所示，上证指数在2013年11月后，总体趋势呈现下跌，这种情况在2014年5月之前仍没有改观。此时的平均成本为2 194.56元，获利比例仅为8.2%。

投资者可能发现在跌幅如此明显的行情中，仍有8.2%的筹码处于盈利中，这也让投资者相信市场中仍有主力资金存在，且操作活跃。

同一时期获利的个股数量不少，但仍需要一定的技巧才能选中。

下面以*ST川化为例，下图所示为*ST川化2013年12月至2014年5月的日K线图。

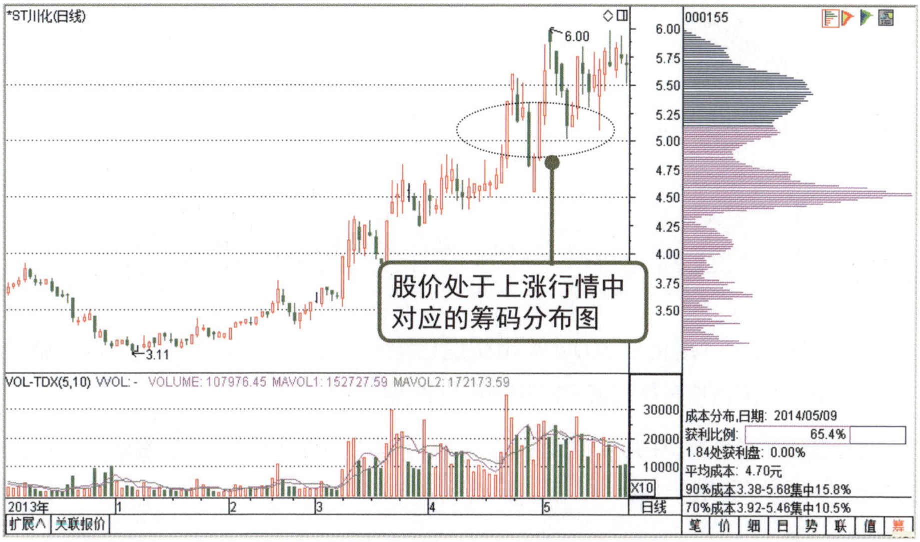

由上图可知，*ST川化在2013年12月至2014年5月这段时间内还未挂上*ST，原名为川化股份。*ST川化在这段时间内与大盘行情的走势截然相反，其形态完全符合主力资金不惜成本逆市吸筹的操作。

从川化股份的历史走势来看，其在2013年12月至2014年5月这段时间内，股价处于3～6元的区间内，与历史高价17元相比，差距很大，表明在走势平稳的基础上，后市上涨空间巨大。

TIPS *ST与ST的含义*

上市公司经审计连续两个会计年度的净利润均为负值或上市公司最近一个会计年度经审计的每股净资产低于股票面值，对于这两类股票要进行特别处理，即ST；*ST是指连续3年亏损有退市风险的股票。

下图所示为*ST川化2013年12月至2015年5月的K线图。

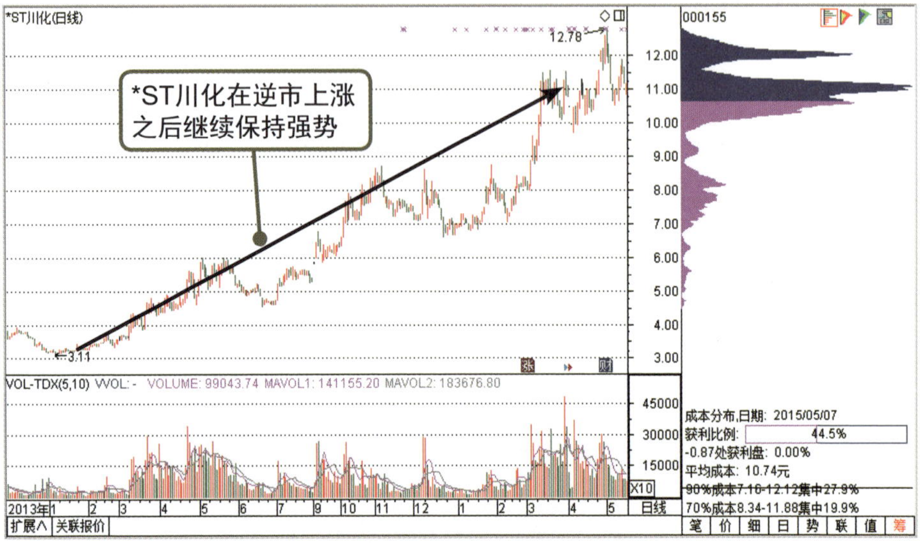

由图中可知，*ST川化在2014年年初逆市增长之后，继续走出良好的上涨趋势。这也证明了熊市中的强势股在牛市中依旧能有所表现。

因此，投资者在熊市中应尽量选择与大盘行情呈相反走势的逆市增长股，且该股应是板块内较为强势的个股，对板块起着领头羊的作用。

9.1.2 识别强势股的建仓时机

对于多数强势股而言，选择在熊市中建仓是较为正确的操作方式。因为在熊市中建仓，持股成本更低，可以掌握更多的筹码。在熊市中建仓后不久，就将迎来强势股的爆发时机，投资者只需做到持股待涨即可。

分析实例 徐工机械（000425）——强势股的建仓时机操作

下图所示为上证指数2014年2月至7月的日K线图。图示范围仅为2013年熊市的一部分，从图中可以看到，仅在2014年3月至4月，大盘指数就从2 177.98点跌至1 974.38点的新低点。

当大盘触底时，往往是主力资金吸筹建仓的机会，此时有所察觉的投资者也会选择少量建仓，跟进主力资金的操作。

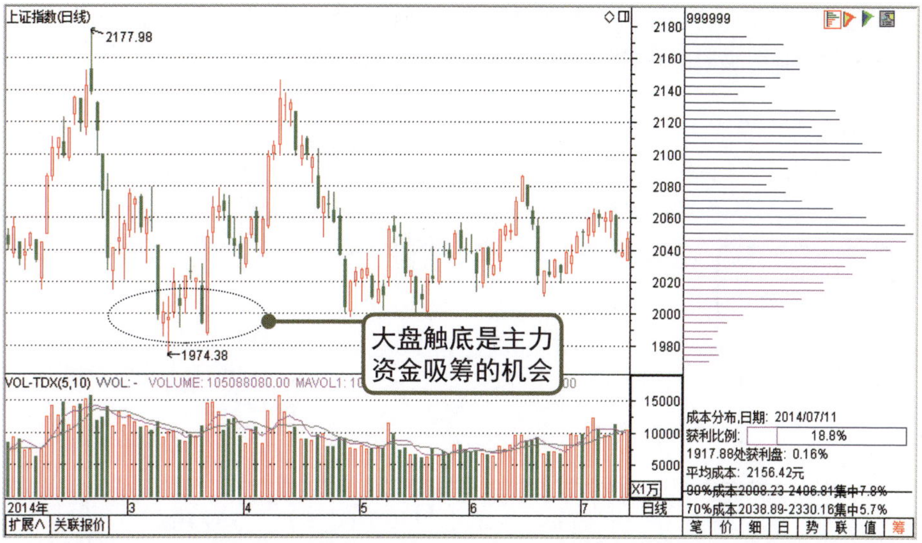

下图所示为上证指数2014年5月至10月的K线图。图中显示的是主力资金在2014年3月至7月大盘处于低位时进行吸筹后的拉升行为，大盘指数已经进入快速上涨通道。前期跟进主力建仓的投资者将获利丰厚，同时，在上涨过程中，仍是建仓的好时机。

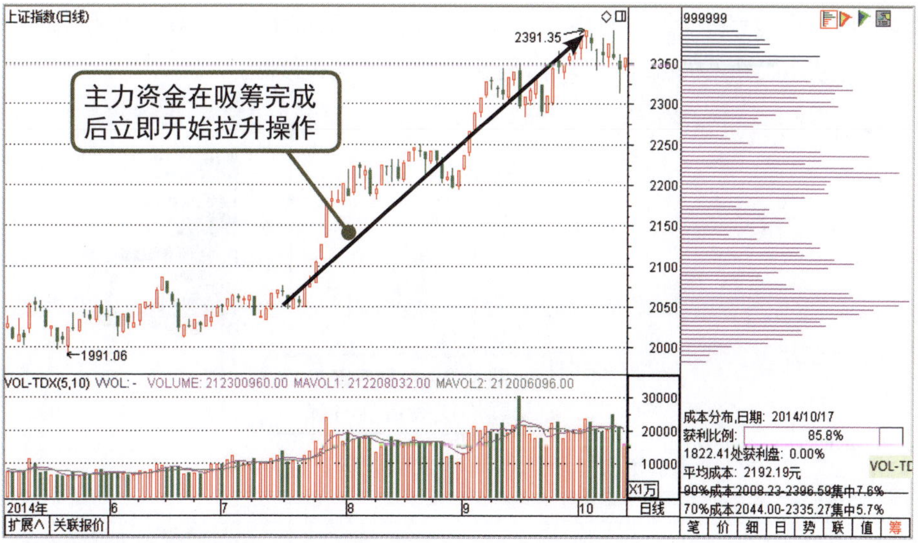

对于普通投资者而言，在熊市中因为恐慌，抛售筹码；在牛市中追涨买入是他们的惯性操作。而主力正好在熊市以更低的价格完成吸筹，在牛市中以更高的价格抛出股票。因此，投资者应学会在熊市中建仓，在牛市中减仓。

下图所示为徐工机械2014年7月至12月的日K线图。在这个时间内，主力资金已经在6元左右完成吸筹建仓的操作，正式进入股价拉升阶段。

将徐工机械的K线图与大盘走势相对比，发现两者走势呈现高度一致。但主力资金是在熊市中，即大盘行情与个股股价处于下跌末期或底部时进行吸筹建仓，而多数买入的投资者是在上涨过程中，所以造成了投资者盈利较少，甚至出现亏损的情况。下图所示为徐工机械2014年9月至2015年2月的日K线图。

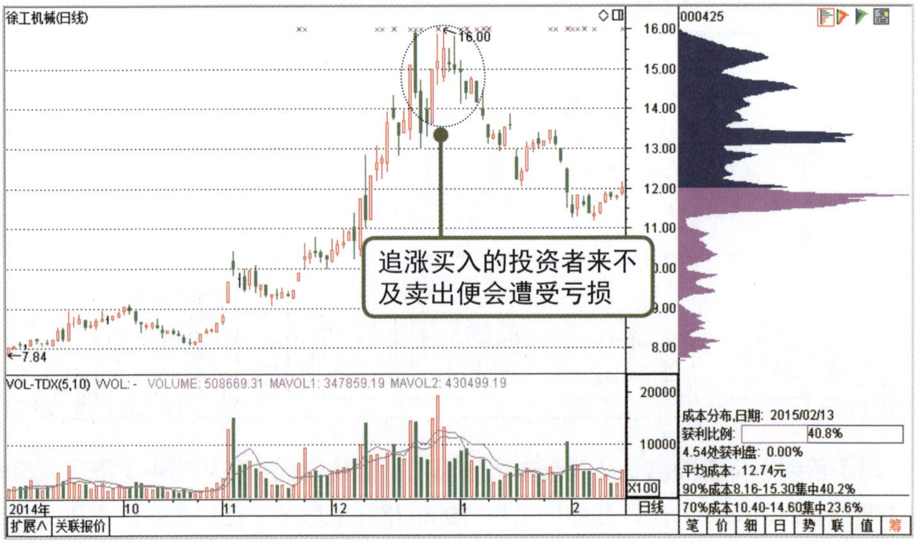

由上图可知，徐工机械在2014年12月底股价见顶，在12月不久之前追涨买入的投资者将来不及卖出就会遭受巨大损失。这是选对股票，但建仓时机没有掌握好带来的投资失败。

9.1.3
捕捉强势股的技巧

选择强势股不是毫无技巧可言的，下面介绍几种捕捉强势股的技巧，其选股前的准备工作如图9-1所示。

选择在未来可能会成为热点的板块，且板块具有持续性强，上涨空间大的特点。

↓

对板块内基数过大的行业进行细致划分，分成几个小板块后选择性地介入。个股数量少的板块，则选择介入板块内的龙头股。

↓

将选出的板块设置到自定义板块中，并保持长时间的密切关注，一旦出现买入机会就可以第一时间进行建仓。

图9-1 选股前的准备工作

有的投资者认为一个行业的强势股就适合做长线投资，概念板块强势股就适合做中短线操作。

其实不然，行业强势股可以作为投资者的自选股，保持长期关注，一旦板块出现异动，则可以选择其中的强势股进行操作。但投资者多数情况下选择的个股最终都不能成为龙头股，涨势不尽如人意，捕捉行业强势股的技巧具体如图9-2所示。

根据板块个股动向选择强势股

采用这类方法需要投资者长时间关注某板块中多数个股的资金动向。如果某板块中的多数个股显示出有资金建仓、加仓的迹象，就要认真分析可能成为强势股的个股。板块内强势股的特征主要有涨幅居前、流通市值较大、成交量处于较高的水平以及股价处于中高档次。

追涨强势股的第一个涨停板

多数投资者都会错过强势股的前期涨幅，但后市仍有机会介入。即强势股的主升浪，在第一个涨停板后追涨买入。因为强势股的第一个涨停板通常较为安全，后市仍有一定的上涨空间。

图9-2 捕捉强势股的技巧

下面通过实例，具体讲解3种追涨方式：一是强势股即将涨停时追涨买入；二是强势股高位整理期间追涨买入；三是强势股涨停后打开时追涨买入。

分析实例 鲁北化工（600727）——即将涨停时追涨买入

下图所示为鲁北化工2018年1月25日的分时图，从图中可以看到，鲁北化工在当天早盘便高开，随后冲高到涨幅4%左右持续横向发展，值到14:00之后股价突然拉升快速冲击涨停。

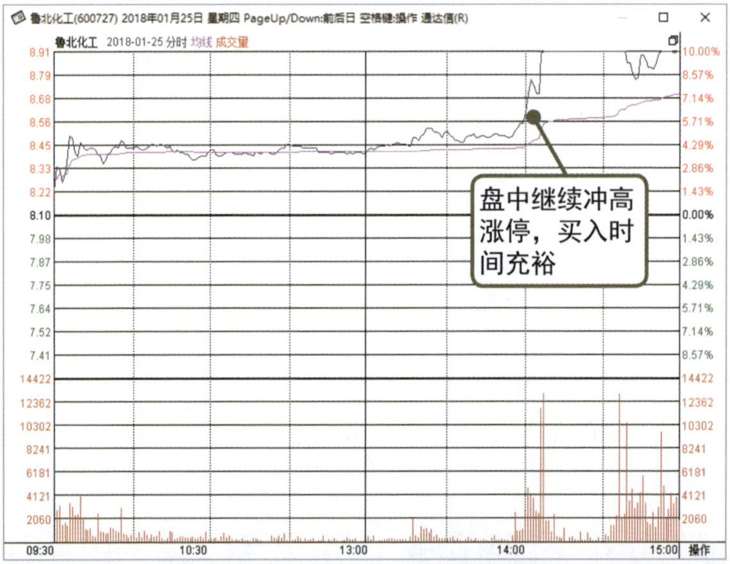

鲁北化工在当天这类高开冲高横盘蓄势待涨的形态，应引起投资者的特别关注。在股价迅速拉升时积极追涨买入，买入过程应做到迅速和果断。

下图所示为鲁北化工2017年12月至2018年5月的日K线图。

从图中可以看到，鲁北化工在2018年1月2日盘中直接拉升涨停，跟风买入的投资者有限，随后股价冲高回落调整到8元下方，直到1月25日当天股价再度盘中涨停并封住涨停直到收盘，股价由此开启一轮震荡上涨的趋势，由9元左右上涨到最高的10.77元。

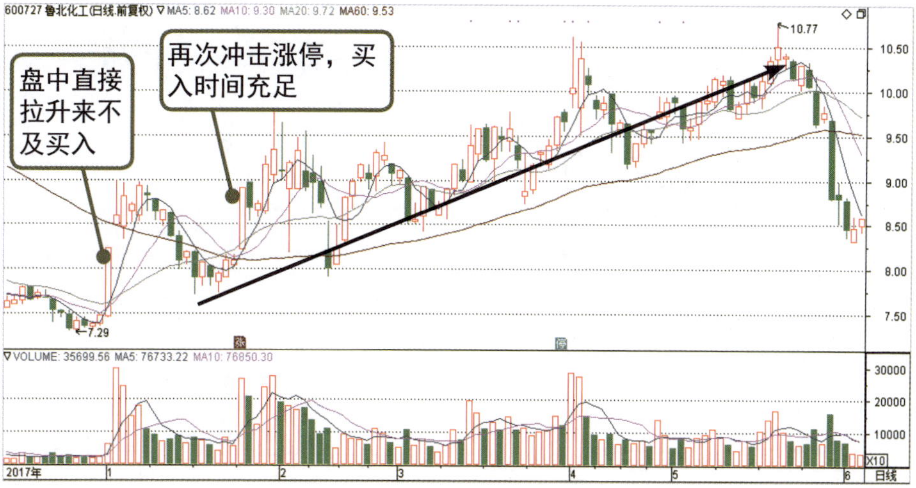

分析实例 ST景谷（600265）——高位整理期追涨买入

下图所示为ST景谷2018年2月至4月的日K线图。从图中可知，ST景谷在2月初创出13.92元的新低，随后股价快速反弹。由于是ST股，因此股价每个交易日的涨跌停限制为5%。

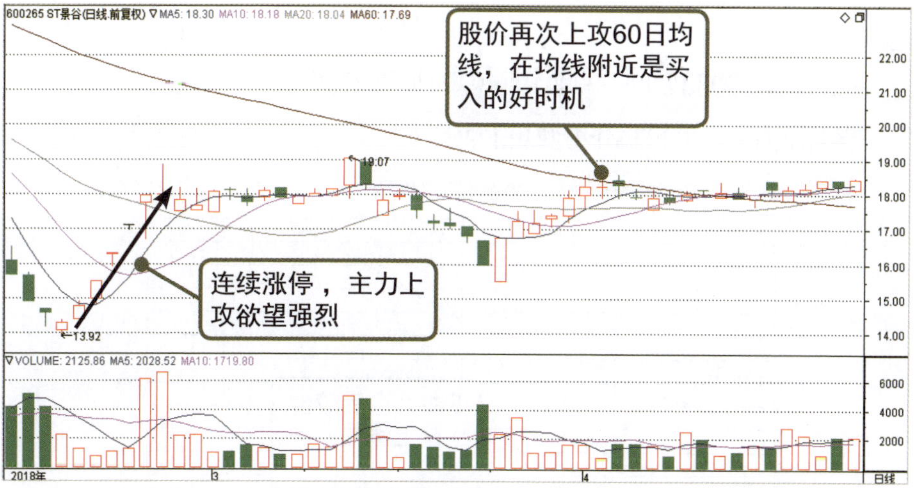

ST景谷的股价在2月13日至23日的连续4个交易日收出涨停，这类连续收出多根一字板涨停的强势股，在打开涨停后将迎来一轮高位震荡，在震荡过程中的低点就是投资者进行建仓的机会。因为强势股在连续涨停后，主力资金尚未撤离，通常仍会有第二波上涨行情。

下图所示为ST景谷2018年3月至6月的日K线图。

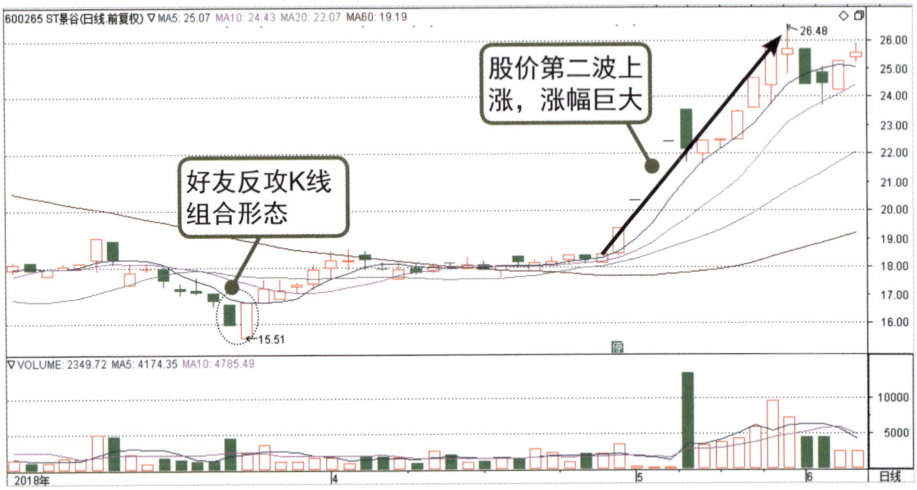

从图中可以看到，股价在经过19元左右的震荡的过程中曾遭遇一次大幅度的调整下跌，股价在3月23日收出放量跌停的阴线，但随即在下一个交易日收出涨停，形成好友反攻的K线组合形态。

随后股价在5月迎来第二次上涨，更是在连续4个交易日收出涨停，随后股价继续上涨到26元左右。

分析实例 白云山（600332）——即将涨停时追涨买入

下图所示为白云山2018年4月19日的分时图。

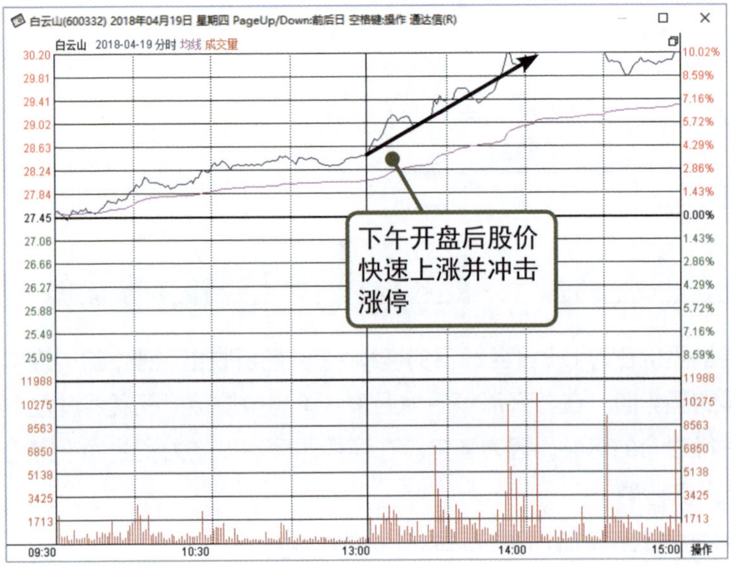

从白云山在4月19日的分时图可以看到，当天其股价自开盘之后便持续稳步上涨，上午盘中涨势稍缓，但是在下午开盘之后涨势开始变得凶猛，临近14:00，股价开始冲击涨停，在14:30之前一度封住涨停，但随后打开给予投资者追涨买入的机会，最终大量跟风盘买入将股价推上涨停直到收盘。

不同时间段的涨停，其背后的意义有所不同。如上图所示的白云山下午较上午涨势明显变得更凶猛，表明该股股性强，主力资金实力强大，拉升意愿强烈；有的股票在临近收盘才收出涨停，表明主力资金筹码不足，控盘程度低，后市上涨空间有限。投资者对于盘中持续上涨直至涨停随后打开的个股，可以考虑积极追涨。

下图所示为白云山2018年2月至6月的日K线图。

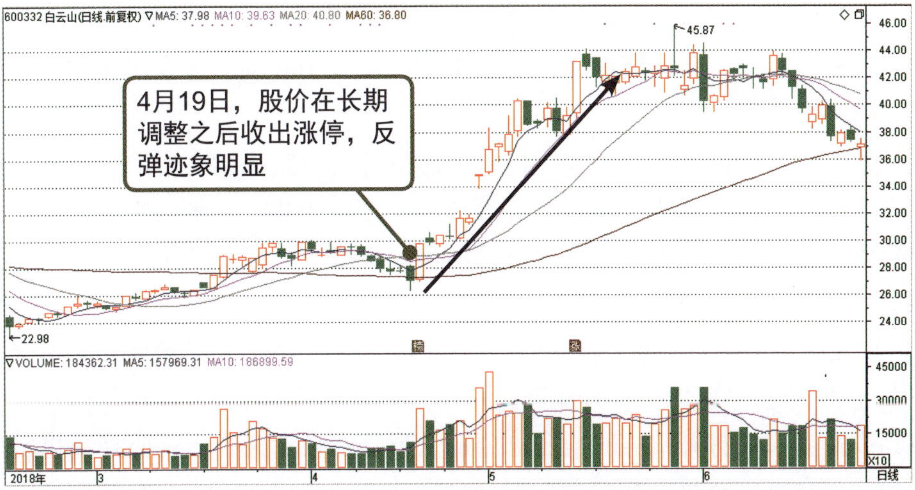

从K线走势图可以看到，股价在4月19日涨停之前已经连续6个交易日收出阴线，而4月19日的涨停大阳线则直接收出前期调整的大部分失地，从K线形态来看可以称作“一阳穿六阴”，股价反弹趋势明显。

观察白云山的基本面可以知道，其是医药龙头股之一，在2017年的业绩十分优秀，尤其是在2018年一季度国内经济不确定性增加的情况下，其作为业绩优秀的医药股，自然更能得到资金的青睐。

投资者若能在4月19日跟随主力资金一起买入，待股价上涨到45元左右，将获得超过50%的投资收益。

当然，追涨买入的收益非常诱人，投资者必须清楚其中隐藏的风险，追涨时应在大盘走势平稳，个股的基本面和各项技术指标没有问题的情况下进行。

9.1.4
强势股持有者的风险控制

强势股一旦确定上涨的趋势，涨幅至少在60%以上。如果投资者确定了一只强势股，就应该果断买入持有。因为主力资金要拉升一只强势股，也需要付出不少的代价，因此在拉升过程中都会尽力。

即使是强势股，也不会永远上涨，因此投资者在操作强势股时应该注意资金分配与仓位控制。

在资金分配上应坚持分散的原则，因为将所有的资金全部用于股票投资，或者说全部投资于某一只股票，面临的风险是极大的。

在股票投资中，仓位控制是每一个投资者都必须掌握的技能。如果投资者在熊市时，即强势股仍在下跌行情末期或者处于底部时建仓，此时仓位应以三成为最佳。

如果后市股价走势发生变化，呈现破位继续下跌形态，投资者若能及时平仓止损，也不会亏损太多；如果后市股价止跌企稳，逐渐向上运行，则是投资者加仓的机会，可以将仓位逐渐增加至五成到八成，切记不可满仓持有某一只强势股。

在买入时仓位控制极为重要，在卖出时，仓位控制同样重要。如果强势股在连续3个涨停板以上打开涨停，并收出长上影线，即表明上涨行情接近尾声。投资者应在打开涨停时卖出一半的仓位，在后市高位震荡时逢高再卖出剩余一半仓位。将风险和收益控制在合理的范围之内，这也是仓位控制的核心思想。

9.2　从筹码分布看大牛股底部

市场中的投资者都想有朝一日能选中一只大牛股，其实选中大牛股最好的方法就是成交量。

成交量是股市交易氛围的温度计，多数股票的连续上涨并不是因为基本面出现重大利好消息，而是完全由筹码供求关系造成的。通过筹码分布图，即可快人一步知晓筹码的变化。

大牛股之所以叫大牛股，是因为其涨势漂亮，这样的股票必然存在一个强大动力支撑的底部，底部支撑越强，上涨力度越大。

分析实例 亚夏汽车（002607）——从筹码分布看大牛股底部

下图所示为亚夏汽车2017年12月至2018年8月的日K线图。右侧为亚夏汽车6月5日连续上涨后短期调整时的筹码分布图。

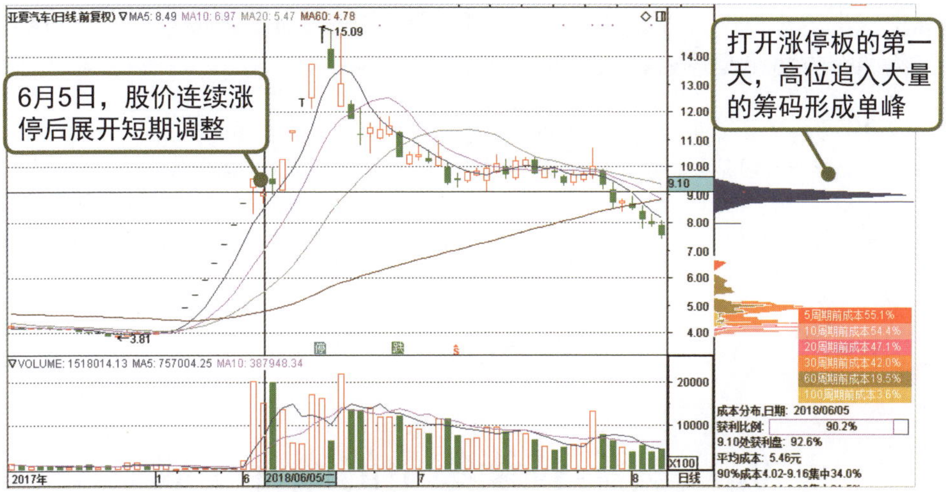

2018年1月3日，亚夏汽车因重大资产重组事项停牌，随后亚夏汽车5月5日披露重大资产重组草案，将作价13.51亿元置出除保留资产以外的全部资产与负债；同时拟收购李永新等11名交易对方持有的中公教育100%股权，本次交易中拟置入资产总价格达185亿元。

亚夏汽车表示，本次交易完成前，公司主营业务为品牌汽车经销、维修、装潢、美容、汽车租赁等；本次交易完成后，中公教育将成为上市公司全资子公司，公司将转型为从事非学历职业就业培训服务。

5月23日亚夏汽车复牌交易，受到重组利好消息的刺激股价连续9个交易日涨停，其中前8个涨停均为一字板。

6月5日，亚夏汽车股价打开涨停，在高位展开短期震荡整理，如果多数投资者认为大牛股的涨势已经结束，那么就大错特错了。由于该股在底部有长期横盘，且从筹码分布图来看，在低位的筹码呈现良好的锁定状态，又有基本面提供的重大资产重组利好，完全可以大胆预测后市仍有上涨空间。

从6月5日当天筹码分布来看，在打开涨停后的第一个交易日高位追进的资金数量庞大，直接在9元左右形成筹码单峰，而低位的获利筹码却丝毫未动，表示市场中的资金对于复牌后的亚夏汽车仍持看好的态度。

对比当时的大盘环境可以知道，大盘指数处于长期下跌的趋势中，个股炒作机会极为匮乏，而复牌的亚夏汽车对于市场中“饥渴”的资金而言无疑是一块难得的“香饽饽”。所以股价在连续涨停后的调整正是买入的机会，投资者也有机会收获第二波上涨的投资收益。

上述亚夏汽车的案例告诉我们，通过分析底部筹码、成交量能以及底部涨停发现大牛股是非常实用的方法。根据成交量判断股价走势的方法可以总结为两个方面，具体内容如图9-3所示。

1 个股在底部长期盘整之后出现巨量且股价小幅上涨的情况，是投资者大胆买入的信号，因为这种情况是主力资金吸筹或试盘的操作反映。

2 前期涨幅巨大，个股在高位出现巨量但股价却滞涨的情况，是股价见顶的信号，提示投资者不能买入，是主力资金拉高出货，诱多的陷阱。

图9-3 成交量判断股价走势

9.3 筹码持续集中的底部牛股

主力资金在低位建仓时，必然会引起成交量的放大，以及换手率的快速上涨。投资者要想在短期内获得较高的投资收益，就应选择那些筹码在底部持续集中的大牛股。

筹码持续集中的大牛股，必须观察成交量，分析成交量的放大程度。持续放量3个月以上，换手率保持在较高的水平，主力才更容易建仓，以及更高程度的控盘。

当主力完成建仓过程，筹码集中程度较高后，就是股价突破上涨的信号，主要有以下两种情况。

9.3.1 股价在低位放量3个月以上的个股

主力要想拉升一只股票获利，就必须通过长时间地吸筹，手中有足够的筹码才有能力在市场中发挥主导作用。即使是市场中流通市值低的个股，其所需的建仓时间，也是按月计算。

吸筹之后，主力还需要洗盘、试盘，才会迎来股价爆发上涨阶段。判断筹码集中大牛股的前提是要寻找那些持续放量3个月以上的个股。从技术指标上来看，OBV指标应该在股价放量上涨时持续回升，且不存在OBV指标短线回落的情况。

TIPS 建仓时间的特殊情况

当个股的流通盘极小且成交不活跃时，实力强大的主力可以在短时间内完成建仓、洗盘，然后进行拉升。因此，当股价在低位横盘后与成交量配合上涨，就存在一定的短线机会，是短线投资者的买点。

分析实例 跃岭股份（002725）——股价在低位放量3个月以上

下图所示为跃岭股份2017年11月至2018年5月的日K线图。从图中可以看到跃岭股份在这段时间内走出了一波下跌然后低位震荡，随后股价反弹的走势。

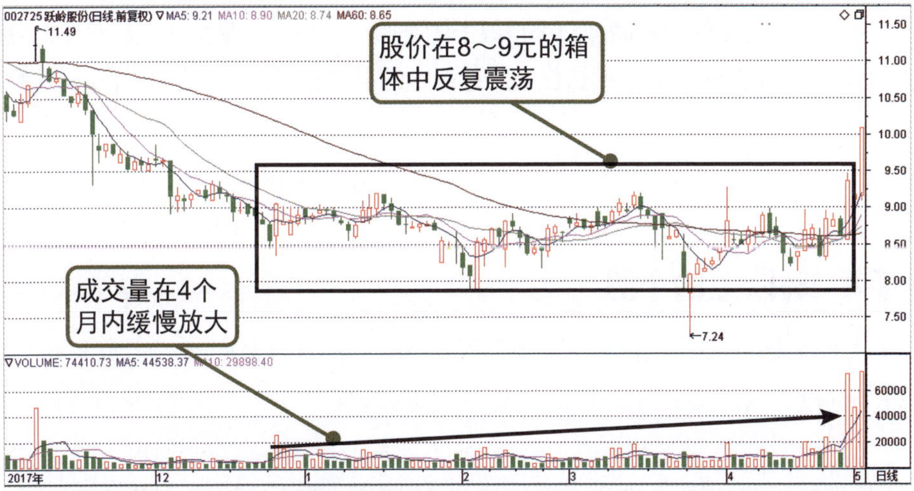

跃岭股份在2017年12月前从最高11.49元的高点下跌，进入2018年1月之后，股价在8～9元的低位箱体中保持震荡，此时的成交量虽然绝对值不大，但是从1月至4月的趋势来看，仍属于缓慢放量的趋势。

在持续放量4个月，股价在4月之后基本确立了上涨趋势，成交量明显放大，已经超越前期在2017年12月上涨时的成交量。进入5月之后，该股已经在低位连续放量超过3个月，主力资金的吸筹操作已经完成，是投资者买入的绝佳时机。

如下图所示为跃岭股份2018年3月至8月的日K线图。

从随后的股价走势来看，股价在反弹之后仍有较大的波动，但股价仍旧从9元上涨到了最高的14.29元，涨幅巨大。

由此可见，在低位连续放量3个月以上的个股，一旦成交量快速放量并配合股价良好上攻，确立上涨趋势，那么在上涨过程中的横盘整理期，则是投资者买入的绝佳时机。

9.3.2

换手率2%以上的个股

当换手率指标长时间保持在高位运行时，表明市场中的主力参与股票交易较为活跃。

当主力在低位吸筹建仓阶段中，换手率应长时间维持在2%以上，这样主力才能在几个月之内完成建仓。所以投资者在实战中可以多多关注那些换手率长期保持在高位的个股。

TIPS 换手率达到5%以上

在股价运行过程中，一旦主力参与操作，换手率达到5%以上才是合理的，才能说明股票交易的活跃性。如果股价在后市收出较大的涨幅，那么换手率保持在高位的阶段，就是主力持续吸筹扩大持仓的阶段。

分析实例 大冷股份（000530）——换手率2%以上的个股

下图所示为大冷股份2014年4月至2015年1月的日K线图。从图中可以看出，在2014年5月之前，股价一直处于下跌状态中，并在5月16日创出8.58元的新低。同时期的换手率水平也长期处于5%下方。

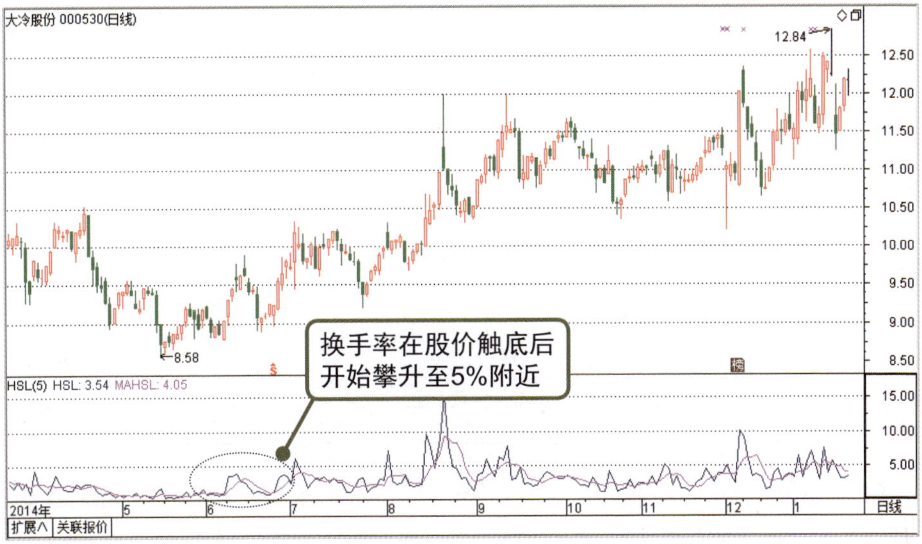

股价在5月16日触底后，开始震荡向升，同时期的换手率也同步上扬，并在随后的时间内保持在5%上方。甚至在8月中旬，换手率一度达到15%左右，显示出市场中有强势的主力参与交易。

有所察觉的投资者应该在8月中旬，换手率出现新高后选择试探性地建仓，建仓成本在10.5元左右。到2015年1月，股价便已经涨至12.5元上方。

TIPS *其他分析方法*

小盘股更易受到主力资金的关注，尤其是流通市值在5亿元左右的个股。主力资金控盘的成本更低，建仓时间短，操作更为灵活。

个股在出现突破性走势之前，即主力开始拉升前，浮筹指标ASR会向上运行达到90以上。表明短期内买入的投资者较多，股价很容易突破上涨。

下图所示为大冷股份2014年12月至2015年6月的日K线图。从图中可以看到，股价在2015年1月达到12.5元之后，继续稳步上涨，直到6月，股价已经上涨到22元上方。

由此可见，当股价处于低位，换手率长时间保持在5%左右时，表明市场中有主力开始介入，换手率在某个交易日突然放大，是买点出现的信号。

当股价经过一段时间的涨幅，在高位连续出现高换手率的情况，投资者就应关注股价见顶回落情况的出现。

9.4　高位单峰筹码牛股

从个股的突破性买点来看，呈现爆发性上涨的牛股都是出现在筹码高位聚集之后的。不论前期涨幅如何，一旦个股在高位展开调整，同时形成单一的筹码峰，同步出现放量上涨的大阳线时，是投资者追涨的机会。

高位单一筹码峰，表明投资者的获利程度都不高，且持仓成本与股价相接近，主力选择放量拉升这类股票，往往较为轻松。

但不是股价高位具备单峰筹码分布的个股都能在后市出现较大幅度的上涨，要选择正确的个股，需要注意以下几个方面。

9.4.1
未出现大幅跌破筹码峰的个股

从筹码分布图来看，股价在高位突破前，不应该出现短线的回落而造成股价大幅度跌破筹码峰的情况。因为股价跌破筹码峰，就不再是主力的资金洗盘操作，而可能是股价大趋势的见顶回落。

所以那些多次跌破高位筹码峰，造成大量投资者被套的个股，不应成为投资者选择的股票。

分析实例 网宿科技（300017）——未出现大幅跌破筹码峰的个股

下图所示为网宿科技2017年10月至2018年2月的日K线图。右侧为股价上涨到高位后调整下来的筹码分布图。从图中可以看出，股价虽然连续下跌，但仍没有大幅跌破高位的筹码密集分布区域。

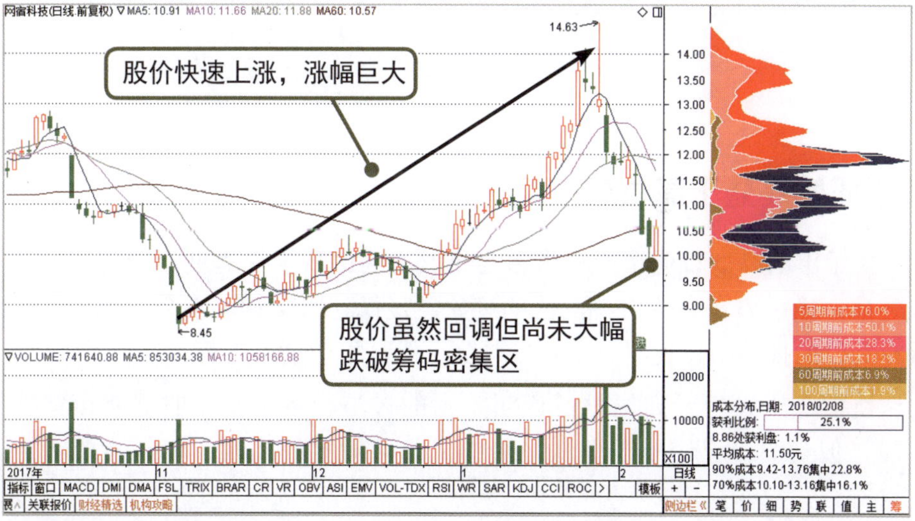

仔细观察上图可以发现，在筹码分布图中，股价快速跌破高位筹码密集分布时，得到前期上涨过程中筹码的支撑。且在下跌过程中，成交量极度萎缩，表明市场中抛售压力小，获利筹码有惜售情绪。

由此可以判断，网宿科技在高位的调整是主力资金借大盘调整而顺势的洗盘操作，投资者可以在此逢低吸纳。

下图所示为网宿科技2018年1月至5月的日K线图。

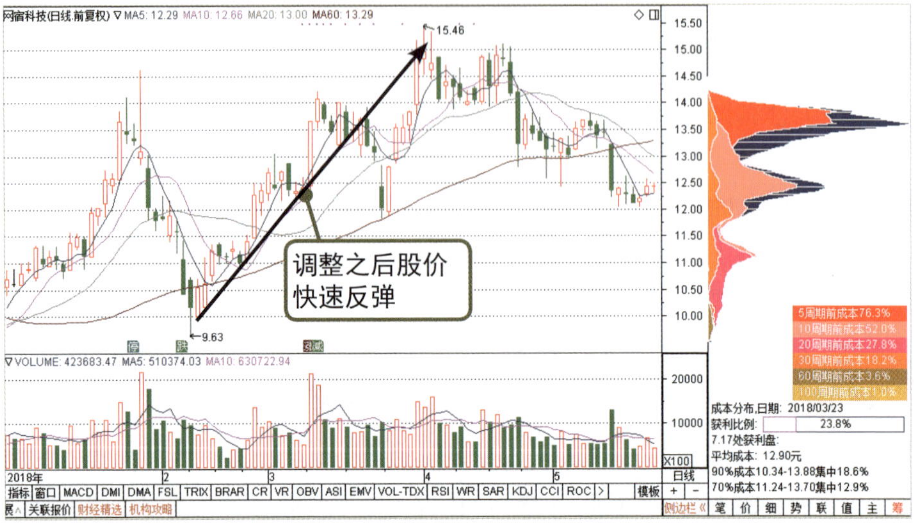

从上图可以看出，网宿科技在结束高位调整之后，便开始快速上涨。因此表明，高位调整中，股价没有大幅跌破高位筹码密集分布时，是投资者追涨牛股的绝佳买点。

9.4.2 换手率始终处于高位的个股

换手率的高低说明了投资者参与个股交易的积极性程度。股价在顺利突破之前，换手率在高位出现回落的迹象，最低的成交量也不会出现回落。维持在高位的换手率，说明有主力参与到个股高位的调整走势。

换手率始终处于高位时，说明主力的参与程度高，该股更有可能成为牛股。但当股价已经处于上涨之后的高位，此时的高换手率，投资者应区别对待。

TIPS *高位高换手率*

当股价经过上涨之后达到高位，此时出现连续的高换手率，而同时期的股价却呈现滞涨走势时，这极有可能是主力资金在隐蔽出货。投资者应视具体情况进行减仓，将风险控制到最小。

分析实例 建新股份（300107）——换手率始终处于高位的个股

下图所示为建新股份2017年12月至2018年6月的日K线图。从图中可以看到，建新股份在2018年1月股价拉升之前都处于低位震荡的状态，成交量低迷，换手率低位震荡。

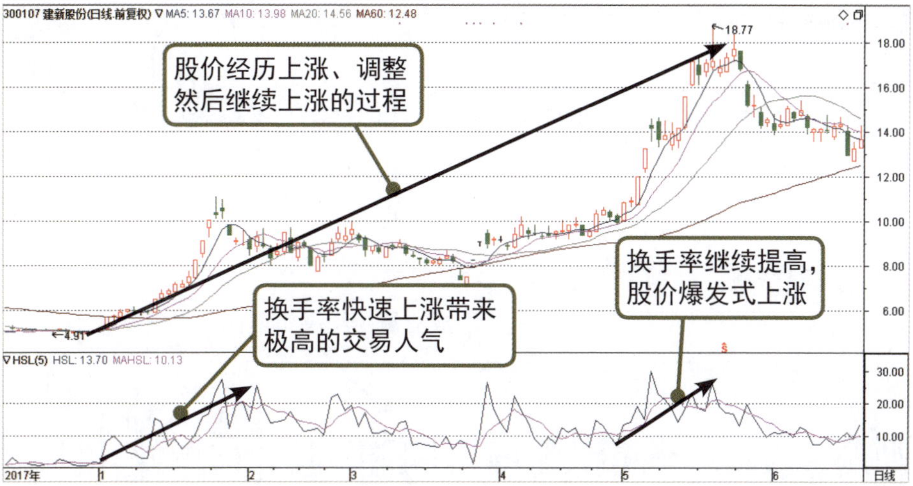

进入2018年1月之后，股价突然拉升，换手率持续飙升，陆续突破10%、甚至一度突破到20%以上。在这个过程中，股价伴随着换手率同步走高，虽然在10元左右震荡时，换手率也持续保持在高位，进入4月下旬，股价再次上攻，最高到达18.77元，股价涨幅巨大。

由此可见，当个股在低位出现换手率突然放大的情况，可能是主力吸筹完成试盘的表现，随后极有可能是洗盘，也有可能是直接拉升。如果股价没有直接拉升，而是洗盘一段时间，那么当换手率再次爆发时，就是股价正式拉升的信号。

9.4.3 在高位突破量能的个股

成交量可以维持在高位运行，表明市场中的投资者买卖股票的热情较高。所以投资者应选择那些突破之前维持高位放量形态的股票，这样才可能获得更好的投资收益。

如果成交量在高位仍能维持在30日等量线以上运行，则表示多方力量参与的程度较高。

分析实例 智飞生物（300122）——在高位突破量能的个股

下图所示为智飞生物2017年11月至2018年6月的日K线图。从图中可以看到，在2018年3月之前，智飞生物的股价波动较大，1月初短暂上涨到34元左右，随后调整到最低的23.75元，最后股价反弹至前期34元高点附近整理。

当股价在34元左右整理时，其成交量一直处于较为活跃的状态，多数时间仍保持在30日等量线上方，表明此时参与市场交易的多方力量更为强大，后市看好。

投资者若能在成交量持续放大时买入，成本可以控制在32元左右，当后市股价上涨到最高的50元上方时，将获得超过70%的投资收益。

9.4.4 短期均线呈现多头排列的个股

短期均线呈现出多头排列，反映在K线图上，股价的走势实际上是非常优秀的。从短期均线上看，该股已经具备突破冲高的条件了。

如果在短期均线呈多头排列的前提下，中期均线与长期均线都呈现出多头排列，那么股价上涨突破的支撑力度强大，后市上涨空间很足。

分析实例 青松股份（300132）——短期均线呈现多头排列的个股

下图所示为青松股份2018年1月至9月的日K线图。

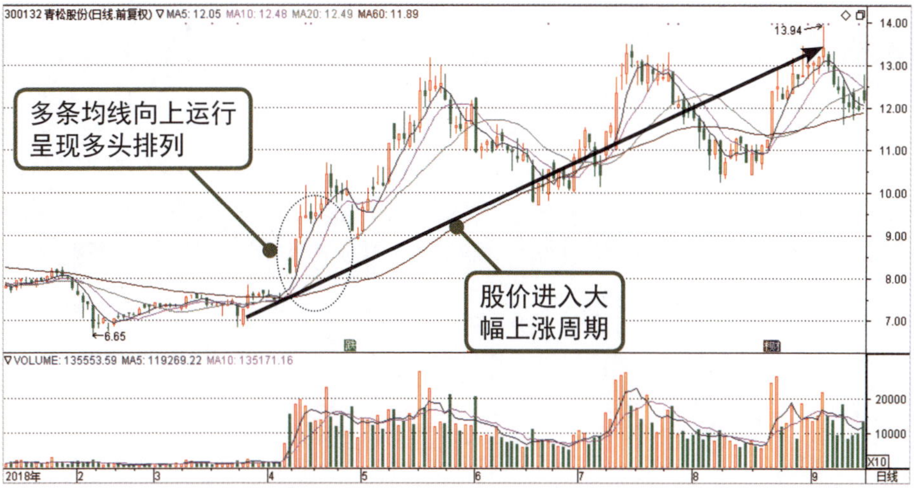

从下图可以看到，青松股份在2018年4月之前股价并没有太好的表现，其成交量长期处于低迷的状态，人气清淡。

进入4月之后，青松股份股价突然暴发，成交量成倍增长，股价快速从7.5元上涨到12.5元左右，同时多条均线开始向上运行，呈现多头排列趋势。在60日均线为代表的长期均线继续向上运行时，投资者都可以进行逢低买入，在后市股价上涨过程中伺机卖出，获取投资收益。

读 者 意 见 反 馈 表

亲爱的读者：

感谢您对中国铁道出版社有限公司的支持，您的建议是我们不断改进工作的信息来源，您的需求是我们不断开拓创新的基础。为了更好地服务读者，出版更多的精品图书，希望您能在百忙之中抽出时间填写这份意见反馈表发给我们。随书纸制表格请在填好后剪下寄到：北京市西城区右安门西街8号中国铁道出版社有限公司大众出版中心经济编辑部 张亚慧 收（邮编：100054）。此外，读者也可以直接通过电子邮件把意见反馈给我们，E-mail地址是：lampard@vip.163.com。我们将选出意见中肯的热心读者，赠送本社的其他图书作为奖励。同时，我们将充分考虑您的意见和建议，并尽可能地给您满意的答复。谢谢！

所购书名：______________________________

个人资料：

姓名：____________ 性别：__________ 年龄：__________ 文化程度：__________________

职业：____________________ 电话：________________ E-mail：______________________

通信地址：______________________________________ 邮编：______________________

您是如何得知本书的：

□书店宣传 □网络宣传 □展会促销 □出版社图书目录 □老师指定 □杂志、报纸等的介绍 □别人推荐 □其他（请指明）______________________________

您从何处得到本书的：

□书店 □邮购 □商场、超市等卖场 □图书销售的网站 □培训学校 □其他

影响您购买本书的因素（可多选）：

□内容实用 □价格合理 □装帧设计精美 □优惠促销 □书评广告 □出版社知名度 □作者名气 □工作、生活和学习的需要 □其他

您对本书封面设计的满意程度：

□很满意 □比较满意 □一般 □不满意 □改进建议

您对本书的总体满意程度：

从文字的角度 □很满意 □比较满意 □一般 □不满意

从技术的角度 □很满意 □比较满意 □一般 □不满意

您希望书中图的比例是多少：

□少量的图片辅以大量的文字 □图文比例相当 □大量的图片辅以少量的文字

您希望本书的定价是多少：

本书最令您满意的是：

1.

2.

您在使用本书时遇到哪些困难：

1.

2.

您希望本书在哪些方面进行改进：

1.

2.

您需要购买哪些方面的图书？对我社现有图书有什么好的建议？

您更喜欢阅读哪些类型和层次的经管类书籍（可多选）？

□入门类 □精通类 □综合类 □问答类 □图解类 □查询手册类

您的其他要求：